Vom ersten
Diamantwerkzeug zum
HAUS DER ZUKUNFT

Angelika Marsch

Vom ersten Diamantwerkzeug zum HAUS DER ZUKUNFT

175 Jahre Innovation und Verantwortung

Herausgegeben von
Dr. Georg Winter

Wachholtz

INHALT

Vom HAUS DER ZUKUNFT zur Winter Stiftung für Rechte der Natur

Dokumentation

EINFÜHRUNG

Im ersten Teil des Buches schildert Dr. h.c. Angelika Marsch die Entwicklung der Firma Winter vom Handwerksbetrieb zum weltweiten Industrieunternehmen mit dem ersten Integrierten System umweltorientierter Unternehmensführung (Winter-Modell).

1847 stellte der Firmengründer Ernst Winter das erste Diamantwerkzeug her. Die Nutzung des härtesten Materials für feinmechanische Zwecke führte zu einem Quantensprung an Präzision und Wirtschaftlichkeit. Briefwechsel des Gründers mit Prof. Abbe und Carl Zeiss spiegeln das gemeinsame Ringen um technische Optimierung.

Gleichzeitig betrieb der Gründer mit Leidenschaft auf hohem fachlichem Niveau die Imkerei. Durch sein Doppelinteresse für technische Qualität und den Schutz der Natur und ihre verantwortliche Nutzung war der Gründer Vorbild für spätere Winter-Generationen.

Die Firma Ernst Winter und Sohn blieb dauerhaft qualitativer Marktführer, verbreiterte laufend ihre Produktpalette, expandierte stark im In- und Ausland und verminderte ihre Abhängigkeit von einem Naturdiamantenkartell durch Entwicklung der ersten europäischen Diamantsynthese. Die Motivation der Belegschaft wurde u.a. durch attraktive Anreize für Verbesserungsvorschläge gefördert.

Im Jahre 1972 tagte in Stockholm die United Nations Conference on the Human Environment, die erste UN-Konferenz zum Thema Umwelt. Im selben Jahr veröffentlichte der Club of Rome seinen Bericht über »Die Grenzen des Wachstums«. Die Weltwirtschaft wurde mit der Forderung nach einer ökologischen Neuorientierung konfrontiert.

Noch im Jahr 1972 forcierte der Mitgesellschafter Dr. Georg Winter in Hamburg und Norderstedt die erstmalige Entwicklung und Implementierung eines »Integrierten Systems umweltorientierter Unternehmensführung«. Von nun an wurde in allen Leitungsebenen und betrieblichen Bereichen (wie u. a. Marketing, Produktentwicklung, Fertigungstechnik, Materialwirtschaft, Energie- und Wassereinsparung, Entsorgung und Recycling sowie Personalwesen) neben dem Gewinnziel auch das Ziel der Nachhaltigkeit verfolgt (Winter-Modell).

In seinem Buch »Weggefährten, Erinnerungen und Reflexionen« führt Helmut Schmidt aus: »Winter hat in beispielhafter Weise Kreativität, Qualität und Rentabilität mit energischem Umweltschutz kombiniert«.

1984 initiierte Dr. Georg Winter die Gründung des Bundesdeutschen Arbeitskreises für Umweltbewusstes Management (B.A.U.M. e.V.), des weltweit ersten Unternehmenszusammenschlusses für zwischenbetrieblichen Erfahrungsaustausch zur systematischen Fortentwicklung umweltbewusster Unternehmensführung. Im Ausland trieb Winter ab 1991 die Verbreitung umweltbewusster Unternehmensführung durch Hilfestellung bei der Schaffung weiterer nationaler Verbände sowie durch Gründung und laufende Förderung des Dachverbandes International Network for Environmental Management (INEM e.V.) voran.

Bei Fortschreiten der politischen Wende in Mittel- und Osteuropa förderte INEM den Erfahrungsaustausch mit und unter ungarischen, polnischen, baltischen und russischen Betrieben. Die damalige Umweltministerin Dr. Angela Merkel begrüßte besonders INEMs ECO-Baltic-Konferenz in Danzig (1997).

1987 gab Winter im Auftrage der EU sein Buch »Das Umweltbewusste Unternehmen« heraus, zu dem mehrere führende Wissenschaftler und Unternehmer wesentlich beitrugen. Das Buch erreichte mit seinen praxisnahen Checklisten fünf deutsche Auflagen und erschien in zwölf Sprachen.

Im Vorwort zur ersten Auflage (1987) schrieb Stanley Clinton Davis, Mitglied der Kommission der Europäischen Gemeinschaften: »Damit steht unserer europäischen Wirtschaft ein umfassendes und praktikables Handbuch für umweltorientierte Unternehmensführung zur Verfügung (…). Der Buchkonzeption liegt das in der Praxis entwickelte ›Integrierte System umweltorientierter Unternehmensführung‹ (Winter-Modell) zugrunde, das alle wichtigen Unternehmensbereiche … umfasst.«

In einem 1988 für die französische Ausgabe geschriebenen Vorwort hebt Jacqueline Aloisi de Larderel, Direktorin des EU Departments für Industrie und Umwelt, die internationale Bedeutung des Buches hervor: »Dieses Buch liefert nicht nur ein Modell für die europäischen Unternehmen. Seine Prinzipien und sehr praktischen Empfehlungen müssen und können vielmehr auf der ganzen Welt Einsatz finden.«

Das »Integrierte System umweltorientierter Unternehmensführung« (Winter-Modell) gab der Europäischen Union entscheidende Anstöße für die Entwicklung des Eco-Management and Audit Schemes (EMAS), auch bekannt als EU-Öko-Audit.

Auch die internationale Norm für Umweltmanagement ISO 14001, die 1996 erstmals von der Internationalen Organisation für Normierung veröffentlicht wurde und für Umweltmanagement-Systeme einen kontinuierlichen Verbesserungsprozess verlangt, konnte auf die langjährigen internationalen Erfahrungen mit dem Winter-Modell zurückgreifen.

So war es ein mittelständischer Betrieb aus Hamburg und Norderstedt, der in einer für den Umweltschutz kritischen Umbruch- und Aufbauphase ab 1972 durch die Erfindung, Implementierung, Entwicklung und Verbreitung des Integrierten Systems umweltorientierter Unternehmensführung (Winter-Modell) Wirtschaftsgeschichte schrieb. Die Widerstände, auf die Winter anfänglich traf, wichen bald kreativer Kooperation.

Dr. Winter erhielt u.a. den Deutschen Umweltpreis (1995) der Deutschen Bundesstiftung Umwelt, das Diploma Meritorium (1988) des Umweltjahres der Generaldirektion Umwelt der Europäischen Union und für seine INEM-Aktivitäten den Change the World Best Practice Award (2003) des Club of Budapest. B.A.U.M. e.V. wurde mit der »Global 500 Role of Honour« (1991) der Vereinten Nationen geehrt. Der Preis wurde vom schwedischen König Carl XVI. Gustav überreicht.

Erklärtes Ziel von Winter war es auch, die etablierten Unternehmensverbände für die Förderung des Integrierten Systems umweltorientierter Unternehmensführung zu gewinnen. So unterstützte der Verband des Deutschen Maschinen- und Anlagenbaus (VDMA), den Winter im Jahre 1984 für die Schaffung eines Umweltausschusses gewonnen hatte, das Winter-Modell.

Der Bundesverband Junger Unternehmer (BJU) vom Bundesverband der Deutschen Industrie (BDI) ehrte die Firma Ernst Winter & Sohn GmbH und Co. 1985 für »richtungsweisenden Umweltschutz« mit seinem erstmalig verliehenen Umweltpreis. 1987 wurde die Firma vom Präsidenten der Bundesvereinigung der deutschen Arbeitgeberverbände (BDA) als »umweltfreundlicher Betrieb« ausgezeichnet.

Als mehrjähriger Vorsitzender des Gründungsbeirates des Verbandes für Nachhaltigkeits- und Umweltmanagement e.V. (VNU) machte Winter seine praktischen Erfahrungen mit dem Winter-Modell ab 2003 für das Normungs- und Zertifizierungswesen nutzbar.

Wie Helmut Schmidt in seinem Buch »Weggefährten« ausführte, »machte dieser mittelständische Industriebetrieb … auch hinsichtlich der Humanität seiner Arbeitsplätze und ebenso des Verhältnisses zwischen Geschäftsleitung und Betriebsrat einen vorzüglichen Eindruck«.

Das seit 1972 praktizierte und fortentwickelte Integrierte System umweltorientierter Unternehmensführung (Winter-Modell) feiert im Jahre 2022 das Jubiläum seines 50-jährigen Erfolges.

Der zweite Teil des Buches enthält eine Dokumentation zum HAUS DER ZUKUNFT, zur Initiative »Rechte der Natur/Biokratie« sowie zur Winter Stiftung für Rechte der Natur.

1998 gründete Dr. Georg Winter am ursprünglichen Stammsitz der Winter-Gruppe, Osterstraße 58, das HAUS DER ZUKUNFT, heute ein bekanntes Kompetenzzentrum für Wirtschaft und Umwelt.

Das baubiologisch optimierte Verwaltungsgebäude beherbergt u. a. eine branchenübergreifende Standortgemeinschaft von fast 30 Firmen und Verbänden, die Synergien nutzen und nachhaltige Lösungen für Wirtschaftspraxis und Gesellschaft erarbeiten.

Seit 2008 ist das HAUS DER ZUKUNFT gleichzeitig Sitz der »Initiative Rechte der Natur/Biokratie«. Die Initiative ist auf Dauer angelegt und umfasst mehrere Aktionen.

Zu diesen Aktionen gehörten z. B. die Herausgabe der zwanzigbändigen Reihe »Betriebswirtschaftliche Schriften über Rechte der Natur/Biokratie«, die Verleihung des hoch dotierten »Biokratie-Preises« an Vordenker der Rechte-der-Natur-Bewegung und die Förderung einschlägiger internationaler Kongresse.

Die Staatsform Biokratie kann als eine erweiterte Demokratie gesehen werden, in der nicht allein die Menschen, sondern sämtliche Lebewesen als Staatsvolk anerkannt, mit Grundrechten ausgestattet und – mittels geeigneter Repräsentationsformen – parlamentarisch vertreten sind. Die Staatsform Biokratie bedeutet: Die Menschenwürde achten, sämtliches Leben in seiner Vielfalt würdigen, Leben erhalten und fördern, Wertkonflikte in gewisser Abwägung entscheiden und bedrohtes Leben entschlossen verteidigen.

2021 begann eine Aktion zur Ökologisierung des Grundgesetzes. Im »Netzwerk Rechte der Natur« haben sich Juristen und Organisationen zusammengeschlossen und einen konkreten Vorschlag für eine Grundgesetzreform erarbeitet. Nach Auffassung der Mitglieder des Netzwerke steht die Regierung vor der Aufgabe, unser bewährtes Grundgesetz zukunftsorientiert fortzuentwickeln. Der Staat müsse die Natur um ihrer selbst willen und in Verantwortung für die künftigen Generationen besser schützen. Er müsse der Natur Rechtsfähigkeit – und damit einklagbare Rechte – zuerkennen.

In diesem Jahr hat Dr. Georg Winter die weitere Arbeit für die Durchsetzung der Rechte der Natur auf eine unabhängige Basis gestellt. Am 22. 2. 2022 gründete er die gemeinnützige Winter Stiftung für Rechte der Natur, eine rechtsfähige Stiftung des bürgerlichen Rechts mit Sitz in Hamburg. Er übertrug sein Eigentum an dem Gebäude des HAUS DER ZUKUNFT auf die Stiftung. Die Mieteinnahmen dienen der Verfolgung der Stiftungszwecke.

Zu den Stiftungszwecken gehört u. a. die finanzielle Förderung oder Auszeichnung rechtswissenschaftlicher Arbeiten und Vorhaben, die einen Fortschritt für den Umweltschutz – insbesondere den Pflanzen-, Tier-, Arten- und Biotopschutz – bewirken können. Gefördert werden u. a. auch juristisch fundierte mediale Beiträge zu Brennpunkten der umweltpolitischen Entwicklung. Berücksichtigt werden dabei auch investigativer Einsatz und Zivilcourage. Im Schlussteil dieses Buches werden sämtliche Stiftungszwecke genannt.

VOM ERSTEN DIAMANTWERKZEUG ZUM INTEGRIERTEN SYSTEM UMWELTORIENTIERTER UNTERNEHMENSFÜHRUNG (WINTER-MODELL)

VORWORT UND BERICHT

1

Wenn wir heute nicht nur der Geschichte der Eimsbütteler Diamantwerkzeugfirma Ernst Winter & Sohn bis zur Gründung 1847 nachgehen können, sondern auch Einblick in das Leben in Eimsbüttel im 19. Jahrhundert bekommen, so verdanken wir dies dem umfangreichen Archiv der Familie Winter. Die Dokumente sind in vollem Umfang überliefert, obgleich das Stammhaus in der Osterstraße bei dem großen Bombenangriff 1943 zerstört wurde. Die Akten waren bei Kriegsausbruch rechtzeitig vom Dachboden in den Keller gebracht worden.

Im Archiv sind neben den Akten zum Unternehmen auch persönliche Dokumente überliefert. Dazu gehören zum Beispiel die Jugenderinnerungen des Firmengründers. Ernst Winter (1823–1896) schrieb sie 1895 nieder. Daraus geht hervor, dass er einst als Sohn eines Tischlers in einfachen Verhältnissen in Brachstedt bei Halle aufwuchs und als Junge durch Feldarbeit mit zum Lebensunterhalt beitragen musste. Die Erinnerungen enden mit der Gründung der Firma Ernst Winter in Brachstedt bei Halle 1847.

Hervorzuheben sind auch die überlieferten Tagebücher von Louise Winter (geb. Grautoff, 1837–1903), der Ehefrau des Firmengründers Ernst Winter, aus den Jahren 1863–1903 und von Anna Winter (geb. Reimers, 1872–1929), Ehefrau des Sohnes Heinrich, für den Zeitraum Januar 1895 bis August 1896 und August 1898 bis April 1900. Diese Tagebücher geben uns nicht nur einen Einblick in das Leben einer gutbürgerlichen Familie in Eimsbüttel. Sie spiegeln vor allem auch das kulturelle und gesellschaftliche Leben dieser Zeit wider. Sie ist geprägt von der Gründung und dem Wirken zahlreicher Vereine wie dem Eimsbütteler Verein von 1866 und dem Eimsbütteler Musikverein. Daneben erfüllten Wohltätigkeitsvereine eine soziale Funktion, die der Staat damals nicht übernahm. Hier wirkten Ernst Winter (1823–1896) und später auch sein Sohn Heinrich (1860–1945) zum Teil im Vorstand oder in anderer Form aktiv mit.

In der zweiten Hälfte des 19. Jahrhunderts verbesserten sich zunehmend die Verkehrsverbindungen zwischen Eimsbüttel und Hamburg. Der zuerst eingeführte Pferdeomnibus wurde von den Pferdebahnen und schließlich durch die elektrische Straßenbahn abgelöst.

Diese beginnende Verkehrsentwicklung förderte das kulturelle Leben der Familie Winter. Fortan besuchte die Familie regelmäßig die verschiedenen Theater in Hamburg, Altona und St. Pauli. Ernst Winter nutzte das Vortragsangebot des Naturwissenschaftlichen Vereins in Hamburg. Hier hielt er auch zwei Vorträge über Diamanten und ihre Anwendung. Seine Frau Louise Winter interessierte sich vor allem für Vorträge verschiedener Religionsgemeinschaften und zu Fragen des Frauenrechtes. Damit geben ihre Tagebücher gleichzeitig Einblick in aktuelle Themen der damaligen Zeit.

Louise Winter hielt zeitlebens engen Kontakt zu ihrer Lübecker Verwandtschaft. Ihr Großvater Dr. Georg Bernhard Grautoff war Diakonus an der Kirche St. Katharinen in Hamburg, ihr Urgroßvater Johann Grautoff Prediger an St. Marien in

Lübeck, ihr Onkel Ferdinand Heinrich Grautoff war ein angesehener Historiker, ihr Cousin Georg Bernhard Grautoff ein Mitschüler von Thomas Mann. Er stand in späteren Jahren mit Thomas Mann im Briefwechsel, wie die Veröffentlichungen der Briefe von Thomas Mann zeigen.

Die Tagebucheinträge von Anna Winter (geb. Reimers, 1872–1929) spiegeln ihr Interesse an Musik. Sie nennt nicht nur die Namen der ausführenden Personen bei den von ihr besuchten Konzerten, sondern äußert sich oft lobend oder auch kritisch zu einzelnen Künstlern.

Den Tagebüchern von Louise Winter können wir gleichzeitig entnehmen, dass die Bienenzucht, die Leidenschaft von Ernst Winter, in der damaligen Zeit durchaus eine gewisse gesellschaftliche Achtung erfuhr. Ihre Beschreibung der Begeisterung ihres Sohnes Heinrich für die Phonographie und Stereofotografie gibt einen Einblick in die technischen Neuerungen der damaligen Zeit. Daneben zeigen ihre Aufzeichnungen eine sehr große Verehrung für Otto von Bismarck. Sie beschreibt auch sehr anschaulich, was für ein Jubel herrschte, wenn der Deutsche Kaiser Hamburg besuchte. Ebenso macht sie Angaben zur Politik und zu einzelnen Wahlen. Mit den Tagebüchern sind seltene Zeitzeugenberichte überliefert.

Angaben zu der Firma Winter sind in den Tagebüchern von Louise und Anna Winter jedoch kaum zu finden. Es kann den Ausführungen von Louise Winter lediglich entnommen werden, dass die Firma bis 1892 ein »Einmannbetrieb« war. Die Tatsache, dass Sohn Heinrich 1890 Teilhaber wurde, gab den Anlass zur Umbenennung der Firma in Ernst Winter & Sohn. Erst 1892 trat Heinrich Winter praktisch in die Firma ein,

WINTER, Friedrich Samuel Ernst
*28.1.1823 (Brachstedt), †20.4.1896
⚭ 29.9.1857 mit Pastorentochter **GRAUTOFF**, Louise Dorothea
*16.5.1837, †10.6.1903

Der Goldschmied Ernst Winter eröffnete am 14.4.1847 in Brachstedt einen eigenen Betrieb, der am 11.12.1854 nach Hamburg verlagert wurde. Seine Geschwister zog es ebenfalls in die Ferne. Ihre Nachkommen sind heute zum Großteil im Ausland ansässig.

- **WINTER**, Elisabeth Mathilde Emilie
  *1858, †1933
  ⚭ 1883 mit **LASSEN**, Herm. Rud.

- **WINTER**, Heinrich Wilhelm
  *16.4.1860, †18.12.1945
  ⚭ 1.9.1892 mit **REIMERS**, Anna Marg.
  *20.7.1872, † Okt. 1929
  - **WINTER**, Heinrich Eduard Ernst
    *29.8.1891
    ⚭ 14.8.1928 mit **GRABE**, Louise
    *20.9.1905
    - Dr. **ECKELMANN**, Hansgeorg
      *17.10.1918
      ⚭ 28.6.1952 mit **WINTER**, Gisela
      *6.12.1931
    - **JANSSEN**, Klaus
      *28.11.1935
      ⚭ 30.5.1959 mit **WINTER**, Anna Luise
      *11.7.1935
  - **WINTER**, Friedrich Wilhelm
    *26.7.1895
    ⚭ 28.5.1935 mit **GÖTTSCHE**, Gretel
    *18.8.1912
    - **WINTER**, Ernst Michael
      *16.9.1936
    - **WINTER**, Georg
      *17.12.1941
  - **WINTER**, Annemarie
    *23.8.1896
    ⚭ 1919 mit **RIMPLER**, Felix
    *5.4.1895
    - **RIMPLER**, Anna Louise
      *1921
    - **RIMPLER**, Felix
      *1923
  - **WINTER**, Magarete Agnes
    *13.9.1897
    ⚭ 1919–1939 mit **DELLO**, Ernst
  - **WINTER**, Albert Hermann Hans
    *11.11.1901
    ⚭ 24.7.1942 mit **KREMER**, Sophia
    *17.4.1916
    - **WINTER**, Hans-Joachim
      *4.10.1942

- **WINTER**, Bertha Louise
  *21.4.1871, † Juli 1946

- **WINTER**, Friedrich Ernst
  *12.4.1872, †6.5.1952
  ⚭ 31.5.1900 mit **PETERS**, Lulu
  *19.4.1880, †6.5.1940
  - **WINTER**, Lisa
    *8.5.1901
  - **WINTER**, Guido
    *6.12.1902, †17.6.1968

- **WINTER**, Emma Helene
  *16.5.1874, † März 1957

1895 sein jüngerer Bruder Ernst und etwa zur gleichen Zeit ein Diamantfasser und ein Arbeiter. Louise Winter erwähnt dann gelegentlich, dass sie einen Brief von Ernst oder auch Heinrich aus Paris oder London bekommen habe. Neben der Kundenkorrespondenz belegen die Erwähnungen dieser Reisen die grenzüberschreitende Bedeutung, die die kleine Eimsbütteler Firma im 19. Jahrhundert schon hatte.

Und tatsächlich exportierte die Firma Ernst Winter bzw. Ernst Winter & Sohn bereits im 19. Jahrhundert Lithografie-Diamanten und andere Diamantwerkzeuge in 19 verschiedene Länder. Für ihre Produkte gewann sie mehrere Auszeichnungen. Mit der Silbermedaille erhielt das Unternehmen bei der Weltausstellung in Paris die höchste Auszeichnung. Diese und viele weitere Angaben zur Firmengeschichte können u. a. dem seit 1872 überlieferten umfangreichen Briefwechsel entnommen werden. Dazu gehören auch 20 Briefe von Carl Zeiss und Ernst Abbe.

Die Arbeit der Firma Winter im 20. Jahrhundert lässt sich anhand von Akten und vor allem aus den Lebenserinnerungen von Wilhelm Winter: »Knotenpunkte meines Lebens« (1970) nachvollziehen. Mit den Söhnen von Heinrich Winter (1860–1945), nämlich Ernst Winter (1893–1952) und Wilhelm Winter (1895–1982) sowie mit dem Sohn von Friedrich Ernst Winter (1872–1952), Guido Winter (1902–1968), war die dritte Wintergeneration für das Unternehmen verantwortlich.

Gegenüber: Tafel mit Nachfahren des Firmengründers Ernst Winter aus dem Buch »Knotenpunkte meines Lebens« von Wilhelm Winter, 1970.

In der vierten Generation der Unternehmerfamilie übernahmen die Söhne von Wilhelm Winter – Ernst Michael Winter und Dr. Georg Winter – die Verantwortung. Was als kleine Firma für Diamantwerkzeuge im 19. Jahrhundert begonnen hatte, entwickelte sich in der zweiten Hälfte des 20. Jahrhunderts schließlich zu einer global agierenden internationalen Unternehmensgruppe mit rund 2000 Mitarbeitern. Die Fortschritte in der Technik hatten zu immer neuen Herausforderungen für die Entwicklung neuer Diamantwerkzeuge und ihrer Anwendung geführt – u. a. für die Optik, den Hoch- und Tiefbau, für den Motorenbau und die Elektronik.

Trotz der expansiven Entwicklung des Unternehmens blieb der zentrale Sitz von Firma und Geschäftsleitung weiterhin die Osterstraße 58 in Hamburg-Eimsbüttel. Von hier aus wurde seit Anfang der 1970er Jahre der Aufbau der unternehmenseigenen Industriediamantsynthese betrieben. Hier wurden Pläne für die ausländischen Verkaufsniederlassungen und für die Produktionsstätten in Brasilien, Nordamerika, Griechenland, Italien und Indien ausgearbeitet. Auch wurde der Abschluss von Lizenzen mit zahlreichen internationalen Lizenznehmern vorbereitet.

In den 1970er Jahren machten sich noch wenige Menschen Gedanken über den zunehmenden wirtschaftlichen Raubbau an der Natur. Jedoch die vierte Generation des Familienunternehmens stellte sich den Fragen des Umweltschutzes. Ab 1972 entwickelte Dr. Georg Winter das »Integrierte System umweltorientierter Unternehmensführung«. Nachdem er es erfolgreich in seiner Firma eingeführt hatte, sorgte er aktiv für dessen nationale und internationale Verbreitung. 1984 gründete er den »Bundesdeutschen Arbeitskreis für

Umweltbewusstes Management« mit der beziehungsreichen Abkürzung »B.A.U.M. e.V.« und 1991 das »International Network for Environmental Management« (INEM e.V.).

BJU

VERLEIHUNGSURKUNDE

Der Bundesverband
Junger Unternehmer
verleiht
seinen 1. Umweltpreis
der
Firma Ernst Winter & Sohn
für herausragende
und richtungsweisende
Leistungen im Umweltschutz

Berlin, den 6. Juni 1985
Der Bundesvorsitzende

Günter Jucho

Umweltpreis des Verbandes junger Unternehmer, 1985

1985 erhielt die Firma Ernst Winter & Sohn vom Bundesverband Junger Unternehmer den ersten Umweltpreis für herausragende und richtungsweisende Leistungen im Umweltschutz. 1987 wurde die Firma vom Präsidenten der Bundesvereinigung der Arbeitgeberverbände als »Umweltfreundlicher Betrieb« ausgezeichnet. Georg Winter erhielt 1995 den Deutschen Umweltpreis der Deutschen Bundesstiftung Umwelt.

Im Jahre 1996 – nach rund 30 Jahren erfolgreicher Unternehmensführung – entschloss sich die vierte Generation, das Unternehmen in andere verantwortliche Hände zu übergeben und die eigenen Umweltaktivitäten ganz in den Vordergrund zu stellen.

Ernst Michael Winter widmete sich seitdem der technischen Entwicklung und unternehmerischen Erschließung neuer Umweltschutztechnologien. Dr. Georg Winter gründete im Winter-Stammhaus in der Osterstraße 58, das er persönlich erworben hatte, das »HAUS DER ZUKUNFT«. In dem Kompetenzzentrum für Wirtschaft und Umwelt haben – neben vielen anderen Akteuren der Nachhaltigkeit – bis heute die von Dr. Georg Winter gegründeten Verbände B.A.U.M. e.V. (Bundesdeutscher Arbeitskreis für Umweltbewusstes Management) und INEM e.V. (International Network for Environmental Management) ihren Sitz. Im Netzwerk für umweltbewusstes Wirtschaften B.A.U.M. e.V. sind mittlerweile rund 700 Firmen und Institutionen vereint. Die internationale Verbreitung des Integrierten Systems für umweltorientiertes Management trieb Dr. Georg Winter als Chairman von INEM e.V. – bis 2004 – voran, indem er die Gründung zahlreicher Wirtschaftsverbände für umweltbewusstes Management und Cleaner Production Centers in Industrieländern, Ländern Mittel- und Osteuropas und Entwicklungsländern unterstützte.

Dr. h.c. Angelika Marsch

Heussischer Garten 1855, heute Heußweg. Lithografie von C. L. W. Heuer.

VOM LEBEN DES GRÜNDERS IN EIMSBÜTTEL, ALTONA UND HAMBURG IM 19. JAHRHUNDERT

❷

Eimsbüttel wird erstmals 1275 als eines der kleinsten Dörfer vor den Toren von Hamburg unter dem Namen »Eymersbuttele« erwähnt. 1399 gehörte es zu dem angrenzenden Kloster Herwardeshude (Harvestehude), welches unter anderem eine Schäferei betrieb. So erhielt die Straße Schäferkamp ihren Namen. Weitere Straßennamen erinnern an den Zuzug einflussreicher Hamburger, wie Doormann, Lutteroth oder Lappenberg. Sie ließen sich im 17. Jahrhundert Landhäuser in der Nähe von Hamburg erbauen. Doch die Franzosen brannten während der Besatzung unter Napoleon 1813 ganz Eimsbüttel nieder. Nur ein Hof, der Heußhof, und die nahe gelegenen Häuser blieben stehen.

1827 wird Eimsbüttel in dem Buch von Heinrich Meyer »Hamburg und das Hamburgische Gebiet ...« dann als »romantisches und durch die Natur und Kunst verschönertes Dorf« beschrieben, mit einem »schattigen, erquickenden Lustgehölz und mehreren freien Aussichten, reichen und geschmackvollen Gartenanlagen und vielen Wirtshäusern, die das Dorf zu einem der vorzüglichsten Versammlungsörter der eleganten Welt« machen.

Nahe dem Eimsbütteler Gehölz lag »der Heussische Garten in einer äußerst reizenden Gegend, mit weitläufigen und geschmackvollen Garten-Anlagen«. Dieser Garten wurde »in der Regel nur von Leuten aus den feinsten Classen besucht. Im Sommer giebt es hier alle Sonn- und Festtage Table d'Hôte«, wie es in dem Buch von Meyer heißt. Beliebt war auch der »Schäferkamp, wohin man auf einem angenehmen, durch Gärten hinführenden Pfade gelangt, ein Wirtshaus, wo man bei dem Pächter Erfrischungen aller Art, besonders vortreffliche Schafmilch erhalten kann.«

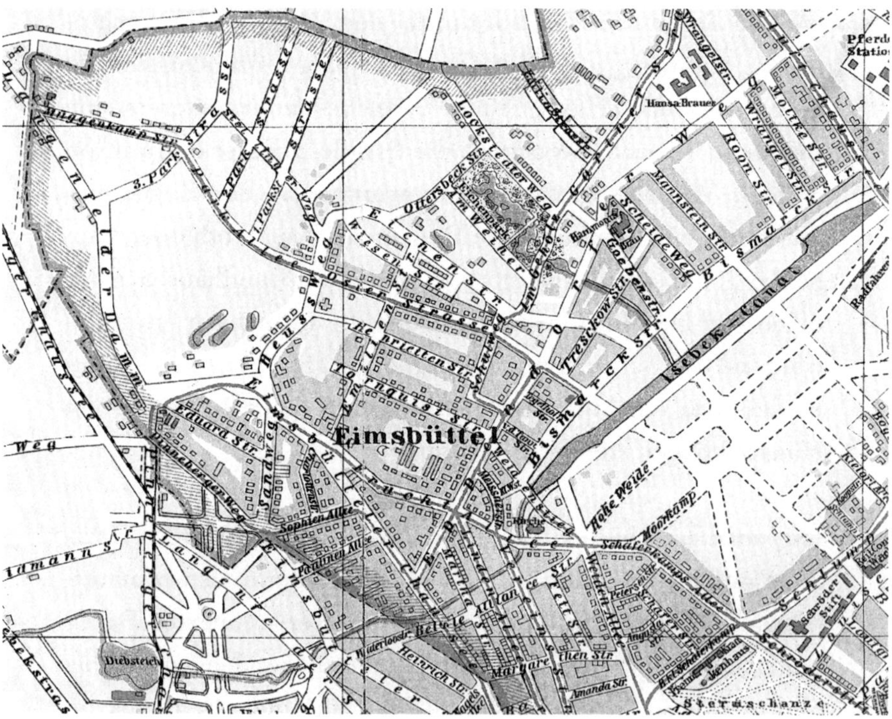

Ausschnitt aus dem Stadtplan von Hamburg von 1893.

Mit der Aufhebung der Hamburger Torsperren in der Silvesternacht 1860/1861 und der nun verstärkt einsetzenden Ansiedlung vor den einstigen Toren der Stadt wurde Eimsbüttel zu einem beliebten Wohngebiet. Es entstanden in den folgenden Jahrzehnten Villen und im ausgehenden 19. Jahrhundert Etagenhäuser mit zum Teil aufwendigen Fassadendekorationen. Ein Beispiel sind die fantasievollen Balkongitter in Anlehnung an den Barock, an die Renaissance oder an den Jugendstil. Es wurden aber auch Hinterhäuser gebaut, die die Stadt sehr verdichteten.

Eimsbüttel verzeichnete ein stetiges Wachstum der Bevölkerung. Als Ernst Winter 1860 vom Grindelberg in den Schulweg umzog, hatte es knapp 3000 Einwohner. Innerhalb von 20 Jahren wuchs die Zahl auf fast 15 000. Am 1. Dezember 1890 zählte man 46 154 Einwohner. Bereits 1874 war Eimsbüttel zum Vorort von Hamburg geworden und galt ab 1894 als ein Stadtteil Hamburgs. Trotz dieser hohen Einwohnerzahl heißt es in Griebens Reiseführer von 1901: »Eimsbüttel ist ein Stadtteil, der viele hübsche Landhäuser, aber auch ganze Quartiere mit hohen Etagenhäusern besitzt. Das frühere Eimsbütteler Gehölz ist in einen hübschen Park umgewandelt.«

In den ersten Jahren war Ernst Winter (1823–1896), wenn er nach Hamburg fahren wollte, noch zum Teil auf die Kutschenverbindung angewiesen, die von den umliegenden Dörfern, wie Eimsbüttel, zum Jungfernstieg führte. Auch musste er an den Torsperren eine Gebühr bezahlen, wie aus seinem Kontobuch hervorgeht. Am 31. Oktober 1839 fuhr erstmals in Hamburg ein Pferdeomnibus. Die Strecke führte von Altona-Palmaille über Nobistor und Millerntor zu dem in der Nähe des heutigen Hauptbahnhofes gelegenen Schweinemarkt. Bereits im Juni

1840 gab es zudem eine Linie nach Eimsbüttel. Anfangs hatten 12 Passagiere eine Sitzgelegenheit. Später transportierten Doppeldeckeromnibusse etwa 26 Personen. Letztere fuhren spätestens 1876 auch durch die Osterstraße.

1865 wurde in Hamburg die Pferde-Eisenbahn eingeführt. Das war ein auf Schienen laufendes und von Pferden gezogenes Verkehrsmittel. Drei Jahre später verband erstmals eine Pferdebahn die Strecke zwischen dem Hamburger Rathaus und Eimsbüttel. Die Pferde-Eisenbahn fuhr doppelt so schnell wie die Pferdeomnibusse und hatte mehr Platz für die Fahrgäste. 1876 zählte man in Hamburg 4 Pferdebahnlinien. Von diesen

Ab 1868 fuhren Pferde-Bahnen vom
Hamburger Rathausmarkt nach Eimsbüttel.

verkehrte die sogenannte Braune Linie von morgens 8 Uhr bis abends 10 Uhr zweimal pro Stunde von Eimsbüttel nach Hamburg und umgekehrt. 1881 führte die Strecke nun auch durch die Osterstraße. Das beschreibt Louise Winter am 29. September 1881 in ihrem Tagebuch: »Einweihung der Pferdebahn, alle Wagen schön bekränzt. Übelstand, dass der letzte Wagen schon 9¾ nach Hamburg fährt und die Kinder wie auch die Erwachsenen 20 Groschen zahlen müssen.«

Am 16. November 1892 vermerkt Louise Winter dann: »Heute neue kleine Pferdebahnwagen, sie fahren alle 10 Minuten von Langenfelde nach Rothenburgsort. Die ganze Tour 0,40 Mk.« Am 12. Mai 1894 konnte Louise Winter in ihrem Tagebuch vermerken, dass zum ersten Mal die Bahn von der Eimsbütteler Kirche bis zum Georgsplatz elektrisch fährt. Am 11. November 1895 schreibt sie: »Heute Eröffnung der elektrischen Bahn,

Ab 1894 wurden zweiachsige elektrische Triebwagen gebaut. Landungsbrücken mit dem Neuen Fährhaus und der Deutschen Seewarte um 1900.

sie fährt jetzt wieder abwechselnd von Langenfelde und vom Heusshof nach Rothenburgsort und nach Borgfelde. Ich fuhr die letzte Tour in 55 Minuten, Fahrgeld 0,35 Mk.« Bis 1900 war die Straßenbahn in Hamburg dann vollständig elektrifiziert worden. Zur selben Zeit waren die Bewohner in Hamburg jedoch zum großen Teil noch auf die seit 1846 eingeführte Gasbeleuchtung angewiesen. Gut 50 Jahre später, im Jahr 1897, beleuchteten immerhin 28 500 Straßenlaternen die Stadt.

Es gab aber auch die Möglichkeit, mit der um 1890 aufkommenden Taxameter-Droschke zu fahren, wie Anna Winter erwähnt. Dies waren Pferdedroschken, bei denen die Gebühr ermittelt wurde, indem man die zurückgelegte Entfernung aus der Zahl der Radumdrehungen ableitete. Unterschieden wurde zwischen 1. und 2. Klasse. Die Droschke 1. Klasse war komfortabler. Sie wurde von einem Kutscher in Livree begleitet und bot eine saubere Reisedecke. Zudem beförderte sie nur bis zu drei Personen. Die Taxameter-Droschken hatten feste Tarife. Mit dem 20. Jahrhundert kam dann die Motordroschke auf, die heute Taxi genannt wird.

Berliner Bahnhof, errichtet 1857.

Berliner Bahnhof, 1870. Die Halle galt seinerzeit als bedeutendstes Holzbaubauwerk.

Der Firmengründer und sein Sohn Heinrich waren viel auf Reisen. Wie stand es damals mit der Eisenbahnverbindung? Den Hamburger Hauptbahnhof gab es zu dieser Zeit noch nicht. Voller Spannung wartete man auf seine Fertigstellung. So schreibt Anna Winter am 22. November 1899: »... nachmittags Heinrich und ich mit Ernst und Willi nach St. Georg spaziert, wo wir uns auf dem Weg dorthin die geplanten

Bahnveränderungen ansahen. Es sind hier überall kleine Holzpfähle eingerammt, wo künftig die Bahn fahren wird.«

Bis zur Fertigstellung des Hauptbahnhofes 1906 war man für Fahrten Richtung Berlin auf den Berliner Bahnhof beim Klostertor angewiesen. Nach Lübeck, Richtung Ostsee und Mecklenburg fuhr man ab 1865 vom Lübecker Bahnhof in der Nähe der Spaldingstraße ab. Die Züge Richtung Westen verkehrten ab dem Hannoverschen Bahnhof in Grasbrook. 1848 entstand der Altonaer Bahnhof für die Züge in Richtung Kiel. Alle vier Bahnhöfe waren Kopfbahnhöfe.

Die Eisenbahnbrücke über die Elbe mit dem 1899 errichteten Portal.

Der Berliner Bahnhof ging aus dem 1846 fertiggestellten Bergedorfer Bahnhof hervor. Dessen Umbauten – mit dem insgesamt 173 Meter langen Gebäudekomplex – wurden erst 1857 fertiggestellt. Die 148 Meter lange Halle (zum Vergleich: die Halle des jetzigen Dammtorbahnhofes ist nur 112 Meter lang) galt seinerzeit als bedeutendstes Holzbauwerk in Deutschland.

Mit dem »Blitz« war man in vier Stunden in Berlin, wie Louise Winter schreibt.

Schwieriger war es lange Zeit, von Hamburg nach Hannover oder ins Rheinland zu gelangen. Die Bahnverbindung aus dem Westen endete am Harburger Bahnhof. Um von dort nach Hamburg zu kommen, mussten die Reisenden mit der

Hannoversche Bahnhof (Pariser/Venloer), um 1875.

Fähre über die Süderelbe fahren. Dabei passierten sie die Elbinseln Wilhelmsburg und Veddel und überquerten die Norderelbe. Erst 1872 wurden die Eisenbahnbrücken über die beiden Elbarme fertiggestellt. Damit wurde für die aus Harburg kommenden Zügen eine bequeme Landverbindung bis nach Hamburg geschaffen.

Bald konnte auch der Hannoversche Bahnhof (Venloer Bahnhof/Pariser Bahnhof) in Grasbrook, am heutigen Lohseplatz, in Betrieb genommen werden. Bei allen Verbesserungen im Verkehr mussten sich Ernst Winter und Sohn Heinrich auf eine 22-stündige Bahnfahrt einlassen, als sie 1878 zur Weltausstellung nach Paris reisten. Um 1910 wurde der Hannoversche Bahnhof nach Errichtung des Zentral- bzw. Hauptbahnhofs nach und nach außer Betrieb genommen.

Doch wie gelangte man von Eimsbüttel zu diesen nach Norden, Osten und Westen führenden Kopfbahnhöfen? 1865 wurde eine

Der Hamburger Zentralbahnhof,
später Hauptbahnhof genannt, 1906 fertiggestellt.

Bahnstrecke zwischen Altona über Schulterblatt zum Klostertor gebaut. Sie wurde Hamburg-Altonaer-Verbindungsbahn genannt. Um die Bahn über die Alster fahren zu lassen, wurde die Lombardsbrücke gebaut. Die Gleise liefen damals auf Straßenniveau. Auf der Strecke entstanden der Bahnhof Dammtor (auf der Höhe des heutigen Cinemaxx-Kinos) und der Bahnhof

Sternschanze (150 Meter östlich des heutigen Bahnhofes). Das Gebäude steht noch heute. Mit der Verlegung der Strecke auf einen Damm wurden 1903 dann an etwas anderer Stelle die heutigen Bahnhofsgebäude Dammtor und Sternschanze errichtet.

Man konnte 1888 auch schon für die Verbindungsbahn eine Monatskarte kaufen, wie Ernst Winter jr. (1872–1952) es tat. Sie kostete zwischen Altona und Klosterthor (Berliner Tor) 3 Mark. Allerdings musste man auch 10 Mark Kaution zahlen. Nach Blankenese fuhr von Altona die Blankeneser-Wedeler Eisenbahn, nach Angaben von Louise Winter bereits »Hochbahn« genannt. Zusätzlich konnte man Blankenese auch mit dem Dampfer ab Landungsbrücken erreichen.

Am 6. November 1906 war es dann endlich soweit. Der Hamburger Hauptbahnhof wurde eingeweiht. Heute ist er mit rund 500 000 Reisenden und Besuchern pro Tag der meistfrequentierte Personenbahnhof Deutschlands.

Als sich Ernst Winter (1823–1896) in Eimsbüttel niederließ, gab es dort noch keine Kirche. Eimsbüttel gehörte zur Gemeinde St. Johannes in Eppendorf. Man war also auf die Kirche in Eppendorf, oder auf die Kirchen in Hamburg angewiesen. Nach Eppendorf gelangte man über die heutige Straße »Im Gehölz« und die sich anschließende Gärtnerstraße. Oder man wählte den Eppendorfer Weg. In den Wintermonaten, wenn hoher Schnee lag, war es ein beschwerlicher Kirchgang. Familie Winter bevorzugte die St. Michaeliskirche, die 1757–1762 errichtet worden war. Tochter Mimi wurde 1875 hier eingesegnet. Louise Winter vermerkt dazu in ihrem Tagebuch: »Über 400 Kinder wurden von Pastor Ritter konfirmiert.« 1886 bekam Eimsbüttel dann mit der Christuskirche ein eigenes evangelisches Gotteshaus. Ernst und Louise Winter hatten sehr genau den Bau mitverfolgt. Bei Sager hatten sie sich am 9. Februar 1882 die Entwürfe für den Kirchenbau angesehen. Dort wurden über 50 Pläne ausgestellt, 4 davon prämiert. Gewählt wurde der Otzer'sche Plan. Am 5. Juni 1882 fand eine Vorstandssitzung zur Vorbereitung der Feier zur Grundsteinlegung der Kirche statt. Ernst Winter nahm daran teil. In der Versammlung des Eimsbütteler Vereins am 13. Juni 1882 wurde darüber gesprochen, dass die Kirche nicht auf dem projektierten Platz gebaut werden könne, da die Isebek ja schiffbar gemacht werden solle. Tatsächlich fuhren am 19. März 1885 dann auch erstmals Schiffe auf dem Kanal – der Kirchengrund wäre dann unsicher geworden.

Am 20. September 1883 beging die Bevölkerung die Richtfeier der Eimsbütteler Kirche. Sie war nun am Übergang von der Fruchtallee zum Schäferkamp errichtet worden, wie Louise Winter schreibt. Pastor Gropp hielt eine kleine Rede. Am 14. Juni 1884 war Ernst Winter bei dem Richtfest des Turmes anwesend. Am 9. Juli 1885 hörte Louise Winter erstmals die Kirchenglocken läuten. Am 18. Dezember 1885 war Ernst Winter in die Eimsbütteler Kirche zur Prüfung bzw. Abhörung der Orgel gebeten worden. Das Instrument im Wert von ca. 20 000 Mark hatte Michaelsen im Andenken an seine drei verstorbenen Kinder gestiftet.

»Am 21. Januar 1886 war dann schließlich die Einweihung der Kirche. Die Weiherede hielt Senior Hirsche vor dem Altar, die Festrede Pastor Gropp von der Kanzel. Die Musik-Gesellschaft sang unter Büns Leitung, Degenhardt spielte auf der Orgel sehr feierlich«, schreibt Louise Winter. Am 15. März fand dann in der Kirche ein Konzert statt (Eintritt 3,– Mark). Der

Reinertrag sollte der Kirche zukommen: »Fräulein Bosse aus Köln sang die Solo-Partie, die Musik-Gesellschaft, Mimi mit inbegriffen, unter Büns Leitung den Chorgesang. Die erleuchtete Kirche nahm sich ganz reizend aus und das Konzert gefiel allgemein.« Am 14. April 1889 wurde der Junior Ernst Winter (1872–1952) in der Christuskirche konfirmiert. Am 31. Mai 1900 wurden er und Lulu Peters in diesem Gotteshaus getraut.

Christuskirche in Eimsbüttel,
Trauung Ernst Winter und Lulu Peters am 31. Mai 1900.

Wenige Jahre nach Errichtung der Christuskirche bekam Eimsbüttel mit der Apostelkirche ein weiteres evangelisches Gotteshaus. Am 31. März 1892 »besuchte Ernst Winter eine Versammlung zum Besten der neu zu erbauenden Kirche«. Am 24. Oktober 1894 konnte Louise Winter dann vermerken: »Bertha, Emma, Heinrich, Anna und ich begaben uns in die Apostelkirche zur Einweihung derselben«. Ernst senior hatte sich gesundheitlich nicht wohl gefühlt und war deshalb zu Hause geblieben. Erst vier Jahre später – 1898 – erhielt die Apostelkirche eine Orgel. Bei der Einweihung der Orgel am 8. Oktober war Bertha Winter anwesend. 1901 wurde die

Innenausstattung durch die Apostelbilder über dem Altar vervollständigt. Die umstehenden Häuser entstanden erst zehn Jahre später. Von Bombenschäden beim Angriff von 1943 blieb die Kirche verschont. Sie brannte aber 1977 aus nicht geklärten Gründen bis auf die Grundmauern nieder. 1982 wurde sie in veränderter Form wieder aufgebaut.

Apostelkirche in Eimsbüttel, eingeweiht 1894.

Für den Zusammenhalt zwischen den Bewohnern einzelner Regionen, wie in dem stark anwachsenden Eimsbüttel, sorgten vor allem die Vereine, die im 19. Jahrhundert auf den verschiedenen Ebenen – Kultur, Sport, Religion, Wohltätigkeit usw. – gegründet wurden. 1866 entstand der Eimsbütteler Verein von 1866, der vorwiegend kulturell und gesellschaftlich ausgerichtet war. 1876 wurde die Eimsbütteler Musik-Gesellschaft ins Leben gerufen, an deren Gründung Ernst Winter, der bei beiden Vereinen auch im Vorstand war, mitwirkte. Louise Winter berichtet auch von einem 1876 gegründeten Gesang-Verein, der aber mit der Musik-Gesellschaft identisch sein dürfte, bzw. wohl nur eine Unterabteilung von dieser war.

1889 wurde der Eimsbütteler Turnverein gegründet – heute ETV Hamburg. Als ihm auch nach zehn Jahren noch eine richtige Turnhalle fehlte, fand am 19. November 1898 bei Ludwig (Konzerthalle) in Hamburg abends ein Turnhallenbaufest statt. »Die Vorstellungen wurden 8½ Uhr durch den ›Krönungsmarsch‹ eröffnet«, schreibt Anna Winter. Es wur-

Hamburg- Eimsbütteler
Turn- Verein.

Hamburg-Eimsbütteler Turn-Verein.

den verschiedene Vorstellungen gegeben. »Die Kapelle spielte darauf den Marsch ›Mein Deutschland‹. Dann sang die Musik-Gesellschaft, es folgten Vorführungen am Reck, … und schließlich am Barren. Im weißen Saal waren geschmackvolle Buden errichtet, wo Blumen, Postkarten usw. verkauft wurden. In den Sälen verkauften junge Leute japanische Fächer und Schirme, Mützen mit Pfauenfedern, junge Mädchen boten Lose an, alles zum Besten des Turnhallenfonds. Leider reichten die Räume für die vielen Festgäste nicht ganz aus, … ca. 3½ Uhr brachen wir auf … gingen zu Fuß nach Hause.« Wie viel Geld zusammenkam, ist nicht bekannt. Jedenfalls konnte 1910 die Turnhalle an der heutigen Bundesstraße nach Plänen des Verbandsvorstehers Julius Sparbier eröffnet werden.

Im 19. Jahrhundert förderten zunehmend öffentliche Badeanstalten mit Wannen- und/oder Hallenbädern die Hygiene der Bevölkerung. So lesen wir in dem Tagebuch von Louise Winter, dass Tochter Emma gern ein Reinigungsbad im Wienerbad, dem späteren Hansabad, in der Theaterstraße nahm. Und Sohn Ernst badete morgens in der Alsterlust, einem Bad in der Nähe der Lombardsbrücke. In Eimsbüttel wurde 1895 das Hallenbad »Hohe Weide« mit 60 Wannenzellen und einem Männerbad in Betrieb genommen. Es ist vermutlich identisch mit dem »nach Kneipp'scher Methode eingerichteten im Park gelegenen Hermannsbad«, über dessen Besichtigung Anna Winter am 14. April 1895 in ihrem Tagebuch berichtet.

Badeanstalt Alsterlust in der Außenalster an der Lombardsbrücke.

Theater gab es im 19. Jahrhundert in den Vorstädten und somit auch in Eimsbüttel nicht. Doch es gab die Möglichkeit, mit der Pferdebahn, später mit der elektrischen Bahn oder mit dem Droschken-Taxometer nach Hamburg und Altona zu fahren. Beide Tagebücher beschreiben häufige Theaterbesuche und auch Konzertbesuche der verschiedenen Mitglieder der Familie Winter, vor allem, nachdem die Kinder »aus dem Gröbsten heraus waren«. Manchmal erwähnt Louise Winter zwei Theaterbesuche in der Woche.

In Hamburg gab es das Stadttheater in der Dammtorstraße. Es wurde ursprünglich nach Entwürfen von Schinkel errichtet und in den Jahren 1873/74 nach Plänen von M. Haller umgebaut. Hervorzuheben ist, dass das Theater über elektrische Beleuchtung verfügte. Der Zuschauerraum umfasste 2000 Plätze. Hier wurden vor allem Opern aufgeführt.

Das Thalia Theater fasste 1600 Zuschauer und galt als, »Musterbühne für das feinere Lustspiel und die Posse«. Es lag am Pferdemarkt gegenüber dem 1912 errichteten heutigen Thalia Theater. Louise Winter berichtet von häufigen Besuchen im Altonaer Stadttheater, das mit dem Hamburger Stadttheater zusammenarbeitete. Das Deutsche Schauspielhaus in der Kirchenallee wurde erst 1901 eröffnet. Possen und seichtere Stücke wurden im Theater der Centralhalle am Spielbudenplatz aufgeführt. Darüber hinaus gab es das Ernst Drucker-Theater und das Carl Schultze-Theater, ebenfalls in St. Pauli, sowie das Hansa-Theater für Variété am Steindamm.

Unter den Konzerthäusern ist vor allem das Konzerthaus Hamburg, auch Konzerthaus Ludwig genannt, vor dem Millerntor zu nennen. Das 1888 errichtete Gesellschafts- und Konzerthaus Flora am Schulterblatt hat sich bis heute erhalten – wenn auch nicht in einem guten Zustand. Das Sagebiel'sche Etablissement in der Großen Drehbahn, nicht zu verwechseln mit Sagebiel in Blankenese, hatte drei große und fünf kleine Säle, die zusammen 9000 bis 10 000 Personen Platz boten. An diesen

Zahlen wird deutlich, dass der Besuch von Theatervorstellungen und anderen kulturellen Veranstaltungen, gemessen an der Bevölkerungszahl im 19. Jahrhundert, wohl höher lag als in unserer Zeit.

Konzerthaus Hamburg (Ludwig) vor dem Millerntor.

Als problematisch galt das Schulwesen angesichts der rapide anwachsenden Bevölkerung in Eimsbüttel in der zweiten Hälfte des 19. Jahrhunderts. Es gab zwar im jetzigen Schulweg, Ecke der heutigen Osterstraße, eine Dorfschule, die 1837 von etwa 50 Kindern besucht wurde, doch diese entsprach schon längst nicht mehr den Ansprüchen. Die Söhne von Ernst Winter besuchten die Privatschule von Dr. Schuster. Mimi ging zur Schule von Fräulein Buhle am Neuen Wall, Bertha und Emma besuchten eine Schule am Alten Jungfernstieg. Die Jungs wechselten später zur Realschule in Altona. 1872 wurde in der Osterstraße 66 (damals Nr. 38) eine Schule errichtet, in die dann auch Mimi ging. Louise Winter berichtet über die

Zollkanal an der Brooksbrücke.

Einweihung: »Um 9 Uhr zogen die Kinder vom alten Schulhaus ins neue, angeführt von Herrn Pastor Faaß und Herrn Walther. Die Kapelle von Kleinmichel spielte zuerst den Hochzeitsmarsch, dann mehrere Choräle.«

Um 1900 sollte sich die Situation grundlegend ändern. Aus der 1892 in einer Villa gegründeten »lateinlosen höheren Bürgerschule für Jungen« wurde die »Realschule in Eimsbüttel«. 1896 unterrichtete sie 491 Schüler. Aus der 1906 eingeweihten Realschule in der Bismarckstraße wurde das heutige Bismarckgymnasium. Die steigende Einwohnerzahl von Eimsbüttel führte dazu, dass dieser Hamburger Stadtteil 1914 über 19 staatliche Schulen verfügte.

Ein Ereignis, das auch für die Bewohner von Eimsbüttel von wesentlicher Bedeutung war: Am 15. Juni 1881 stimmte die Bürgerschaft Hamburgs in einer Sitzung der Gründung des

Kehrwiederspitze im Hamburger Hafen um 1900.

Zollvereins zu. Der Beschluss führte zur Aufhebung zahlreicher Zollgrenzen.

Für die Bewohner brachte der Zollanschluss 1888 sehr viel Aufregung mit sich. Louise Winter erwähnt am 5. Mai 1880, dass eine Sammlung mit 57 867 Unterschriften gegen den Zollanschluss dem Bundesrat in Berlin überreicht wurde. Viele Einwohner fuhren vorher noch schnell in den Hafen, um zu hamstern. Dann wurde am 19. September die Verordnung einer Nachversteuerung bekannt. Dies erregte Ärgernis, wie Louise Winter berichtet. Die Bevölkerung musste bis zum 15. Oktober Fragebögen ausfüllen, in denen sie ihre Bestände aufzuführen hatte. Louise schreibt: »Heinrich hat sich einen 7 Pfd. schweren Topf Ingwer für 2.25 Mk gekauft, für Heinrich 70 Flaschen Wein hingelegt, 10 Flaschen Rum, 10 Flaschen Cognac. Wir müssen 200 Flaschen Wein (Flasche 21 Pfennig) und 122 Pfund Kaffee, pro Pfund 20 Pfennig) versteuern. Heute um 12 Uhr

Hamburger Hafen um 1900, beherrscht von Segelschiffen.

müssen in allen Häusern die Bögen, die Steuer betreffend, zum Abholen bereit liegen. An Hummer, Ingwer, Sardinen dgl. hat man im ganzen 30 Pfund frei, 30 Pfund Salz, 30 Pfund Zucker. Wir nehmen auch eine Kiste mit Lichtern a 13 Pf. Heinrich will dem Zoll-Anschluss um 12 Uhr beiwohnen. Ohne Sang und Klang eröffneten die Zollbeamten ihre Tätigkeit.«

Der Firmengründer Ernst Winter

Ernst Winter hatte sich mit seiner Firma für Lithografie-Diamanten im Dezember 1854 in Hamburg niedergelassen. Zuerst firmierte er in der Steinstraße 131. 1857, vermutlich in Zusammenhang mit seiner Heirat, zog er zum Grindelberg.

Geboren wurde Ernst Winter am 28. Januar 1823 in Brachstedt bei Halle, einem Ackerdorf, das zum damaligen Zeitpunkt etwa 500 Einwohner hatte. Der Vater war Tischler, und Ernst war das siebente von acht Kindern. Mit 15 Jahren wollte er Kellner werden – wie sein Bruder im »Römischen Kaiser« in Frankfurt/Main. Dieser holte ihn auch nach Frankfurt, doch der Kellnerberuf war nicht das Richtige. So sorgte sein Bruder dafür, dass er am 1. Februar 1840 zu dem Goldarbeiter Johann Ludwig Pfalz vier Jahre in die Lehre ging. Dafür bezahlte er diesem 150 Gulden Lehrgeld.

Ausschlaggebend für den weiteren Lebenslauf von Ernst Winter wurde seine Begegnung mit Bernhard J. Dondorf. Vermutlich lernten sie sich schon während seiner Lehrzeit kennen. Dondorf besaß in Frankfurt eine Lithografische Anstalt, d.h. eine Steindruckerei. Bei einer Lithografie werden Zeichnung und Schrift auf eine Steinplatte (Solnhofer Schiefer) übertragen. Diese diente dann, mit Druckfarbe eingeschwärzt als Druckstock. Das war im 19. Jahrhundert das gängige Druckverfahren für Formulare, Briefköpfe, Werbeschriften und ähnliches. Dondorf galt in der damaligen Zeit als führend bei technischen Neuerungen in der Lithographie. Er hatte verschiedene Maschinen für das grafische Druckgewerbe konstruiert und 1836 ein Lehrbuch der Kalligrafie (Schönschreibkunst) verfasst.

Für die Gravur auf Stein verwendete man eine spitze Nadel aus Stahl. Durch die Härte des Steins wurde die Nadel schnell stumpf und musste folglich immer wieder nachgeschliffen werden. So kam Ernst Winter auf die Idee, die Stahlnadel durch einen Diamanten zu ersetzen. Jedoch scheiterten die Versuche immer wieder daran, dass durch die Sprödigkeit des Diamanten die Spitze nach kurzer Zeit abbrach. Dondorfs Qualitätsvorstellung von einem brauchbaren Lithografie-Diamanten bestand in seiner Brauchbarkeit zur einwandfreien Wiedergabe eines großen lateinischen »D« aus der englischen Zierschrift. Nur dann konnte davon ausgegangen werden, dass die Diamantspitze weiter stabil blieb.

Ernst Winter (1823–1896).

Wir wissen nicht, wie lange sich Ernst Winter mit dieser Aufgabenstellung befasste. Er muss jedenfalls schon bald nach seiner Rückkehr von den Wanderjahren nach Brachstedt im April 1847 an Dondorf ein Musterstück geschickt haben. Wie es heißt, hat es noch nach acht Tagen dieselbe Spitze besessen wie am ersten Tag. Ernst Winter hatte es also geschafft. Er beschloss, sich selbstständig zu machen und gründete seine Firma für Lithografie-Diamanten.

Am 14. April 1847 konnte er die erste Eintragung in das »Geschäftsbuch« vornehmen. Auf den Umschlag eines bescheidenen Oktavheftes schrieb er voller Zuversicht den Vers: »Sollst nimmer ängstlich sorgen, wenn sich dein Schicksal trübt, es kommt ein neuer Morgen, der wieder Freude gibt.«

Arbeit an einer Lithografie. Dondorfs Qualitätsvorstellung eines lateinischen »D« bei einer Gravur auf Stein mit einer Diamantspitze. Zeichnungen J. Helmers.

Und Ernst Winter hatte Erfolg. Noch im selben Jahr machte er einen Gewinn von 278 Talern. 1848 bereiste er Österreich, im August die Schweiz und Frankreich. Er konnte aus Zürich, Luzern, Bern, Vevey, Lausanne, Genf und Neuchâtel Einnahmen in Höhe von 633 Talern und damit einen Gewinn von 349 Talern verbuchen. 1849 bereiste er Hamburg, Holland und Belgien.

1850 ist er erstmals in Paris. Von da an besuchte er die Stadt fast jedes Jahr. Neben London war Paris führend im Druckgewerbe. Doch hier waren zudem mehrere Diamanthändler ansässig, von denen Ernst Winter sein Rohmaterial kaufte.

Sein Hauptlieferant war Paul Poisot in der Rue St. Martin. Von ihm erstand Ernst Winter in den Jahren 1867–1877 ungefasste und gefasste Diamanten im Wert von ca. 8000 Talern. In Paris lebte auch sein Bruder Fritz, der eine Agentur für die Vermittlung von Hauspersonal und einen Handel mit wertvollem

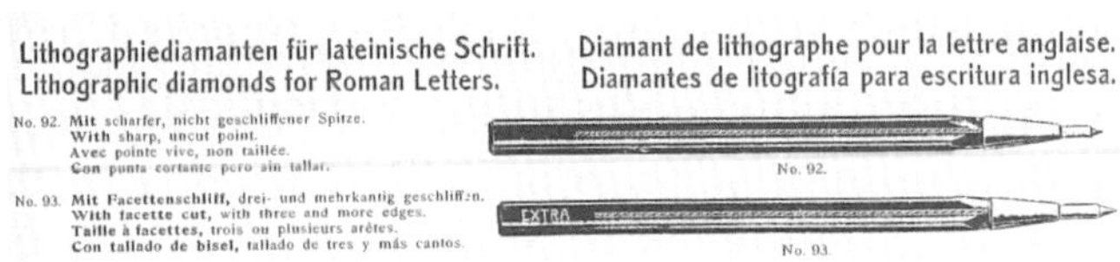

Werbung für Lithografie-Diamanten.

Porzellan betrieb. Damit hatte er es zu einem gewissen Wohlstand gebracht. Fritz war anfangs dem Lithografie-Diamanten gegenüber skeptisch. Er schrieb seinem Bruder am 21. April 1847, wenige Tage nachdem sich Ernst Winter selbstständig gemacht hatte: »Es freut mich, dass Du ein großer Kauf- und Handelsmann geworden bist, zumal Deine Ware kein Dreck

Umschlag des Geschäftsbuches von Ernst Winter.

ist, sondern Stückchen aus Königs- und Kaiserskronen. Ich fürchte nur, Du wirst dadurch Dein eigentliches Geschäft vernachlässigen und zuletzt ein ebenso großer Pfuscher werden als Du ein großer Kaufmann bist, und die Weise Deines Handelns kann Dich sehr leicht zu einem herumziehenden Landstreicherleben verleiten. Davor hüte Dich.«

Fritz Winter musste bald einsehen, dass er sich geirrt hatte. Nachdem Ernst Winter in den ersten beiden Jahren 738 Lithografie-Diamanten an Dondorf und 205 Lithografie-Diamanten nach Paris verkauft hatte, wurde er sein Verkaufsagent für Frankreich. Bis zu seinem Tod (um 1880) vertrat Fritz Winter in Paris alle geschäftlichen Interessen seines Bruders Ernst. Zudem führte er, als er in der Rue St. Honoré 154 wohnte, ein umfangreiches Lager an Lithografie-Diamanten und Glaserdiamanten. Seine Kunden waren u. a. Handlungsreisende, die Spanien und Portugal mit den Edelsteinen belieferten. Anfang Januar schickte Fritz Winter die jeweilige Jahresabrechnung nach Hamburg.

Mit vorzüglichen Brillantspitzen für Lithographen ꝛc.
im Preise von 1 — 2 Thlr. pr. Stück empfiehlt sich
Fr. Ernst Winter,
Diamantair
in
Brachstedt bei Halle a. S.

Werbung für Lithografie-Diamanten.

Ernst Winter blieb übrigens mit Dondorf weiter in Kontakt, das zeigen nicht nur die zahlreichen Bestellungen von Dondorf. Als Ernst Winter später in Eimsbüttel wohnte, kam Dondorf auch aus Frankfurt zu Besuch (14. März 1869).

Die Nachfrage nach den Lithografie-Diamanten der Firma Ernst Winter aus Brachstedt wuchs. 1850 verbuchte Ernst Winter Einnahmen in Höhe von 881 Talern, 1851 von 837 Talern, 1852 von 971 Talern, 1853 von 694 Talern und 1854 sogar von 1327 Talern. Insgesamt hat er in den ersten drei Jahren 1405 Lithografie-Diamanten hergestellt. Auch Firmen in Italien, Norwegen, Schweden und Russland zählten bald zu den Abnehmern. Mehrfach führten ihn seine Geschäftsreisen nach Hamburg. Das Leben und Treiben begeisterte ihn, und so ließ er sich am 11. Dezember 1854 in Hamburg in der Steinstraße nieder.

1857 heiratete Ernst Winter Louise Grautoff, Tochter eines Hamburger Weinhändlers und Enkelin von Georg Bernhard Grautoff, Diakon an St. Katharinen in Hamburg. Die Trauung fand am 6. Oktober in der Katharinenkirche statt. Das junge Paar wohnte nun am Grindelberg zur Miete. 1858 wird Tochter Emilie (Mimi) geboren. Als Sohn Heinrich erwartet wird, verlegt Ernst Winter seinen Wohnsitz am 14. April 1860 nach Eimsbüttel in den Schulweg »in ein ganz neues Haus«, zu einer Jahresmiete von 350 Mark. Zwei Tage nach dem Umzug wird Heinrich geboren.

Haus am Schulweg.

Nun wurde das Haus bald zu klein. So zog die Familie »wegen Mangel an Raum« am 21. Oktober 1864 in den Schulweg 5. »Neben unserer Wohnstube hatten wir die Kinderstube eingerichtet. Hier schlief Emilie [Kindermädchen] mit den 2 Kindern und hieran stieß unsere Schlafstube.« Oben im Haus wohnte Louises Tante Mathilde Grautoff. Wo die Werkstatt lag, wird nicht erwähnt.

Das 1872 von Ernst Winter gekaufte Elster'sche Doppelhaus, Osterstraße 56–58, wurde am 25. Juli 1943 zerstört. Rechts: Osterstraße 54. Das Haus wurde 1955 erworben.

Inzwischen hatte das Ehepaar Winter vier Kinder. Am 2. November 1872 kaufte Ernst Winter das Elster'sche Doppelhaus in der Osterstraße 30–32 (1894 umbenannt in Osterstraße 56–58) für 21500 Mark. Haus Nr. 32 vermietete er jedoch zwischenzeitlich an Inspektor Buchheister. Diesem verkaufte er es am 18. Mai 1888 zu dem Preis, den er ursprünglich für beide Häuser zusammen bezahlt hatte. 1933 wurde das Haus von der Firma Winter zurückgekauft.

Die Werkstatt, die sich Ernst Winter nun einrichtete, hatte eine Größe von etwa 20 m^2. Am Fenster stand der Arbeitstisch mit zahlreichen Schubladen, in denen die Diamanten, Werkzeuge und Instrumente aufbewahrt wurden. Die Diamanten waren in der obersten Schublade, die stets abgeschlossen war. Außer den Diplomen hingen an der Wand Bilder des Kaisers, daneben die Porträts der Herren von Bismarck und von Moltke. Ein Tagebucheintrag erwähnt die Installation von Gaslampen im Oktober 1875.

Geburtshaus von Ernst Winter in Brachstedt, 1990.

Der umfangreiche Briefwechsel in den folgenden Jahrzehnten zeigt deutlich, wie sehr Ernst Winter von Hamburg aus die Verbindung zu den Verwandten pflegte. Vier Geschwister von Ernst Winter – Rosine, Wilhelmine, Karoline und Julius – waren in den 1850er Jahren nach Amerika ausgewandert. Nachdem das Scheitern der Revolution 1848 und die beginnende Industrialisierung soziale Probleme mit sich gebracht hatten, fanden in den Jahren 1850–1859 etwa eine Million Deutsche in Amerika eine neue Heimat. Der Bruder Friedrich Albert hatte sich in Paris niedergelassen und wurde später ein wichtiger Außendienstmitarbeiter der Firma Winter. Der Bruder Julius vertrat die Geschäfte mit Amerika von Chicago aus. Sein Bruder Heinrich hatte es in Wertheim zum Hotelier gebracht. Aber auch zu Louises Verwandten Grautoff in Lübeck hatten sie weiterhin Kontakt. Tante Mathilde Grautoff wohnte bei ihnen in der Osterstraße.

Firmengründer Ernst Winter mit seinem Sohn Ernst und Tochter Helene, links Anna von Eiken. Die Fotografie wurde von Heinrich Winter gemacht.

Am 1. März 1890 konnte Ernst Winter im Kreis seiner Familie als erfolgreicher Diamanteur auf 50 Jahre Berufstätigkeit zurückblicken. Seine Diamantwerkzeuge waren international gefragt. Damit hatte es der ehemalige Tischlersohn zu einem gewissen Wohlstand gebracht.

Er stellte nun außer Lithografie-Diamanten viele andere Produkte her: Glaserdiamanten, Diamanten für Mikrometer und andere feine Teilungen auf Glas, Elfenbein und Metall, ferner Diamantzahnbohrer, Diamant-Drehstähle, Matrix-Diamanten (für die Mineralogie) sowie kegelförmig geschliffene Diamanten zum Gravieren von Walzen für Kattundruckereien usw. 1869 wurde er auf der Gewerbeausstellung in Altona mit einem Ehrendiplom ausgezeichnet.

In den Tagebüchern liest man in den 1890er Jahren immer wieder von der Sorge um die Gesundheit von Ernst Winter. Am 20. April 1896 starb der Firmengründer im 73. Lebensjahr. »Der Briefträger brachte fortwährend Condolenzkarten und die Kränze flogen nur so ins Haus hinein. 73 Kränze waren es am ersten Abend, so viel Kränze, wie Papa an Jahren hatte.« In einer Zeitungs-Anzeige wird über die Nachfolge wie folgt informiert: »Ernst Winter & Sohn. Nach dem am 20. April 1896 erfolgten Ableben von Friedrich Samuel Ernst Winter wird das Geschäft von dessen Witwe, Louise Dorothea geb. Grautoff, in Gemeinschaft mit dem überlebenden Teilhaber Heinrich Wilhelm Winter unter unveränderter Firma fortgesetzt.«

Louise Winter wohnte bis an ihr Lebensende – 10. Juni 1903 – mit ihren beiden Töchtern Emma und Bertha in der Osterstraße 58. Nach ihrem Tod zogen Emma und Bertha Winter in den Lockstedter Steindamm 69. Seitdem und aufgrund der steigenden Nachfrage nach Diamantwerkzeugen war die Osterstraße 58 nun ausschließlich Standort der Firma Ernst Winter & Sohn.

Heinrich Winter

Sohn Heinrich, der nun für die Firma allein zuständig wurde, war zuerst auf die Schule von Dr. Schuster gegangen. Ab 8. April 1872 besuchte er die Realschule in Altona. Er war nie ein guter Schüler. Louise Winter bangte immer um das Zeugnis und die Gefahr des Sitzenbleibens. Mit dem Tagebucheintrag vom 28. September 1877 gibt sie ihrer Hoffnung Ausdruck: »Es ging das Gerücht herum, Heinis ganze Klasse sei versetzt, wenn es nur wahr wäre!«

Heinrich Winter mit seiner Schulklasse und Lehrern.

Heinrich fehlte es keinesfalls an Intelligenz. Sein Schuldirektor schätzte ihn wie folgt ein: »Er ist talentvoll, hat aber zu viele Spielereien im Kopf.« Er hatte vor allem technische Interessen, und so schreibt Louise Winter Weihnachten 1874: »Heini bekam seine sehnlichsten Wünsche befriedigt, Telegraph und Dampfmaschine« – nur hatte er kein Interesse für die Schule. Er zeigte aber schon in jungen Jahren Erfindungsgeist.

So steht 1880 in der »Deutschen Ausstellungszeitung«: »Heinrich Winter, Osterstraße 30. Dieser junge Mann hat ein Patent auf einen Hausstandsgegenstand erhalten, der wegen seiner Brauchbarkeit bald überall eingeführt werden wird. Herr Winter hat nämlich eine Gabel erfunden mit verschiedenen Seitenflügeln, die namentlich beim Servieren von Pickles verwendet wird und jeden in den Stand setzt, die Pickles mit Leichtigkeit aus den Flaschen zu heben, eine Verrichtung, die mit einer gewöhnlichen Gabel sehr schwer zu bewerkstelligen war und viel Ärger verursachte.« Dass ein ehemaliger Schüler bereits in so jungen Jahren ein Patent bekam, erregte in der Realschule natürlich ein großes Aufsehen. Viel Erfolg hatte Heinrich Winter mit dieser Gabel wohl nicht, denn in späteren Aufzeichnungen ist nichts mehr darüber zu lesen. Aber noch heute werden Picklesgabeln hergestellt.

Am 27. September 1879 verließ Heinrich Winter freudestrahlend die Schule. Schon als Junge hatte er gern in der Werkstatt seines Vaters mitgewirkt und viel experimentiert. Unter anderem schnitt er sogenannte Hütchen – das sind Schutzhülsen für Lithografie-Diamanten – und polierte Diamanten. Als 15-Jähriger half er seinem Vater beim Fassen von Diamanten. »Ein einziger misslang. Er fasste 35 Stück und bekam für das Stück 1 Groschen!« Und auch in den folgenden Jahren half er neben seiner Schulzeit in der Werkstatt mit.

Nachdem Heinrich Winter die Schule verlassen hatte, wurde für ihn ein Arbeitszimmer eingerichtet. Er besuchte den Stenographenverein in Kiens Bierhalle von 3 bis 4 Uhr. 15 Stunden sind zum Erlernen der Kurzschrift erforderlich, so heißt es. »Ob er es wohl nützen wird?«, fragte sich Louise Winter. In dieser Zeit wurden in verschiedenen Städten Stenografieschulen errichtet.

In einem »Contra-Buch zwischen Ernst Winter als Arbeitgeber und Heinrich Winter als Arbeitnehmer« wird für 1880 genau aufgeführt, was Heinrich Winter für Arbeiten durchgeführt hat und welche Summe an Bezahlung er dafür von seinem Vater erhielt. Seine vorwiegende Tätigkeit war die Herstellung

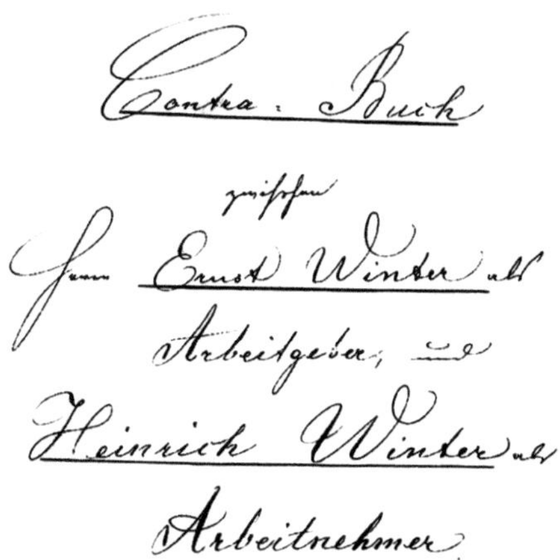

Contra-Buch
zwischen
Herrn Ernst Winter als
Arbeitgeber, und
Heinrich Winter als
Arbeitnehmer.

Titelblatt des Contra-Buches zwischen Vater und Sohn.

von Lithografie- und Glaserdiamanten. Ab August 1881 ging er dann für die Firma auf Reisen. Am 7. August 1881 schrieb er aus Berlin, wo er, wie aus seiner Buchführung hervorgeht, einen Umsatz von 620 Mark machte. Weiter führte ihn der Weg über Frankfurt/Oder nach Schlesien. Am 2. September kam ein Telegramm von der Schneekoppe. Über Breslau und Oberschlesien fuhr er nach Wien, wo er unter anderem die Firma Urbaneck aufsuchte. Einem Brief aus Wien legte er 600 Mark bei. In Budapest erfüllten sich seine Erwartungen leider nicht. Am 26. November traf er dann nach viermonatiger

Abwesenheit wieder in Hamburg ein. Er hatte auf der Reise 90 Firmen in 28 Städten besucht und neben den Diamantwerkzeugen auch Opale verkauft. Weitere Geschäftsreisen führten ihn nach Berlin, Sachsen, Niedersachsen, ins Rheinland und schließlich nach Paris, wie aus einem Telegramm hervorgeht, das er anlässlich der Verlobung seiner Schwester Mimi am 27. August 1882 schickte.

Ernst Winter war sehr daran gelegen, dass Heinrich auch außerhalb der Firma Erfahrungen sammelte, und setzte sich mit Gutruf in Verbindung. Die 1743 gegründete Hamburger Edelsteinfirma firmiert bis heute als ältestes deutsches Unternehmen in diesem Fachgebiet unter dem Namen Bramfeld und Gutruf. Der Unternehmer Gutruf stellte Heinrich Winter für ein Jahr ein. Ihm wurde gesagt, er könne dann auch auf Reisen gehen, da er ja mit Wertgegenständen umzugehen wisse. Allerdings musste Heinrich erst vom Militärdienst befreit werden. Es gelang ihm um den Militärdienst herumzukommen. Darum bezeichnete er sich scherzhaft als »Staatskrüppel«. Am 5. Oktober 1882 engagierte ihn dann Gutruf. Die Arbeitszeit war täglich festgeschrieben von 8½ morgens bis 8½ Uhr abends. Am ersten Arbeitstag musste er eine Beurteilung von Diamanten abgeben. Bei einem Diamanten sagte er: »Der hat eine Blase!« »Dann sehen Sie wohl mehr als andere Menschen«, meinte Gutruf. Als er aber nachsah, entdeckte auch er die Blase. Frau Gutruf sagte dann: »Seien Sie mir herzlich willkommen.«

Gutruf war mit Heinrich sehr zufrieden und wollte ihn avancieren. Nicht zufrieden war er allerdings mit Heinrichs Schrift und seinem Rechnen. So nahm Heinrich Schreibstunden. 24 Stunden kosteten 20 Mark. Am 1. November 1882 eröffnete Gutruf einen neu dekorierten mit elektrischem

Licht beleuchteten Laden. Der Ingenieur für die Planung der Glühlicht-Einrichtung kostete ihn allein 10 000 Mark. Als Gutruf im März 1884 an einer Blutvergiftung starb, übernahm Herr Moll vorübergehend das Geschäft. Im Februar wurde beschlossen, dass Botzenhardt und Moll jr. die Firma weiterführen sollten, Heinrich Winter jedoch blieb weiterhin Mitarbeiter. 1887 verdiente er 2100 Mark, 1888 schon 2400 Mark, 1889 bereits 2800 Mark. Am 15. Juni 1892 war dann sein letzter Tag. Von nun an arbeitete er in der Osterstraße.

Ernst Winter hatte sich Gedanken über den Fortbestand seiner Firma gemacht und darum Heinrich, auch als er noch bei Gutruf tätig war, rechtlich zu seinem Teilhaber gemacht. So erfolgte am 30. Dezember 1889 offiziell die Umbenennung in »Ernst Winter & Sohn«. Heinrich Winter hatte die technische Geschicklichkeit seines Vaters geerbt. Seine naturwissenschaftlichen Interessen kamen seinem beruflichen Streben entgegen. Beides beförderte außerordentlich die Entfaltung des väterlichen Unternehmens.

Ernst Winter jr.

Auch der 1872 geborene Sohn Ernst sollte eines Tages in die Firma Ernst Winter & Sohn eintreten. Ernst war am 9. September 1882 auf die Realschule Altona gekommen, allerdings dann auch einmal sitzen geblieben. Auch er hatte viele andere Dinge im Kopf. Unter anderem nahm er Trompetenunterricht.

Ernst Winter jr. (1872–1952) beim Trompetenspiel.

Wie einst sein Bruder Heinrich half er in jungen Jahren in der Firma. Er kittete Diamanten und machte Hütchen. Am 21. März 1891 erhielt er ein zufriedenstellendes Abschlusszeugnis von der Schule. Mit diesem ließ er sich beim Handlungs-Commis-Verein beraten. Man nannte ihm einige Firmen, die kaufmännische Lehrlinge suchten. Nach erfolgreicher

Bewerbung begann er am 1. April 1891 eine Lehre bei Kahle und Gossler am Hopfenmarkt. Für das erste Jahr waren ihm 100 Mark pro anno zugesagt, für das zweite Jahr 200 und für das dritte Jahr 300. Gleichzeitig besuchte er die Berlitz School of Language am Neuen Wall, um Englisch zu lernen. Außerdem nahm er Spanischunterricht. In seinem zweiten Lehrjahr wurde er mit zur Börse genommen. Außerdem bekam er Schreibunterricht beim Kalligrafen. Anfangs bestand seine Aufgabe u. a. im Austragen von Briefen. Bald bekam er die Erlaubnis, sie mit Briefmarken zu versehen und in den Kasten zu stecken. Am 10. Januar 1893 vermerkt Louise Winter: »Ernst legt sich jetzt wieder aufs Stenographieren, er geht herrlich mit der Füllfeder um. Ich diktierte ihm eine halbe Stunde. Außerdem hat er Französisch.«

Am 1. September 1893 wechselte Ernst Winter zur Godefroy Plantagengesellschaft und bekam 1000 Mark, Arbeitszeit 9–6 Uhr, zwei Stunden Tischzeit. Er blieb dort nur für ein gutes Jahr, d.h. bis zum 30. November 1894, dann wechselte er zu seinem Vater in die Firma. Beim Fortgang bekam er ein sehr gutes Zeugnis. Louise Winter vermerkt in ihrem Tagebuch: »Aus der Drehmaschine entstand heute ein Arbeitstisch für Erni.« Zu seinen Hobbys gehörte neben dem Trompetenspiel – schon 1892 nahm er Unterricht – auch das Reiten. Er nahm Reitstunden im Reitstall in der Gärtnerstraße.

Von Bienenzucht und Blindschleichen

Schon im Schulweg hatte Ernst Winter sen. 1871 im Garten ein Bienenhaus errichten lassen. Mit viel Anstrengung hatte er das Bienenhaus beim Umzug in die Osterstraße mitgenommen. Dadurch konnte er seine Leidenschaft für die Bienenzucht, die er schon aus Brachstedt mitgebracht hatte, pflegen. 12 Bienenkörbe hatte er in der Osterstraße. Bei der Blumenausstellung in Lübeck 1872 bekam er für 2 Pfund Scheibenhonig, die er dort ausstellte, ein Ehrendiplom. Sechs Scheiben Honig wurden in Lübeck zur Verlosung angekauft. Im November 1875 erhielt er sogar eine silberne Medaille und das Diplom aus Paris. Zu der würdigen und erfolgreichen Vertretung der deutschen Imkerei in Paris gratulierte ihm die »Königlich Landwirtschaftliche Akademie zu Proskau«.

Für den Honig seiner Bienenzucht erhielt
Ernst Winter 1875 sogar ein Diplom aus Paris.

Regelmäßig fanden in Hamburg und auch in anderen Städten Bienenwirt-Versammlungen statt. In Neumünster, wo die Bienenwirte vom Bürgermeister begrüßt wurden, bekam Ernst Winter für seinen Beobachtungsstock ein Diplom. Am 2. April 1878 erntete er viel Beifall für seinen Vortrag über Bienen vor dem Gartenbauverein in Hamburg. Er hatte zu der Veranstaltung sogar einen Bienenkorb und einen Bienenkasten mit der Droschke mitgebracht. Das Vortragsmanuskript hat sich erhalten und zeigt einen enormen Wissensstand auf diesem Gebiet.

Ernst und Louise Winter fuhren zur Bienenwirt-Versammlung am 3. September 1885 nach Berlin-Charlottenburg. Hier stellte Ernst seinen mitgebrachten Honig aus. Die Versammlung war zwar ziemlich trocken, wie Louise Winter bemerkt, doch hatte sie die Möglichkeit das Charlottenburger Schloss zu besichtigen: »Ein Kronleuchter von Bergkristall hat allein einen Wert von 10 000 Mk. Der Porzellansaal wundervoll arrangiert … Das Mausoleum der Königin Louise, gestorben 1810, und Friedrich Wilhelm III, von Rauch, mit lila Beleuchtung, wundervoll …« Sie besichtigte dann u.a. das Brandenburger Tor und war von Berlin begeistert.

Vom 3. bis 9. Juli 1883 fand in Hamburg eine Bienenstock-Ausstellung statt. Ernst Winter besuchte die Ausstellung im Frack mit weißer Halsbinde für 15 Mark Entree. Heinrich bekam als sein Assistent eine Gratiskarte. Heinrich hatte aus einem Zylinder einen Bienenständer für die Ausstellung gefertigt. Dass eine solche Veranstaltung einen gewissen gesellschaftlichen Stand hatte, machte die Preisverleihung deutlich, über die Louise Winter dann schreibt: »Höchst interessant, weil wir mit auf dem Podium waren, wo sie vorgenommen wurde: vom Herzog von Coburg-Gotha, Herzog Theodor von Bayern, ein unscheinbar aussehender Herr, Bürgermeister Kirchenbauer, sehr liebenswürdig. Minister Luzius hielt die Ansprache. Pastor Rabbow verabschiedete sich und schenkte mir eines seiner ausgestellten Gegenstände, ein Kunstprodukt der Bienen in Puddingform. Er schrieb noch einen reizenden

Artikel über Heinrichs Hut, aus dem die Bienen flogen. Ernst bekam für seinen Beobachtungsstock die silberne Medaille, Herr Frey die goldene, Dr. Fischer die bronzene vom Herzog von Coburg …« 11. Juli: »Der hübsche Bienenhut-Artikel stand heute in der Landwirtschaftlichen Zeitung.«

Dreimal brachte Ernst Winter Honig für den früheren Reichskanzler Otto von Bismarck nach Friedrichsruh. Dabei hat er Bismarck nicht persönlich gesprochen. Er erfuhr jedoch bei seinem ersten Aufenthalt vom Kastellan, dass der Honig auf dem Speisetisch stehe. Als Ernst Winter am 7. Juli 1880 erneut einen Kasten Honig vorbeibrachte, bekam er auch nur den Bediensteten zu Gesicht, der bemerkte: »Herr Bismarck isst gerade.«

Am 1. Oktober 1884 schreibt Louise Winter dann: »Wir sahen den Fürsten mit seinem Sohn Wilhelm bei uns vorbeireiten, äußerst freundlich grüßend, seinen grüngrauen, mit schwarzem Band eingefassten Schlapphut tief abziehend. Bismarcks Bediensteter bedankte sich am Bahnhof im Namen des Fürsten für den Honig. Er [Bismarck] bedaure, ihn nicht essen zu dürfen, würde ihn aber für die Fürstin und die Gräfin Rantzau mit nach Berlin nehmen, die ihn sehr gerne äßen.« Auf der Gewerbeausstellung im neuen Schulgebäude in St. Georg im September 1876 stellte Ernst Winter einen Kasten mit Wachsbienen und einen mit Diamanten aus. Dafür bekam er dann auch eine silberne Medaille und ein Diplom für Diamanten für technische Zwecke.

Der Garten in der Osterstraße war fast ein Tierparadies. Neben den Bienen wurde 1874 ein Hühnerstall mit fünf Hühnern und einem Hahn errichtet. Es gab ein Taubenhaus. Beherbergt wurden auch zeitweilig ein Fuchs und ein Igel. In einer Mäuseburg vergnügten sich etwa 30 bis 40 weiße Mäuse, indem sie durch eine Pappröhre ständig rauf- und runter liefen (3. August 1880). Vom Ukleisee brachte Heinrich 1882 zwei Eulen mit. Am 29. Mai 1882 kamen 95 Blindschleichen und auch eine Ringelnatter nach Angaben von Louise Winter hinzu. Einige der Schlangen waren eines Tages geflohen. Dies hatte irreführende

Schlangen und Blindschleichen gehörten mit zur Tierwelt der Kinder.

Sensationsmeldungen in den Zeitungen zur Folge. So stand am 2. August 1886 im Fremdenblatt: »Gefährliche Gesellschaft! Passanten und Bewohner der Osterstraße bemerkten gestern an verschiedenen Stellen, dass giftige Schlangen im Gras und auf dem Trottoir umherkrochen. Man beeilte sich, die Reptilien zu töten. Die Tiere waren aus einem Terrarium geflohen und haben mehrere Bewohner in Angst und Schrecken versetzt.« In einem anderen Bericht hieß es: »In der Osterstraße erregte vorgestern und gestern das Vorkommen einer Anzahl Schlangen Aufsehen und Schrecken in den dortigen Gärten und auf der Straße. Bewohner wie Passanten töteten die Tiere, welche aus einem Terrarium entwichen waren.« 19. Juni 1891, d. h. fünf Jahre später, vermerkt Louise Winter: »Heute wurde das Terrarium durch Schlangen und Eidechsen bevölkert«, zwei Tage später: »Heinrich und Emma per Tandem, Erni bei Bicycle nach dem Eppendorfer Moor, um Futter für die Schlangen und Eidechsen zu ergattern.« Die Liebe zu diesen Tieren vereinte die Familienmitglieder.

Der 1300 m^2 große Garten in der Osterstraße mit seinen Obstbäumen eignete sich vorzüglich für Gartenfeste. Dazu hatte Heinrich zum Beispiel am 27. Juni 1891 eingeladen, »das höchst gemütlich verlief. 5 Pfund Krabben wurden abends mit Mayonnaise aufgetischt, Butterbrote für 20 Personen. Der Garten war mit zahlreichen Lampions ausgestattet, die Polizei gestattete bengalische Beleuchtung, Draperien von Flaggen. Ein Klavier mit 9 Stücken wurde abgedreht und vermehrte die Freude. Bis 1 Uhr wurde ›geulkt‹.«

Von der Leidenschaft für Bicycles

Heinrich Winter war auch leidenschaftlicher Bicycle-Fahrer. Er gehörte dem Altonaer Bicycle-Club an. Vom Hamburger Sportklub wurde er aufgefordert, am 14. September 1884 Vorstellungen im Bicyclen zu geben. Am 27. März 1885 fand dann im Conventgarten ein Bicycle-Fest statt. »Es verlief glänzend, der Saal wundervoll dekoriert. Die Vorstellungen gelangen meistens vorzüglich. Heinrich wirkte vielfach mit. Allgemeine Heiterkeit erregte ›China zu Rad‹.« Am 10. Juli desselben Jah-

Bicycle (Fahrrad) von 1865.

res wurde die Bicycles-Bahn den Bicyclisten in der Nähe des Grindelberges übergeben. Ihr Bau hatte 15000 Mark gekostet. Ernst und Louise Winter begaben sich dorthin und hörten, auf der Tribüne sitzend, die Eröffnungsrede des Herrn Thams und sahen den eleganten Bicycles-Fahrern zu. Einer der interessantesten Fahrer war Heinrich, wie Louise Winter schreibt.

Er war als Schriftführer an einem Arm mit einer Goldstickerei geschmückt. Heinrich erhielt den dritten Preis. Auch Ernst jr. durfte einmal die Bahn umfahren.

Als der Club am 14. April 1894 sein 25-jähriges Jubiläum feierte, konnte Ernst Winter sen. dem Klub ein Foto überreichen, das ihn mit Heinrich und den Gründern vor 25 Jahren zeigt. Die Freude war groß. »Ernst wurde daraufhin aufgefordert, am anderen Tag vierspännig mitzufahren und das Essen mitzumachen, er schrieb aber ab.«

Fast hätte es einmal für Heinrich ein Unglück gegeben. Der Vorgang stand dann auch in der Zeitung: »Gefährlicher Sport! Als gestern Nachmittag ein Commis [Heinrich Winter] sich per Bicycle durch die Schröderstift-Straße bewegte, wurde er gezwungen, zwischen einem Block- und einem Pferdebahnwagen durchzufahren. In dem selben Augenblick lief die fünfjährige taubstumme Tochter einer daselbst wohnenden Witwe gegen das Bicycle, wodurch das Kind zur Erde fiel und der Commis kopfüber herabstürzte, so dass er längere Zeit ohnmächtig blieb. Glücklicherweise ist das Kind nur leicht, der Sportsmann gar nicht verletzt.« Heinrich bestritt, in Ohnmacht gefallen zu sein. Er brachte das Kind zur Mutter und gab derselben 1,– Mark Schmerzensgeld. Auch Ernst jr. war begeisterter Bicycle-Fahrer. Nachdem er sein Hochrad für 20 Mark verkauft hatte, gönnte er sich am 22. März 1894 ein neues Rad für 340 Mark.

Von der Leidenschaft für Phonographen und Fotografie

Heinrich Winter begeisterte sich für Phonographen – für das Aufzeichnen und die Wiedergabe von Geräuschen, Tönen und Musik. Diese neue Erfindung von Thomas Alva Edison, für die Edison 1878 in Deutschland das Patent bekommen hatte, war der Vorläufer des 1887 von Emil Berliner erfundenen Grammophons. Am 12. November 1878 besichtigten Ernst und sein

Edison Phonographen.

Sohn Heinrich ein solches Gerät bei Soffort. Heinrich sah es sich erneut am 22. November im Hotel »Zur alten Stadt London« an und war ganz »enthusiasmiert«. »Heinrich schaffte sich eine Phonographenwalze an und experimentierte tagelang mit ihr und wurde nun geradezu ›phonographentoll‹«, wie seine Mutter am 8. November 1879 in ihr Tagebuch schreibt.

Schon früh befasste sich Heinrich Winter aber auch mit der Fotografie und dann mit der Stereofotografie. Ein enger Freund war Herr Speenfatt, mit dem ihn diese Leidenschaft verband. Während sich Heinrich Winter vor allem mit der Stereoskopie auseinandersetzte, galt die Leidenschaft von Steenfatt der Kinematografie. Beides waren Techniken, die erst in den letzten Jahren des 19. Jahrhunderts ihre Verbreitung fanden. Heinrich Winter besaß schon als 16-jähriger einen Fotoapparat und fertigte schon früh selber Vergrößerungen an. Später richtete er sich in der Fruchtallee den Weinkeller als Dunkelkammer her. Am 1. September 1889 ging Heinrich dreimal mit dem Fesselballon in die Luft. Nur für das erste Mal musste er

Heinrich Winter (1860–1945, rechts) fotografierte Hamburg auch aus dem Fesselballon, hier ein Vorgespräch.

5 Mark zahlen. Er machte fotografische Aufnahmen von oben, entwickelte am selben Nachmittag das Bild und überreichte es Kapitän Rodeck. Am 11. September schickte er ein solches Foto auch an Pastor Ritter von der Michaeliskirche anlässlich

seines 25-jährigen Jubiläums. Auf dieses Foto schrieb er: »Ein freundlicher Gruß und Glückwunsch aus höheren Regionen.«

Bei der Stereoskopie ging es darum, zwei ebene Bilder desselben Gegenstandes derart zu kombinieren, dass der Betrachter sie räumlich sah. Nachdem 1839 an der Akademie der Wissenschaften in Paris das Verfahren zur Herstellung fotografischer Bilder auf Silberschichten von Louis Daguerre öffentlich bekannt geworden war, lag es nahe, damit auch stereoskopische Doppelaufnahmen herzustellen. Bis dahin gab es diese nur als

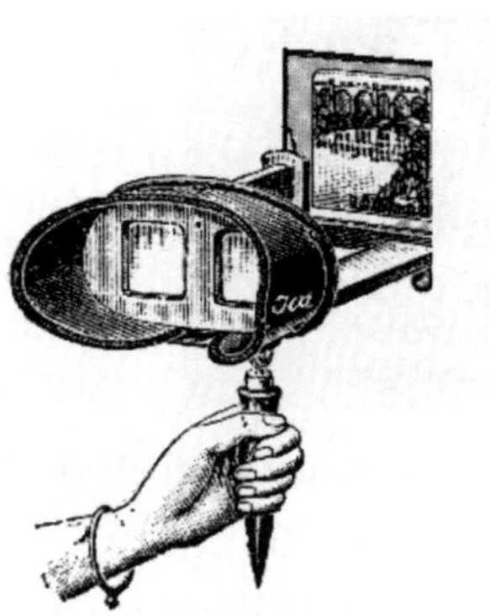

Links: Stereoskopie-Apparat.
Rechts: Wappen des Hamburger Amateur-Photographenvereins.

Zeichnung. 1848 stellte der schottische Physiker David Brewster die erste Zweiobjektiv-Kamera vor. Um 1900 erlebte die Stereofotografie einen Boom. Aufgrund des höheren technischen Aufwands hat sie sich jedoch nicht durchgesetzt. Im März 1899 kaufte sich Heinrich eine entsprechende Einrichtung. Mehrfach findet man im Tagebuch seiner Frau Anna Winter den Hinweis, dass Heinrich abends seine Fotoplatten entwickelt. Das war ohne Zweifel ein Erfolg, denn am 24. Juni 1899 heißt es im Tagebuch z. B.: »Die Stereoskopaufnahmen vom letzten

Sonntag von den vier Kindern und Werner in der Sandkiste sind vorzüglich gelungen, den Kindern macht es Spaß durch das Stereoskop zu sehen, sogar die kleine Anne-Marie kann es.« Natürlich war er auch Mitglied im Hamburger Amateur-Photographenverein von 1891.

Heinrich Winter (1860–1945) mit Michaelsen und Steenfatt.

Unter Kinematograf ist ein von Lumiére in Lyon 1896 konstruierter Apparat zu verstehen, der bewegte Szenen in einer Reihenfolge fotografischer Aufnahmen festhält. Dies ist der Vorläufer der Filmkamera. Herr Steenfatt – die Liebhaberei hatte ihn über 900 Mark gekostet – versuchte bei jeder Gelegenheit, seine Wandel- und Kinematografenbilder vorzuführen. Am 22. April 1899 zeigte er seine Bilder auf dem Unterhaltungsabend des Eimsbütteler Vereins von 1866. Die Veranstaltung begann mit dem Gesang des Eimsbütteler Männerquartetts. Anna Winter schreibt: »Hinterher führte Herr Steenfatt noch Licht- und Verwandlungsbilder vor sowie ca. 11 Kinematographenbilder – Die Sache ging leidlich, leider hat ja das Vereinslokal kein elektrisches Licht.« Zur Veranstaltung des

Bürgervereins Hoheluft am 27. Oktober 1899 vermerkt Anna Winter: »Die Wandelbilder, ein Spaziergang durch die Gartenbauausstellung 1897, dann Schneelandschaften usw. gelangen vorzüglich. Die Kinematographenbilder aber gelangten aus Mangel an elektrischem Licht zum Teil gar nicht.« Mehr Glück hatte Steenfatt am 25. Februar 1900, als die Vorführung im eigenen Haus stattfand: »Um 7¼ stellten wir uns bei Steenfatts ein, wo wir uns gern neue Kinematographen und Verwandlungsbilder ansehen sollten. Sie gelangen alle vorzüglich.«

Zur Abwechslung nach Italien

Am 20. August 1898 unternahm Ernst Winter jr. eine vierwöchige Reise nach Italien, von Hamburg bis Genua mit dem Schiff »Baria«. Er schickte begeisterte Karten. Verständlich, dass auch Heinrich eine solche Reise reizte. Ein Bekannter, Herr Deus, riet ihm, mit dem Dampfer »General« der Ostafrikalinie zu fahren. Er kannte dessen Kapitän und stellte einen Kontakt zu ihm her. Am 23. April 1899 sahen sie sich das Schiff an, als es im Hamburger Hafen lag. Am 26. April fuhr Heinrich los in Richtung Neapel. Bereits am 27. vormittags 11 Uhr erhielt Anna, der der Abschied verständlicherweise schwergefallen war, eine Ansichtskarte aus Cuxhaven und am 29. einen Brief aus Antwerpen mit Stereoskopaufnahmen, die Heinrich beim Abschied von den Kindern gemacht hatte.

Anna nutzte die Zeit der Abwesenheit von Heinrich, die Wohnung neu zu streichen. In diesen Tagen kam auch überraschend

Tante Wihelmine Winter mit ihrer Tochter aus Chicago zu Besuch: »Sie sind beide sehr nett, sprechen sehr gut deutsch, besonders die Cousine, Mitte 30, die Tante ist schon 69 Jahre, Mainzerin von Geburt und seit 40 Jahren fort von Deutschland. Es ist sehr schade, dass Heinrich sie nicht kennen lernt.«

Von Heinrich kamen immer wieder Karten und Briefe. Besonders entzückt war er vom Vesuv. Am 30. Mai treffen eine Karte und ein Brief aus Mailand, sowie ein Telegramm ein. In Letzterem schreibt Heinrich, dass er in Luzern übernachtet habe. Am 1. Juni benachrichtigt ein Telegramm die Familie über sein Eintreffen am Bahnhof Sternschanze gegen abends 8 Uhr. Präzise eine Minute vor 8 Uhr fuhr der Zug auf dem Bahnsteig ein. Heinrich wurde von Anna und Bertha erwartet. Zuhause angekommen, kamen dann auch Mama Winter, Emma, Erni, Papa und Mama Reimers, alle aßen zur Gesellschaft mit. Später trafen noch Mimi und Hermann Lassen ein, »die Zeit verflog mit Erzählen und im Handumdrehen war es 11 Uhr«. »Als Puggi [Grete] morgens ihren Papa im Bett sah, war sie anfangs etwas verwundert, sie sah ihn mit großen Augen an … die übrigen drei waren ganz außer sich vor Freude. Anne-Marie sagte einmal über das andere ›mein süßer Papa‹.« Am 10. Juni steht in Annas Tagebuch: »Heinrich entwickelt abends Platten von seiner Italienreise«, und am 11. Juni: »Hanna Loewenstein kam auf eine Stunde und besah Heinrichs Stereoskopaufnahmen, wovon sie ganz entzückt war.«

Familie Heinrich Winter in den Jahren 1892–1902

Heinrich und Anna Winter, geb. Reimers, hatten am 1. September 1892 geheiratet. Es war die Zeit, als in Hamburg die Cholera herrschte. In Hamburg erkrankten damals insgesamt 16 956 Menschen, 8605 Menschen starben. Eimsbüttel zählte mit zu den gefährdeten Gebieten. Die Hochzeitsreise von Heinrich und Anna Winter verlief durch die Epidemie nicht un-

Anna Winter (1872–1929) mit Sohn Ernst, 1893.

problematisch. So wurden sie, da sie aus dem Epidemie-Gebiet kamen, in Kröplin gezwungen, umzukehren. Dabei riet man ihnen, die Bahnverwaltung für die Fahrtkosten zu verklagen, weil man sie nicht darauf aufmerksam gemacht hatte. Sie verbrachten dann die Tage in Schwartau im Hotel Germania.

Die Cholera-Epidemie regte zu technischen Verbesserungen der hygienischen Verhältnisse in der Stadt an. Die Hamburger Wasserwerke erhielten eine Filtrieranlage. Louise Winter schreibt am 25. Mai 1893: »Um zu fördern, dass wir Ende des Monats mit filtriertem Wasser versorgt werden können, ist uns das Sprengen der Gärten untersagt, der liebe Gott sprengt mit himmlischem Wasser!« Gleichzeitig wurde von der Polizei bei den einzelnen Haushalten der Zustand der Wasserkästen genau kontrolliert.

Anna und Heinrich Winter mit ihren Kindern Anne-Marie, Wilhelm und Ernst, 1896.

Heinrich und Anna Winter wohnten anfangs in der Emilienstraße 52, doch nachdem die Söhne Ernst und Wilhelm geboren waren, sahen sie sich nach einer neuen Wohnung um. Am 28. März 1896 zogen sie in die Fruchtallee 66. Die Wohnung kostete 803 Mark jährlich. Hier wurden Bertha und Emma geboren, sowie ein Sohn, der aber nach einem halben Jahr verstarb. Man kann davon ausgehen, dass Fruchtallee 66 keine Etagenwohnung, sondern ein Einfamilienhaus war. Denn mehrfach wird erwähnt, dass die Kinder »oben« ihr Reich hatten. Auch weitere Hausbewohner werden im Tagebuch nicht genannt. In der Sommerzeit hielt sich die Familie besonders gern auf dem von Wein umrankten »Grandbalkon« auf. Ein weiterer Balkon wird mit »Geweihbalkon« bezeichnet. Darüber hinaus gab es noch ein Gartenhäuschen. Wenn die Kinder im Garten spielten, dann war dies im hinteren Garten in der Osterstraße 58, der sich zur damaligen Zeit bis zur Wiesenstraße hinzog. Zum Hauspersonal gehörten ein Kindermädchen – Elly, später Paula –, eine Köchin und ein Dienstmädchen. Gelegentlich half bei den Kindern aber auch Annas Schwester Hedwig (Hede) aus.

Die Familie Heinrich Winter hatte einen sehr engen Kontakt zu den nächsten Verwandten, die nur wenige Straßen entfernt wohnten, beispielsweise zu Heinrichs Eltern Ernst und Louise Winter in der Osterstraße 58. Hier am Firmensitz, war er aufgewachsen. Anna Winters Eltern wohnten in der Fruchtallee 34. Annas Vater Eduard Reimers hatte dort eine Wäschefabrik. Heinrichs Schwester Mimi, verheiratet seit 1883 mit Hermann Lassen, hatte vier Kinder. Sie wohnten zuerst in der Sophienallee 17. 1891 zogen sie um in den Sandweg 30 und 1902 in die Bismarckstraße 117. Und dann waren da noch die unverheirateten Schwestern von Heinrich Winter, Bertha und Emma. Sie zogen, nachdem das Haus Osterstraße 58 nach dem Tod von Louise Winter zum ausschließlichen Firmensitz geworden war, 1903 in den Lokstedter Steindamm 69. Die räumliche Nähe führte dazu, dass man sich fast täglich sah, oft einfach mal vorbeischaute. Die Geburtstage wurden selbstverständlich gemeinsam gefeiert, mit den Kindern nachmittags, die Erwachsenen meistens abends in Verbindung mit einem Essen. Von den Kindern überreichte dann jedes gern eine einzelne Blume oder einen Sträußchen Veilchen oder Maiglöckchen. Anna zählt in ihrem Tagebuch gern die Geschenke auf, vor allem die der Kinder. Hier finden Handarbeiten häufig Erwähnung.

Mit der Verlobung von Ernst Winter mit Lulu Peters im Sommer 1899 entwickelte sich auch zu dieser Familie, wohnhaft Im Gehölz 38, eine enge Verbindung. Ernst und Lulu Winter zogen nach ihrer Heirat im Juni 1900 in den Lokstedter Steindamm (Unterhaus). Damit wohnten sie in der Nähe der Familie Heinrich Winter. Diese zog im Mai 1900 in ein Gartenhaus in die Hoheluftchaussee 79 um, das in unmittelbarer Nähe der Hamburger Stadtgrenze lag.

Am 24. August 1898 schreibt Anna in ihr Tagebuch: »Wieder drückend heiß. Nachmittags war ich mit Nr. 34 [Eltern in der Fruchtallee] per Bahn nach Blankenese, Heinrich benutzte sein Rad, wir trafen uns im Garten von Sagebiels Fährhaus, wo wir gemütlich zusammen Kaffee tranken. Da Heinrich gern noch mehr radeln wollte, trotz der Hitze, fuhr er 4½ Uhr fort über Wedel nach Pinneberg. Wir saßen noch bis halb 8 zusammen und sahen die vielen kreuzenden Segelbote und den herankommenden großen Dampfern zu.«

Übrigens bekam Heinrich (1860–1945) zu seinem 29. Geburtstag von seinem 17-jährigen Bruder Ernst (1872–1952) als Geschenk schriftlich, dass dieser zwölfmal sein Bicycle unentgeldlich putzen werde. Zum 15. Geburtstag von Ernst machte

Heinrich seinem Bruder das Angebot, ihm sein Bicycle für 50 Mark zu verkaufen. Er selber kaufte sich ein neues Tandem zu 180 Mark, das ursprünglich wesentlich teurer gewesen war. Er konnte das Tandem im Nebenhaus für 5 Mark pro Quartal unterstellen. Mit 22 Jahren verkaufte Ernst sein Hochrad für 20 Mk. und gönnte sich am 22. März 1894 ein neues Rad für 340 Mark.

Ernst, Anne-Marie, Wilhelm und Margarete Winter, Kinder von Heinrich und Anna Winter, ca. 1901.

Heinrich ging auch regelmäßig zum Turnen. Dies ist nicht nur dem Tagebuch von Anna Winter zu entnehmen, auch seine Mutter schreibt am 28. Dezember 1891: »Heinrich turnt seine Stunde in der Grindelallee.« Eine Turnhalle gab es zu dieser Zeit in Eimsbüttel noch nicht, sie wurde erst 1910 in der späteren Bundesstraße eröffnet.

Sehr ausführlich berichtet Anna über einen Besuch im Zoologischen Garten am 4. September 1898. Der Zoologische Garten war 1863 auf dem heutigen Gelände von Planten un Blomen errichtet worden und zählte damals wegen seines Reichtums an Tieren zu den ersten Deutschlands. »Heinrich, Emma und ich waren morgens mit Ernst, Willi und Anne-Maria in dem

Zoologischen Garten, um besonders die Aschanti [Stamm in Ghana] zu sehen, ihre Heimat ist die Goldküste Westafrikas. Musik, Gesang und Tanz spielten bei ihren Vorführungen die Hauptrolle. Sind die Tänze beendet, folgt ein von lärmender

Der 1863 errichtete Zoologische Garten in Hamburg, heute Planten un Blomen, um 1900.

Musik, lautem Gesang und lebhaftem Tanz begleiteter Häuptlingsumzug, bei dem alle Mütter ihre Säuglinge auf dem Rücken tragen, dies geschieht auch sogar bei der Arbeit. Der Häuptling ruht in einer von 4 Mann getragenen, gegen die Sonne durch ein Dach geschützten Hängematte. Die Neger tragen die Sänfte auf dem Kopf. Nebenher wird ein riesiger mit einer Figur gekrönter Schirm getragen. Man hatte im Zoologischen Garten ein Aschantidorf errichtet. Hier und da Wohnhütten, dort eine Küche, wo Schollen auf glühenden Kohlen gar gemacht wurden, dort eine andere, wo einige Töpfe brodelten, hier ein Weber, ein Drechsler, dann wieder eine Schule.

Leider begann es etwas zu regnen, sodass wir uns in die Häuser (Löwen, Affen) zurückzogen …«

Anna Winter war ausgesprochen kontaktfreudig, sie liebte Geselligkeiten. Es gibt kaum einen Tag, an dem sie keine Einladung zu Freunden oder Verwandten erhielt oder eine Zusammenkunft im Hause Winter stattfand. Dabei zählt sie in ihrem Tagebuch genau die Namen aller bei den Einladungen anwesenden Personen auf. Häufig nennt sie auch die Speisefolge vom Essen. Es kam nicht selten vor, dass an einem Tag gleich zwei Einladungen liefen, nachmittags und abends. Es war aber auch durchaus üblich, dass man unangemeldet Freunde aufsuchte.

Ein besonderes Fest war der Maskenball bei Lassens am 13. Februar 1892, der glänzend ausfiel. Louise Winter berichtet darüber: »Keiner bei uns im Hause wusste, was der andere machte, und so fuhr zuerst Heinz, dann ich, dann Bertha und schließlich Heinrich hin. Papa machte einen Mönch, ich hatte ein Rokokokostüm, Bertha ein französisches Kostüm und Heinrich war in Sackleinwand genäht, ausgestopft mit Kopfkissen. Der Friseur Fischer setzte uns die Perücken auf und schminkte uns. Bei Mimi empfing uns ein Clown, ein bezahlter. Derselbe versetzte uns gleich in die richtige Stimmung, es war zu komisch. Im Saal wurde man ehrfurchtsvoll begrüßt. Ich erkannte Papa bald, Marie Davids zeigte mir kurz vor der Demaskierung unsere Emma, die wir in Lübeck wähnten, und nachdem ich ihr ein W in die Hand geschrieben hatte, erkannte sie mich auch. Heinrich machte später als Phoites köstliche Sprünge, denn schließlich war er Mexikaner. Ernst war in Paul Trummers Unteroffiziers-Uniform, Emma in einem schwedischen Kostüm, Mimi machte den Sommer, weiß Atlas mit poceau Rosen,

Frau Buchheister Mexikanerin mit blonder Perrücke, Herr Pechner mit weißer Zopfperücke und blauem Samtkostüm, Hermann Mephistopheles … Um 11 Uhr Demaskierung, ich wurde auch ohne Maske kaum erkannt … um zu sagen, dass wir uns amüsierten, liefert der Beweis, dass wir erst um 7 Uhr im Hause ankamen.«

Anna Winter muss auch recht musikliebend gewesen sein, denn beim Besuch von Konzerten, wie dem der Musik-Gesellschaft am 7. Januar 1899 vermerkt sie in ihrem Tagebuch nicht nur das Programm und die ausführenden Künstler, sie gibt auch ein Urteil ab: »Frl. Laubers Stimme hat riesig gewonnen. Sie sang ganz entzückend, Frl. Nagel etwas matt, Frl. W. bewies sich als ausgezeichnete Deklamatorin …« Über ein Konzert der Musik-Gesellschaft am 18. November 1899 mit Werken von Brahms, Alban Berg und Beethoven schreibt sie: »Sämtliche Stücke wurden ausgezeichnet vorgetragen. Im Allgemeinen war das Programm vielleicht etwas zu sentimental.«

Eigentlich pflegte die Familie, Silvester im Familienkreis zu verbringen. Am 31. Dezember 1898 schreibt Anna: »Wir verlebten ihn beide zum ersten Mal in unserem Leben nicht im Familienkreise, sondern zusammen mit Thomsens, Reinhards und Herrn Soblik im Hamburger Ratskeller. Gegen 9 Uhr gingen wir fort … Der Eingang zum Keller war belagert von Verkäufern von Pfauenfedern und Scherzartikeln, Knarren, Würstl und Zungen zum Aufblasen, Haselnusshalsketten, Konfettis, Papierschlangen usw. – Drinnen herrschte eine riesige Fidelitas, ein fürchterliches Spektakel und ein wildes Chaos von Papierschlangen und Krollsplint, die alle Fußböden deckten. Man bewarf sich damit, kitzelte sich mit den Pfauenfedern, kurzum es grassierte eine unbeschreibliche Brüderlichkeit unter allen

Menschen. – Halb 11 wurde der Keller geschlossen, nur wer Plätze reserviert hat, fand Einlaß … Um 12 Uhr wuchs der Reden noch mehr, es wurde durcheinander gesungen, und wo ein Plätzchen frei war, sogar getanzt, allerdings vereinzelt …« So ganz wird dieser Trubel wohl doch nicht nach ihrem Geschmack gewesen sein, denn bereits ½ 2 fuhren sie mit der Hoheluft-Tram nach Hause.

Am 28. Juni wurde das fünfte Kind geboren, der Sohn Hansi. Doch es war nicht nur Freude, es sollten schwere Monate folgen. Die Schwangerschaft hatte bei Anna zu einem Augenleiden geführt. Sie mußte viele Einschränkungen hinnehmen. Der Augenarzt Dr. Auerbach konnte keinen organischen Fehler feststellen. Sie holte ein zweites Urteil beim Augenarzt Prof. Völkers in Kiel ein, sein Urteil fiel nicht anders aus. Er meinte aber, ein ruhiger Aufenthalt in waldiger Gegend würde ihr gut tun, denn er vermutete eine Überanstrengung. Die Familie beschloss daraufhin, dass Anna zur Erholung nach Gremsmühlen bei Malente fahren sollte, was sie dann auch für 14 Tage tat. Aber es trat keine Besserung ein. Daraufhin erfolgte eine erneute Erholungsreise, nun mit der ganzen Familie nach Bergedorf. Heinrich mietete drei Zimmer bei Förster Sievers am Reinbeker Weg mit Pension für 15 Mark pro Tag. Am 9. September fuhr die Familie mit Kindermädchen Elly ab Bahnhof Sternschanze zum Berliner Bahnhof und von dort nach Bergedorf. Heinrich fuhr jeden Tag morgens um 8 Uhr nach Hamburg, abends um 7 Uhr kam er zurück. Das Kindermädchen Elly kümmerte sich um die vier Kinder, Anna ausschließlich um Hans. Man verbrachte viel Zeit in der Natur. Die vier Wochen dürften doch Heilung gebracht haben, denn das Augenleiden wird im Tagebuch nicht mehr erwähnt.

Doch es sollte erneut eine schwere Zeit kommen. Am 24. November 1899 schreibt Anna in das Tagebuch: »Morgens 7½ weckte mich Mathilde, wie gewöhnlich. Eben erwacht, hörte ich von Hansels Bett stöhnende Töne, die mich sofort an einen Krampfanfall von Ernst vor drei Jahren erinnerten; ich hatte mich nicht getäuscht, der arme kleine Kerl lag wie leblos und stöhnend in seinem Bettchen, der Speichel lief ihm aus dem Mund ...« Die Eintragungen der nun kommenden Tage sind voller Leid. Hansi hat Gehirnhautentzündung, mit einer Besserung war kaum zu rechnen. Am 12. Dezember kommt er ins Lohmühlenkrankenhaus, am 17. Dezember findet sein Leben ein Ende, am 19. Dezember wird er auf dem Ohlsdorfer Friedhof neben dem Grab seines Großvaters Ernst Winter beerdigt. Während Anna Winter ihr Tagebuch sonst in einem rein sachlichen Stil verfasst, zeigt sie hier doch immer wieder ihre Gefühle darüber, wie sehr sie der Tod des Kleinen getroffen hat. »Ich werde diesen Schmerz nie ganz überwinden, obwohl die Zeit ihn lindern wird, jetzt ist er erlöst und besser wir besuchen ihn hier als in Alsterdorf.«

Seit Ende 1899 befasste sich Heinrich Winter mit dem Gedanken eines Wohnungswechsels. Anna und Heinrich sehen sich mehrere Häuser an. Die Häuser in Othmarschen waren zu teuer und zu weit entfernt von der Osterstraße. Heinrich wollte nur für einige Jahre einen Mietvertrag abschließen. Am 4. Januar kündigt er die Wohnung in der Fruchtallee zum 1. Mai. Am 28. Februar schließt er einen Mietvertrag mit Frau von Zersensch für das Haus Hoheluftchaussee 79 auf drei Jahre für 1400 Mark Miete p.a. ab. Es ist ein Gartenhaus (Villa mit Garten) in einem recht guten Zustand. In dem mit Tuffsteinen gestalteten Hintergarten befinden sich große Bäume, ein Teich mit Springbrunnen, Hühnerstall,

Entengraben und vieles mehr. Einiges muss aber noch gemacht werden. Am 5. April vermerkt Anna, dass die Böden inzwischen vorgeölt, die Fenster ihren Grundanstrich haben, der Waschkessel zum Gebrauch fertig und auch die Gasleitung in Ordnung ist.

Vor dem Umzug steht noch ein anderes Ereignis bevor: Ernst soll eingeschult werden. Am 8. Januar 1900 hatte Anna ihren Sohn für die unterste Vorschulklasse der Eimsbütteler Realschule angemeldet, heute Gymnasium Kaiser-Friedrich-Ufer. Heinrich Winter musste noch in die Realschule Altona gehen. Das 1895 errichtete Gebäude, an deren Einweihung auch Ernst Winter und Bertha Winter teilgenommen hatten (8. Oktober 1895), lag am Weidenstieg. In ihm ist heute die Staatliche Handelsschule mit Wirtschaftsgymnasium Weidenstieg untergebracht.

Diese Schule konnte auf einen riesigen Andrang zu den Anmeldungen verweisen. »Prof. Paul wurde sehr liebenswürdig und erinnerte sich sogar an Papa Winter sehr gut, hat viele Mineralien von ihm gekauft. Er sagte mir, 2 Knaben könne er nur noch aufnehmen, dann müsse er die Liste schließen.« Am 18. April war dann der erste Schultag, Heinrich und Anna begleiteten ihren Sohn Ernst. »Herr Prof. Paul rief alle alphabetisch auf, worauf die Kleinen in die Klasse gingen. Ernst stolzierte sehr vergnügt. Er sitzt fast ganz hinten. 52 sind in einer Klasse.« Am 30. Juni bekam er sein erstes Zeugnis, er wurde der 6. von 50 Schülern. Als er einmal zu spät zur Schule kam, »war die Tür schon zu und so zog er traurig nach der Osterstraße. Mit schwerem Herzen weinend zog der kleine Kerl mit einem Entschuldigungszettel wieder dahin, um 12 Uhr sah ich ihn dann aber vergnügt aus der Schule kommen« (Louise

Winter am 3. Juni 1900). Am 2. April 1902 wurde dann auch Willi in die Eimsbütteler Realschule eingeschult.

Anna Winters Geburtstag war der 20. Juli. Ihr 28. Geburtstag konnte nun, seitdem die Familie in einem Gartenhaus in der Hoheluftchaussee wohnte, auch im Garten gefeiert werden.

1900 zog Heinrich Winter mit seiner Familie in die Hoheluftchaussee 79.

Louise Winter schreibt: »Wir brachten einen auf Holz gebrannten Spruch ›Mein Haus ist meine Burg‹ mit. Es wurde ein wirkliches Gartenfest, 150 Lampions waren im Garten angebracht und machten sich entzückend, als sie angezündet waren. Zuerst wurde Bowle verabreicht und Kuchen, man gruppierte sich an weißen gedeckten Tischen. Wir waren ca. 30 Personen. Eine Orgel wurde von den Kindern gedreht – Nachher wurde im Garten gegessen, Hummersalat, belegte Butterbrote und Eis, dabei gab es Bier vom Fass … Um 1 Uhr brachen wir auf, die letzten Gäste blieben noch bis 3 Uhr.«

Im Garten in der Hoheluftchaussee konnten sich die Kinder austoben und es gab Platz für Tiere. Zu Weihnachten 1901 bekamen sie einen Esel. Im Januar kaufte Ernst ein Eselgespann für 200 Mark, den Wagen gab er an Heinrich weiter. Nicht sehr glücklich über drei Esel und drei Hunde war hingegen Lulu, wie Louise Winter in ihrem Tagebuch vermerkt.

Die Esel brachten den Kindern viel Freude.

Anläßlich Heinrichs 42. Geburtstag berichtet Louise Winter: »Heinrich und Ernst fuhren mit einem zweispännigen Eselwagen bei uns [Osterstraße 58] vor, beide Esel mit Kränzen geschmückt. Im Hause wurde er mit Musik empfangen, Frl. Bagge [die Buchhalterin] spielte einen von ihrem Vater komponierten Marsch, Emma begleitete mit Kastagnetten, Bertha mit Tamborin, es amüsierte ihn. Dann überreichten Bertha und Emma einen Rahmen gebrannt, mit einem expressionistischen Bilde, ich schenkte ihm 36 Flaschen Roß-Kraftbier.«

Die Esel brachten in der folgenden Zeit noch viel Vergnügen. So fand z. B. »ein Herrenreiten im Ott'schen Reitstall im

roten Frack statt. Nach der Vorstellung eines Springpferdes erschienen die Winterschen Esel, ein weißer Esel vor den Wagen gespannt, Ernst im roten Frack ritt den grauen Esel, ein amüsanter Ulk, denn beinahe hätte der Esel ihn abgeworfen.«

Ruheplatz auf der Wiese Niendorfer Straße 20.
Von links: Anne-Marie, Willi, Margarete,
Heinrich mit Hans und Ernst und
Erna Gorjeski (Kinderfräulein),
Anna und Hanna Winter (Leipzig)
mit Hund Leo.

Schon wenige Wochen später zog ein kleiner Affe in die Hoheluftchaussee ein. Bald kam ein zweiter Affe hinzu, Max und Moritz wurden sie genannt.

Die dritte Winter-Generation in Eimsbüttel:
Anne-Marie, Ernst, Hans, Wilhelm und Margarete Winter, 1906.

Ernst, Anne-Marie, Wilhelm und Hans Winter, 1968.

Wilhelm Winter erinnert sich in seinem Buch »Knotenpunkte«:

»Max und Moritz, mit denen wir oft und gern spielten. Im Keller hatten sie ihr eigenes Affenzimmer. Ein Loch im Kamin sorgte für frische Luft. Zu unserer großen Freude durften die Affen auch mit am Tisch sitzen. Sie hockten auf den Lehnen ihrer eigenen Stühle und nahmen mit uns säuberlich ihre Mahlzeit ein. Das gleiche, was wir auf Tellern bekamen, erhielten sie in Näpfen. Während wir mit Messer und Gabel aßen, griffen sie mit den Pfoten zu. Sie fühlten sich der Familie so verbunden, dass sie abends oft nicht zu Bett gehen wollten ...«

Am 11. November 1901 kann Louise Winter in ihr Tagebuch eintragen: »Um 3 Uhr 50 ein famoser Junge geboren, Mutter und Kind wohlauf.« Der Neugeborene war Hans Winter.

Eimsbütteler Vereine

Ein gesellschaftlicher Kontakt unter den Bewohnern von Eimsbüttel entstand vor allem durch den Eimsbütteler Verein von 1866, dem heutigen Bürgerverein Eimsbüttel. Dieser am 7. Dezember 1866 gestiftete Verein hatte sich »die Beförderung der communalen Interessen des Vorortes Eimsbüttel« zur Aufgabe gemacht, wie auch »die Mittheilung und Verbreitung gemeinnütziger Kenntnisse«, wie es in der Satzung heißt. 1894 hatte der Verein 432 Mitglieder. Ernst Winter war über mehrere Jahre Vorstandsmitglied und Louise erwähnt immer wieder sein Engagement.

1894 wird er in dem Mitgliederverzeichnis als Ehrenmitglied aufgeführt. Der Verein setzte sich für Verbesserungen in Eimsbüttel ein, z. B. für die Überbrückung des Isebekkanals und die Verbindung zur Bundesstraße, für die Verbreiterung der Eimsbütteler Chaussee, unterstützte auch die Errichtung eines Springbrunnens im Eimsbütteler Park – »6 Schwäne sind uns zum Frühjahr zugesagt worden, so dass wir mit Recht jetzt den Park als eine herrliche Zierde Eimsbüttels bezeichnen dürfen, welches das Herz eines jeden Besuchers zu erfreuen geeignet ist.«

Eimsbütteler Verein von 1866.

Eimsbütteler Verein.

Für den Bau der Apostel-Kirche veranstaltete der Verein einen Basar, bei dem 18 000 Mark zusammenkamen. Und natürlich engagierte man sich auch sozial: »Aus der Vereinskasse sind 100 Mark bewilligt worden zur Unterstützung fleissiger, bedürftiger Schüler der Gewerbe-Schule Eimsbüttel. Wir konnten jetzt 62 Schüler unterstützen und für zwei Schüler Freistellen schaffen.«

Die Versammlungen und Veranstaltungen fanden vorwiegend im Gartenlokal und Vereinshaus Sottorf gegenüber von Wehbers Park an der Fruchtallee Ecke Emilienstraße statt, wo sich bis vor wenigen Jahren die Post befand. In den Tagebüchern liest man auch immer wieder von Stiftungsfesten. Zu seinem 70. Geburtstag bekam Ernst Winter vom Eimsbütteler Verein eine sehr prunkvolle Urkunde, ein Ehrendiplom auf Pergament. Ebenso gratulierte ihm die Musik-Gesellschaft Eimsbüttel, in deren Vorstand er 11 Jahre gewesen war, mit einer Urkunde und ernannte ihn zum Ehrenmitglied.

Über die Veranstaltungen, vor allem des Eimsbütteler Vereins von 1866, berichteten Louise und Anna Winter ausführlich in ihren Tagebüchern. So wurde am 15. Mai 1893 mit dem Schiff ein Ausflug nach Kaltenhof unternommen, um dort die Filtrieranlagen zu besichtigen, die im Zuge der Cholera-Epidemie errichtet worden waren. Ausführliche Erklärungen dazu gab Ingenieur Vermehren. Es gab aber auch Musik an Bord. »Ca. 140 Herren und 120 Damen; jeder Dame wurde ein Bouquet überreicht. Die Wasserfahrt war entzückend ... in Billwerda bei v. Have wurde im Freien ein gemeinschaftliches Abendbrot eingenommen. Die Stimmung war brillant, Lieder wurden gesungen und Toaste gebracht, den zündendsten brachte Ernst auf den Verein. Nach dem Abendbrot tanzte die Jugend im Saal, darauf wurde ein wundervolles Feuerwerk abgebrannt und um 10 Uhr die Rückfahrt angetreten bei herrlichstem Wetter. Um 11 Uhr war eine große Anzahl Pferdebahnen am Millernthor, die uns nach Eimsbüttel brachten. Alle waren entzückt von dem herrlichen Tag!«

Am 26. Juni 1895 machte der Eimsbütteler Verein mit 101 Personen einen Ausflug nach Lübeck. Von der Fruchtallee fuhr man um 6½ Uhr mit 5 Pferdebahnen zum Lübecker Bahnhof, dann mit der Eisenbahn: »Nun ging es zuerst in den Ratsweinkeller, wo ein jeder 3 belegte Schnitten Brot auf seinem Teller fand, dazu wurde Moselwein und eine Tasse Bouillon getrunken.

Dann begaben wir uns in das Rathaus, sahen uns den Bürgerschaftssitzungssaal an, die Kriegerstube, die Börse, pro Person

Mk. 0.30, darauf gingen wir zu Tivoli. Ein gelinder Regen, der nicht lange anhielt, genierte uns sehr wenig. Wir wurden dann in 10 Minuten zur Ausstellung herübergesetzt, waren ½ Stunde in den Sälen.« Es ging dann zum Essen. »Wir erhielten ein ausgezeichnetes Diner vorgesetzt ... Darauf gründliche Besichtigung der Ausstellung. Papas Diamantkasten hatte einen guten Platz bekommen ...« Louise Winter gibt bei ihrer

Lübecker Rathaus.

Beschreibung nicht an, um was für eine Ausstellung es sich handelte. Vermutlich war es die »Nordische Handels- und Industrie Ausstellung«, die 1895 von Juni bis Oktober in Lübeck gezeigt wurde. Auf dem Plakat stand u. a.: »Ausstellung von Frauenarbeit und Hausfleiß / Land- und Forstwirtschaftliche Ausstellung / Marine Ausstellung / Deutsche Colonial Ausstellung / Maschinenhalle fortdauernder Betrieb ...«

Die Ausstellung war täglich von 10 Uhr bis abends 11 Uhr geöffnet, abends waren sämtliche Räume elektrisch beleuchtet, täglich fand ein Konzert deutscher und ausländischer Kapellen statt, wie auch ein brillantes Feuerwerk. »Um 9 ¼ Uhr verließen wir Lübeck, ich fuhr mit Mimi 2. Klasse. Am Lübecker

Bahnhof fanden wir wieder die fünf Pferdebahnen vor ...« Ernst Winter wurde für seine Diamanten auf der Ausstellung nur die Silbermedaille zuerkannt, was Heinrich reklamierte. Am 24. September vermerkt Louise Winter dann aber: »Aus Lübeck die Nachricht, dass die Firma Ernst Winter &. Sohn die goldene Medaille bekomme. Die Medaille, Silber vergoldet, muß mit Mk.15 bezahlt werden.«

Lüneburger Rathaus.

Mehrere Seiten umfasst der Bericht von Anna Winter über den Ausflug des Vereins nach Lüneburg am 8. September 1898, dabei zeigen ihre ausführlichen Angaben zum Rundgang durch die Altstadt von Lüneburg mit der Besichtigung der Kirche St. Johannis und des Rathauses ihre starken kulturellen Interessen.

Die Gesellschaft war mit einem Extrazug mittags 13 Uhr vom Pariser Bahnhof abgefahren und war 14 Uhr 15 in Lüneburg mit Musik empfangen worden. Nach einem Kaffee in »Claussens Garten« folgte die Stadtbesichtigung, nach dem Abendessen und Tanz ging es um 23 Uhr zurück nach Hamburg, wo der Sonderzug um 24 Uhr am Sternschanzen-Bahnhof wieder ankam. Auch Louise Winter berichtete in ihrem Tagebuch von einem Ausflug nach Lüneburg, den sie einige Jahre zuvor zusammen mit dem Naturwissenschaftlichen Verein unternommen hatte und erwähnt dabei die Nachahmung des Silberschatzes, dessen Original für 600 000 Mark nach Berlin verkauft worden war.

Am 17. Januar 1899 fand in Eimsbüttel abends im Saal bei Ehlers das Stiftungsfest statt mit einem Abendessen und verschiedenen Darbietungen vor und während des Essens und mit anschließendem Tanz. Das Lokal Ehlers lag fast gegenüber dem Sottorfer Lokal unmittelbar vor Einmündung der Fruchtallee. Eine ausschließliche Herrenveranstaltung des Eimsbütteler Vereins, an der 40 Personen teilnahmen, war am 29. August 1899 eine Tour nach »Alsterthal«, wo »geklönt, gekegelt, geskatet und gegessen« wurde. Am 28. Oktober 1899 veranstaltete der Eimsbütteler Verein einen Theater- und Gesellschaftsabend, an dem zu Aufführung kamen: »In den Flitterwochen«, »Wenn Frauen weinen« und »Paulas Geheimnis«. Dass solche Veranstaltungen recht gesellig waren, zeigt, dass man erst ½ 3 Uhr zu Hause war. Natürlich war die Familie Winter auch beim 25-jährigen Stiftungsfest des Eimsbütteler Vereins am 5. Dezember 1891 dabei: »Um 5½ Diner, das bis gegen 10 Uhr währte. Toaste, Fürst'sche Vorträge würzten das Mahl. Nach dem Essen Ball. Wir blieben bis 2 Uhr dort.« Beim Stiftungsfest am 9. Dezember 1899 folgte zuerst eine Aufführung des elektrischen Glockenspiels durch Ernst Winter jr.

Louise Winter und auch Anna Winter erwähnen mehrfach die Eimsbütteler Musik-Gesellschaft, an deren Gründung 1876 Ernst Winter mitgewirkt hatte und an deren Veranstaltungen die Familie Winter regelmäßig teilnahm. Zweck der Gesellschaft war, den Mitgliedern Gelegenheit zu geben, ihre musikalischen und deklamatorischen Anlagen zu entwickeln und die Pflege des Gesanges und der Musik in Eimsbüttel zu fördern, wie es in der Satzung heißt. Die aktiven Mitglieder trafen sich zu regelmäßigen gemeinschaftlichen Übungen unter Leitung eines Direktors, wie die Statuten anführen. So erwähnt Anna

Musik-Gesellschaft

in Eimsbüttel.

Lüneburger Rathaus.

Winter immer wieder, dass sie abends zum Singen gegangen sei. »Wir übten Mendelsohns Psalm ›Der Herr Ist mein Hirte‹ und Brahmslieder«, vermerkt sie z.B. am 30. Januar 1896 oder am 17. Januar 1895: »Wir übten altdeutsche, von Spengel bearbeitete Lieder.« Jeden Monat wurde möglichst ein Gesellschaftsabend veranstaltet, der durch Gesangvorträge und Musikstücke der Mitglieder wie auch auswärtiger Künstler gestaltet wurde. Anfangs hatten die Proben und Konzerte im Vereinslokal Sottorf stattgefunden, doch es war dort zu unruhig und so schreibt Louise Winter am 12. September 1891: »Die Generalversammlung der Musik-Gesellschaft beschloss die Aufführungen und Proben in Zukunft in der Flora und nicht im Vereinslokal durchzuführen.« Als die Musik-Gesellschaft dann am 15. November 1891 feierte, es war in der Flora am Schulterblatt, war auch außer Heinrich erstmals Ernst jr. dabei, Ernst in dem von Heinrich erstandenen Gesellschaftsanzug für 50 Mark.

Die Veranstaltungen des Eimsbütteler Vereins von 1866 und der Eimsbütteler Musik-Gesellschaft beschränkten sich keinesfalls nur auf das angekündigte Programm. Im Anschluss daran folgte in der Regel noch ein geselliges Beisammensein, nicht selten mit einem Essen und mit Tanz. Und so findet man immer wieder in den Aufzeichnungen, dass man von diesen Abenden erst um Mitternacht oder gar um 3 Uhr wieder zu Hause war.

Naturwissenschaftliche Vereine in Hamburg

Ernst Winter engagierte sich sehr für den Verein der Freunde für Naturwissenschaften in Hamburg. Er besuchte u.a. 1873 einen Vortrag von Virchow, 1876 hielt er zusammen mit Gutruf einen Vortrag über Diamanten, woraufhin er gebeten wurde, diesen auch beim Gewerbeverein zu halten. Erneut sprach er 1889 über Diamanten und ihre Verwendung für Werkzeuge. Der Naturwissenschaftliche Verein in Hamburg war 1837 gegründet worden, er existiert noch heute. Auf ihn ging auch das Naturhistorische Museum zurück, das im Zweiten Weltkrieg zerstört wurde, und auf dessen einstigem Gelände heute das Elektro-Kaufhaus Saturn steht. Anfangs befand sich das Museum im Schulgebäude Speersort. Bei der Einweihung seines neuen Gebäudes am 17. September 1891, zu der Senat und Bürgerschaft geladen hatte, waren Ernst Winter sen. und Heinrich natürlich auch anwesend. Am 24. November 1894 befasste sich ein Vortrag von Dr. Köhler, den Heinrich Winter und Familie anhörten, mit Glühbirnen. Am 30. November 1895 sprach Prof. Voller über Spektralanalyse. Am 28. März 1900 ging Heinrich zu einem Vortrag über elektrische Öfen.

Das Naturhistorische Museum Hamburg.

Am 26. November 1898 fand das Stiftungsfest des Vereins in den oberen Räumen von Kempinski am Jungfernstieg statt, »bei dem der Vorsitzende des Vereins, Prof. Zacharias, unter Vorführung von vorzüglichen Präparaten und Zeichnungen einen sehr fesselnden Vortrag über Insekten fressende Pflanzen« hielt, wie Anna Winter schreibt. 119 der 350 Mitglieder des Vereins waren anwesend. Bei solch einem Stiftungsfest ging es nicht ohne ein Festessen und anschließendem Tanz. Dabei »toastete Prof. Zacharias auf den Kaiser, Herr Kruss auf Hamburg, Herr Prof. Voller auf die Gäste, Schulrat Mahram sehr witzig auf den Naturwissenschaftlichen Verein, Herr Brich auf die Damen. Tafellieder würzten das ausgezeichnete Mahl.« Beim Stiftungsfest am 25. November 1899 hielt Dr. Gottsche einen Vortrag über Edelsteine, zu dem Heinrich ihm Exemplare zur Verfügung gestellt hatte, ebenso Bramfeld und Gutruf.

Die Veranstaltungen, die meistens im Victoria-Hotel stattgefunden hatten, wurden nun in der Patriotischen Gesellschaft durchgeführt: »Für das Essen zahlte man 6 Mk., jetzt nur 4 Mk.«, doch wie Louise Winter schreibt: »Aber die 2 Mk., die gespart wurden brachten auch nicht mehr das Vergnügen, es war nicht mehr wie früher, es fehlte die Eleganz, der sprühende Witz in den Reden, man merkte, der Vorstand ist alt.«

Es wurden vom Naturwissenschaftlichen Verein auch Besichtigungen unternommen, z. B. am 17. Juni 1877 zur Glashütte nach Ottensen. Am 8. November 1899 hatte Heinrich bei dem Verein einen Vortrag zum Thema Sternschnuppen besucht. Die Erwartung, die prophezeiten Sternschnuppen am 17. November sehen zu können, hatte dann auch dazu geführt, dass sich Heinrich nachts um 2½ Uhr wecken ließ und an dem Kanal entlang ging. Auch Osterstraße 58 hatte sich auf den Weg gemacht. »Wir gingen über die Wiese nach dem Schlump auf die Erhöhung bei der Sternschanze, es war ein glänzender Sternenhimmel, als wir um 6¾ Uhr wieder im Hause waren, hatten wir nur 2–3 Sternschnuppen gesehen, der Spaziergang war aber ganz schön gewesen … Nun wurde wieder ins Bett gekrochen, wir schliefen bis 9¾ Uhr« (Louise Winter). Heinrich hatte im Ganzen nur sieben Sternschnuppen wahrnehmen können. Um 6 Uhr kam er dann nach Hause und brachte vom Bäcker für jeden einen Korinthenklöben mit und erzählte beim Austeilen von den Sternschnuppen, woraufhin Willi auf die Klöben zeigte und fragte, ob die Sternschnuppen so aussehen. Als Heinrich dann Anne-Marie und Grete von den Sternschnuppen erzählte, fragte Anne-Marie daraufhin: »Wo hast Du den Schnupfen, armer Papa« und Grete kam mit einem Taschentuch an.

Ernst Winter besuchte auch Veranstaltungen des Vereins für naturwissenschaftliche Unterhaltung, wie wir dem Familienarchiv entnehmen können. Dieser Verein stand mit Carl

Hagenbeck in Verbindung, der am Pferdemarkt »Carl Hagenbeck's Handels-Menagerie« betrieb, 1896 den Zoo ohne Gitteranlagen patentieren ließ und 1907 in Eimsbüttel Hagenbecks Tierpark eröffnete. Und dann gab es ein »Zentral-Comitee deutscher Naturforscher und Aerzte«. Als dieser 1876 seine

Verein für naturwissenschaftliche Unterhaltung.

Das Naturhistorische Museum Hamburg.

Versammlung in Hamburg abhielt, zu der sich 3355 Personen anmeldeten, wurde auch Ernst Winter um Unterstützung ersucht. Außer neun Vorträgen gab es ein umfangreiches Rahmenprogramm mit Illuminationen an der Alster, Festmahl im Sagebielschen Saal, Elbfahrten, Fahrt nach Helgoland usw.

Veranstaltungen für Wohltätigkeitszwecke

Von den verschiedenen Eimsbütteler Vereinen wurden häufig Wohltätigkeitsveranstaltungen und Basare durchgeführt. So gab die Musikgesellschaft zum Beispiel am 23. Februar 1891 ein Konzert zum Besten der Kinder-Volksküche des »Wohlthätigen Schulvereins in Eimsbüttel«, der – wie es in den Statuten heißt – seine Fürsorge, soweit es seine Mittel gestatten, den bedürftigen Kindern in Eimsbüttel zuwendete. Seine Tätigkeit erstreckte sich 1. auf die den Schulbesuch ermöglichende Bekleidung derselben, 2. auf ihre Speisung in den Wintermonaten in der Kinder-Volksküche, 3. auf die Aussendung in die ärztlich dazu empfohlenen Ferienkolonien. Auch Anna Winter weiß in ihrem Tagebuch (29. Februar 1896) von einer Veranstaltung des Wohltätigen Schulvereins zu berichten, von einem Konzert, bei dem auch Kinder mitwirkten: »Die Knaben brachten sämtliche Lieder rein und präzis zum Ausdruck, die kleinen Violinvirtuosen machen ihre Sache ausgezeichnet.« Der Erlös sollte der Speisung armer Kinder der Volksschule Moorkamp 3 zu Gute kommen.

Elfter Jahresbericht
des
Wohlthätigen Schulvereins in Eimsbüttel

Jahresbericht des Wohlthätigen Schulvereins in Eimsbüttel.

Am 2. April 1894 fand in der Eimsbütteler Kirche ein Konzert zum Besten des Mädchenhortes statt, am 4. Dezember 1901 im Sottorfschen Saal ein Konzert zum Besten der Eimsbütteler Krippe, Eintritt 2 Mark. In Louises Tagebuch ist Ende März 1868 von einer Verlosung und einem Ball in Eimsbüttel zum Besten der Finnländer zu lesen. Sie war auch Mitglied des entsprechenden Damen-Komitees. In Finnland hatte 1868 die Tuberkulose und Hungersnot eine ungewöhnliche Steigerung erfahren. 10 000 Taler kamen zusammen, wie auf einer Versammlung am 11. April bei Sottorf bekannt gegeben wurde. Etwa zur gleichen Zeit fand ein großer Basar und eine Verlosung zu Gunsten der, in Hungersnot geratenen Ostpreußen statt.

Im Sagebielschen Etablissement, Große Drehbahn, das drei große und fünf kleine Räume enthielt, wurden häufig Basare veranstaltet, so zum Besten des Rauhen Hauses, am 15. Januar, und am 19. April 1893 zu Gunsten der Einrichtung des 1879 in Eppendorf errichteten Diakonissen-Krankenhauses Bethanien, an dem Mimi Winter aktiv mitwirkte und auch Bertha und Emma Winter einen Verkaufstisch hatten.

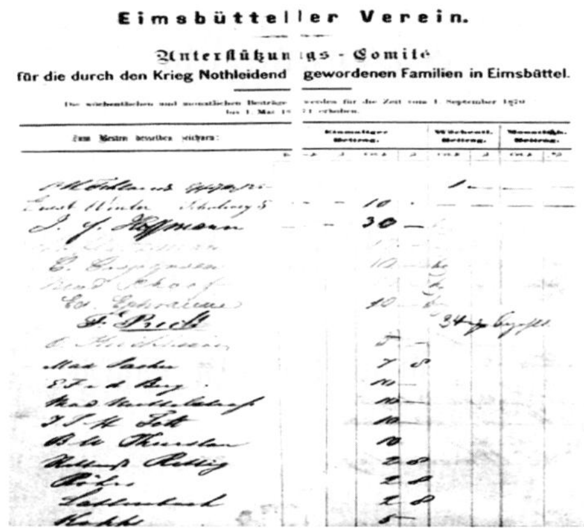
Eimsbütteler Verein.
Unterstützungs - Comité
für die durch den Krieg Nothleidend gewordenen Familien in Eimsbüttel.

Spendenliste des Eimsbütteler Vereins.

Die Kirche unter Pastor Röpe veranstaltete ebenfalls bei Sagebiel am 28. März 1894 einen Basar zu Gunsten unverheirateter Lehrer, wie den Angaben von Louise Winter zu entnehmen ist. Am 21. November 1899 berichtet Louise Winter: »Ich begab mich zu Sagebiel, Abschiedsfeier für die im Auftrage des Hamburger Hilfsausschusses für die verwundeten Buren mit dem Dampfer ›Herzog‹ nach Südafrika reisenden 2 Krankenpfleger und 5 Pflegerinnen. Pastor v. Ruckteschel hielt eine sehr ergreifende Ansprache, er sagte: ›Ein Tropfen tätiger Liebe ist mehr wert als ein Eimer voll Enthusiasmus‹ … Der Hofsänger Armbrecht sang sehr schön … Dann begaben sich die Pfleger und Pflegerinnen sofort aufs Schiff.«

Ernst Winter war auch Mitglied im „Verein für Armenpflege und Wohltätigkeit“. Am 24 November 1875 hatte ihn Senator

Chapeaurouge offiziell zum Armenpfleger bzw. Armenvorsteher ernannt. Ernst Winter bekam dann auch eine entsprechende Unterweisung in Armenpflege und Wohltätigkeit im Schulwesen. Der »Verein für Armenpflege und Wohltätigkeit« hatte in

Ehrenamtliche

und

berufsamtliche Thätigkeit

in der städtischen Armenpflege.

Spendenliste des Eimsbütteler Vereins.

Deutschland in mehreren Städten seine Niederlassungen. 1894 registrierte man in Hamburg – bei einer Bevölkerungszahl von 594 209 – monatlich 9401 Unterstützungsfälle. Die Zahl der ehrenamtlichen Pfleger lag bei 1535. Es waren vorwiegend Kaufleute, Geschäftsleute, Beamte, Geistliche und Lehrer. Am 1. Januar 1893 war auch Heinrich Winter zum Armenpfleger ernannt worden, eine nicht leichte Aufgabe, die er bis Ende 1896 wahrnahm, denn bis zu 20 Arme besuchten ihn wöchentlich. Und wie dem Archiv zu entnehmen ist, kümmerte sich Ernst Winter in der Zeit, als er noch im Schulweg 5 wohnte, um die Unterstützung der »Landwehrfrauen in Eimsbüttel« und war 1871 aktiv im »Unterstützungs-Verein für Familien einberufener Wehrmänner«.

In Eimsbüttel gab es einen »Knabenhort« und einen »Mädchenhort«. Das Ziel war: »Den Kindern ist während der schulfreien Zeit eine anheimelnde Stätte zu bieten, an der sie – ohne Dressur aus freien Stücken – sich an ein nicht nur innerhalb der Anstalt, sondern auch außerhalb derselben wohl angebrachtes Betragen gewöhnen.« Diese Mädchen- bzw. Knabenhorte hatten mit Ausnahme der Ferien sowie der Sonn- und Festtage in der Zeit von 4 bis 7 Uhr für die Betreuung der Kinder geöffnet. Finanziert wurde der Knabenhort durch Mitgliederbeiträge, der Mädchenhort durch Spenden. Ernst Winter wird bei beiden Horten im Mitglieder- bzw. Spenderverzeichnis aufgeführt. Auf der Vorstandssitzung am 30. April 1888 wurde Ernst Winter zum Revisor des 1884 gegründeten Knabenhortes gewählt. 1894 hatte der Hort 281 Mitglieder, er konnte bis zu 60 Jungen aufnehmen. Der Mädchenhort befand sich im Schulhaus Eppendorfer Weg 53 a. 1895 gehörten ihm 50 Mädchen an. Im Sommerhalbjahr kamen zeitweilig nur 40 Mädchen, man nimmt an, das einige von ihnen einer bezahlten Beschäftigung nachgehen mussten. Der Hort wurde auch vom Eimsbütteler Verein 1866 mitunterstützt.

Einladung

zur

Generalversammlung der Kontribuenten der Eimsbütteler Warteschule

zum

Donnerstag, den 1. März 1894, abends 8 Uhr

im Warteschulgebäude am Weidenstieg.

Spendenliste des Eimsbütteler Vereins.

Am 24. Januar 1892 schreibt Louise Winter: »In Eimsbüttel gibt es seit einigen Tagen Wärmestuben, zwei an der Eimsbütteler Chaussee.« Und am 3. März heißt es: »Bertha gab in der Volkskinderküche (in der Warteschule) Suppe aus. Sie will jeden Freitag dort hingehen.« Die Eimsbütteler Warteschule am Weidenstieg war eine soziale Einrichtung, die Kinder aus sozial schwachen Familien bis zu ihrem Eintritt in das Schulsystem betreute, d.h. eine Art Kindergarten. Es gab diese Einrichtung auch in anderen Hamburger Bezirken. Wie aus Louise Winters Tagebuch hervorgeht, war Ernst Winter mit großem Engagement schon sehr früh an der Einrichtung, die ursprünglich im alten Schulgebäude im Schulweg war, beteiligt und auch in den Vorstand gewählt worden. 1894 hatte der Verein, der die Eimsbütteler Warteschule mitfinanzierte über 800 Mitglieder.

Und es gab in Eimsbüttel auch einen Frauenverein zur Unterstützung der Kranken- und Armenpflege, zu dem Louise Winter aber wohl nicht mit Begeisterung hinging, denn sie schreibt am 10. Februar 1882: »Auf Heinz und Herrn Guttentags Drängen besuchte ich die Generalversammlung des Eimsbüttler Frauenvereins. Herr Guttentag führte auf Herrn Fehlands Wunsch den Vorsitz.« Am 30. März 1890 besuchten Emma und Bertha auch ein Gartenkonzert zum Besten »Für ein Asyl für obdachlose Männer«.

Theaterbesuche in Hamburg und Altona

Wie wir dem Tagebuch von Louise Winter entnehmen können, ging sie mit großem Interesse viel ins Theater, nachdem die Kinder aus dem »Gröbsten« waren, d.h. ab 1878 ins Stadttheater, ins Altonaer Theater aber auch ins Thalia Theater. Manchmal war es zweimal in der Woche. Unter dem 1. Juli 1900 erwähnt sie in ihrem Tagebuch auch das Ernst Drucker Theater am Spielbudenplatz auf St. Pauli mit einem Zuschauerraum von fast 1300 Plätzen. Es war damals die Stätte der plattdeutschen Komödien. So sah sie dort z. B. »Zitronenjette«. Der Logenplatz kostete 1 Mark. Die anderen Preise lagen zwischen 0,10 und 0,50 Mark. Am Spielbudenplatz lag auch das Theater der Zentralhalle, das besonders Ausstattungs- und Sensationsstücke brachte. Louise Winter sah dort am 14. Juli 1900 »Die Dame von Maxim«, ihr Urteil: »Da die Darstellerin weder jung, schön und graziös war, missfiel mir das Stück sehr.«

Stadttheater (später Opernhaus).

Deutsches Schauspielhaus.

Fasziniert war Anna Winter von Wagners »Tannhäuser« am 4. November 1898 im Hamburger Stadttheater, auch wenn sie nicht von allen Sängern begeistert war: »Frau Fleischer-Edel gefiel mir stimmlich bedeutend besser als Frau Förster. Tannhäuser, Berrenkoven wurde nach meinem Empfinden zuweilen zu sehr hingerissen, die Stimme klang zuweilen etwas zu scharf. Die Oper hat einen tiefen Eindruck auf mich gemacht und möchte ich sie noch häufig hören.« Begeistert war sie auch von der Aufführung der »Zauberflöte« am 23. Oktober 1899, die sie zusammen mit Hagelsteins besuchte, »wo wir die Zauberflöte mit gänzlich neuer Ausstattung hörten ... Es war ein herrlicher Abend. Besonders entzückt war ich von dem Sarastro des Herrn Lohfing und dem Tamino des Herrn Berrenkoven sowie dem Papageno des Herrn Berger. Nicht zu vergessen war noch der Mohr des Herrn Weismann, eine vorzügliche Leistung.« Das in der Dammtorstraße gelegene Stadttheater war der Vorläufer des heutigen Hamburger Opernhauses. Ursprünglich war es nach einem Entwurf von Schinkel errichtet worden, wurde dann aber von dem Architekten Haller 1873/74 gänzlich umgebaut. Es umfasste etwa 2000 Sitzplätze und besaß 1901 bereits elektrische Beleuchtung. Das Deutsche Schauspielhaus in der Kirchenallee war damals noch im Bau, es wurde erst am 15. September 1900 eröffnet. Anna vermutete, als sie einmal an der Baustelle vorbeiging, dass es doch etwas klein ausfallen würde. Als sich Louise Winter am 15. Dezember 1900 im neuen Schauspielhaus »Schlaraffenland« ansehen wollte, »versagte das elektrische Licht und auch der Neue Wall glänzte durch Dunkelheit. Im Thalia-Theater konnte auch nicht gespielt werden. Wir machten Schluss im Ratsweinkeller, dort brannten 19 Petroleumlampen und die Flaschen ersetzten Leuchter, überall Stearinlichter.«

Es gab zum damaligen Zeitpunkt noch das Carl-Schulze-Theater in St. Pauli, Reeperbahn 142, für Operetten und Possen. Anna und Heinrich Winter besuchten es u. a. am 14. März 1895 und sahen dort »Oh, diese Berliner«, eine Ausstattungsposse mit Gesang und Tanz, »wobei wir uns ausgezeichnet amüsierten«, wie Anna Winter schreibt. Am 7. März 1898, anlässlich ihres sieben Jahre zurückliegenden Verlobungstages, besuchten sie die Stücke: »Der Einsiedler« und »Der Schlafwagen Controlleur«. »Wir lachten tüchtig, nachher aßen wir bei Weiß zu Abend.«

Auch der sechste Hochzeitstag – 1. September 1898 – gab Anlass zu einem Theaterbesuch. Doch erst einmal wurde in der Osterstraße 58 gefeiert: »In der Veranda war sehr niedlich gedeckt, unsere Plätze zierten 2 Rosensträuße.« Nachmittags kamen noch einige Gratulanten in die Fruchtallee, und abends fuhr man dann mit Bekannten zum Hansa-Theater: »Das Theater war bis auf den letzten Platz besetzt, mich störte leider sehr der Rauch, es ist nicht zu begreifen, weshalb man nicht für

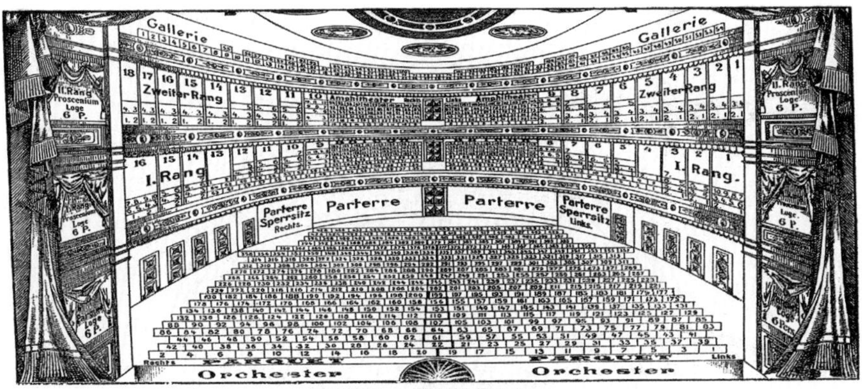

Hamburger Thalia-Theater.

Das Thalia Theater vor 1919.

bessere Ventilation sorgt. Gut, dass ich einen Strauß von Georg Reinhardt zur Hand hatte, der meiner armen Nase wohl tat … Das Hauptereignis des Abends war die Tänzerin der berühmten Pariser Oper, Cléo de Merode. Sie führte ihre 3 Stücke, Gavotte, Spanischer Tanz, … Tanz in vollendeter Kunst und Grazie aus. Aber wir haben in Deutschland auch Ballerinen, die ihr gleiches stehen. Cléo, deren Haartracht (Das Haar über den Ohren gekämmt) eine Zeit lang alle Modejournale schmückte, strotzte von Brillanten …« Gegen 11 Uhr war die Vorstellung zu Ende. »Wir pilgerten langsam dem Ausgang zu und lenkten dann unsere Schritte zu Kempinski am Jungfernstieg, wo Mile und Gustav sich an Beefsteak und Heinrich und ich uns an je einem Rebhuhn delektierten, hinterher Brot und Käse und zu allem 2 Flaschen Hochheimer. Wir waren äußerst fidel. Als wir gesättigt waren, ging es ins Kaffee Schwegler am Gänsemarkt, von dort schließlich per Taxameter über Eppendorf nach Eimsbüttel. ½ 3 Uhr war es inzwischen geworden.« Es war für Heinrich und Anna Winter üblich, nach einem Theaterbesuch noch anschließend ein Restaurant und noch ein Café aufzusuchen. Das gehörte einfach zu einem vergnügten Abend dazu.

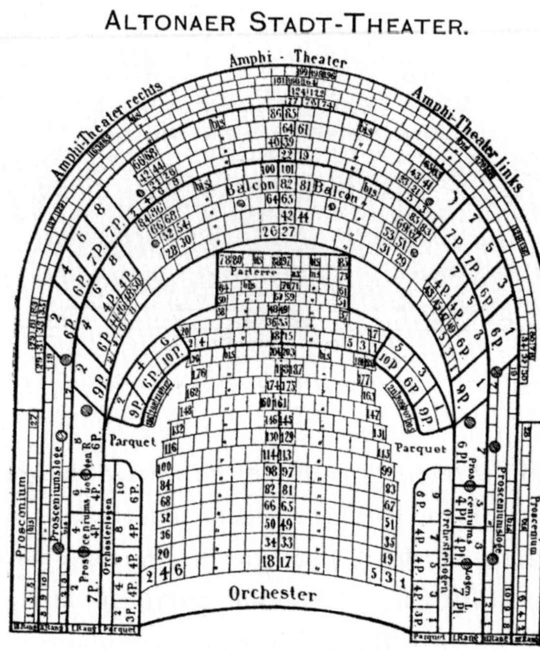

Sitzplan des Altonaer Stadttheaters.

An Heinrichs 39. Geburtstag – 16. April 1899 – besuchten beide das Altonaer Theater und sahen: »Lützows wilde Jagd« von Burchard. Sie trafen dort mit Mimi und Hermann Lassen zusammen. »Wir amüsierten uns alle 4 sehr gut. Nachher aßen wir in der Allee, vormals Deeke, zu Abend. Heinrich und ich gingen ganz nach Haus, während Mimi und Hermann die Bahn benutzten.« Mit Lulu Peters, der Verlobten von Ernst

Winter, war Anna Winter auch am 13. Februar im Altonaer Theater gewesen, da Ernst geschäftlich verhindert war. »Es wurde Cabale und Liebe von Schiller gegeben, es wurde vorzüglich gespielt.«

Spielbudenplatz um 1900.

Zu den Hamburger Theatern zählte das Theater der Centralhalle am Spielbudenplatz, das etwa 1500 Plätze umfasste und mit einem Garten und Restaurationsbetrieb verbunden war. Zur Aufführung gelangten vor allem sogenannte Ausstattungsstücke, Possen und Balletts. Ein solches Ausstattungsstück war »Casanova«, das sich Anna und Heinrich am 10. November 1898 mit Freunden ansahen. »Das Stück enthält wenig zusammenhängende Handlungen, ein Bild reiht sich allerdings oft spannend an das andere. Es besitzt besondere Anziehungskraft durch verschiedene reizende Balletts. Eins davon ist sogar elektrisch durch brillante Beleuchtungseffekte.«

Auf St. Pauli am Spielbudenplatz gab es dann auch noch das Panoptikum: Am 16. Oktober 1898 ging Anna abends mit Heinrich und Mama Reimers dort hin und schreibt darüber: »Im Treppenhaus gefiel uns besonders Kronprinz Rudolf von Österreich auf der Jagd, im Hauptsaal bewunderte wir Moltke, Graf Waldersee, Kaiser Wilhelm II u. Familie gefiel uns weniger gut, König Ludwig von Bayern und Richard Wagner, Königin von England und Dr. Trachemie, Bürgermeister Petersen, Bismarck nimmt Abschied von seinem toten Kaiser u. mehr. Sogar Dr. Feldmann u. Freiherr von Hammerstein sahen wir dort. Sehr interessant waren auch die Totenmasken berühmter Persönlichkeiten (Lessing, Kant, Alexander II. von Russland), Nachdem wir auch den Gartensaal und die Galerie bewundert hatten, gingen wir zu Kaffee Royal, wo wir Kaffee tranken und Kuchen aßen, und dann nach Hause, es war recht kalt.«

Zu erwähnen ist auch der Convent-Garten in der Neustädter Fuhlentwiete, der aus einem großen Saal mit zwei Galerien und einem kleinen Saal bestand, beide von guter Akustik. Hier besuchte Anna mit Emma zusammen am 19. Januar 1899 eine Vorstellung des Soatmann-Alberti Ensembles, wo »Haus Sonie« aufgeführt wurde. Wie sie schreibt, war es brechend voll im Saal, »die Mitwirkenden spielten sehr gut und wir amüsierten uns ausgezeichnet«. Unvergesslich blieb Anna Winter die Generalprobe zu Beethovens 9. Symphonie im Convent-Garten am 30. März 1895 unter dem Dirigenten Gustav Mahler. Gustav Mahler war von März 1891 bis April 1897 erster Kapellmeister am Stadttheater Hamburg. »Mahler ist ein Dirigent à la Bülow«, schreibt sie. Hans von Bülow war zu dieser Zeit der erste Chefdirigent der Berliner Philharmoniker.

Eine außergewöhnliche Veranstaltung war sicher das Hamburger Sängerfest am 11. August 1882. Am 4. Juni hatte Ernst Winter an der Versammlung bei Sottorf teilgenommen, wo es darum ging, wie die 9000 Sänger untergebracht werden können. Er war dann auch zum Empfang der Sänger gefahren. Am 11. August schreibt Louise Winter: »Heute ist das große Konzert, 5 Mk. Wir fahren gegen 3 Uhr nach der Moorweide auf den Festplatz und sehen von hier aus den langen, wundervollen Zug an uns vorüberziehen, er mochte über 1½ Stunden währen, es war im höchsten Grade interessant. Dann begaben wir uns in den Glaspalast, er fasst wohl 12 bis 15.000 Zuhörer. Vor uns die 9000 Sänger, der Gesang war überwältigend.«

Bei diesem Glaspalast dürfte es sich um die berühmte Moorweidenhalle gehandelt haben, die am 7. Januar 1890 niedergerissen wurde. »Nach 2 Uhr fiel die Kuppel«, wie Heinrich, der sich das »Schauspiel« des Abbruches des Glaspalastes mitangesehen hatte, seiner Mutter berichtete.

Von Vorträgen zu Religion, Frauenrechten und Gesundheit

Louise Winter war als Enkelin des Pastors von St. Katharinen besonders an theologischen Vorträgen interessiert und besuchte sehr häufig Vorträge verschiedener Religionsrichtungen, u. a.

Veranstaltungen beim Protestanten-Verein, beim Evangelischen Bund, der »Gotteskastenfreunde« usw. In ihrem Tagebuch setzt sie sich dann auch ausführlich damit auseinander. Umfangreich berichtet Louise Winter auch über das Hermannsburger Missionsfest (8. Juni 1891), erwähnt einen Vortrag über die »Geistliche und soziale Arbeit in der Heilsarmee« (31. Mai 1892) und einen Basar des Rauhen Hauses bei Sagebiel in Altona (16. April 1891) sowie ein Missionsfest in Rugenbergen bei Groß-Hansdorf. Es interessierte sie aber auch die Baptistengemeinde (27. März 1892), ebenso eine Tagung der Lehrer-Union zu der Frage »Wie soll der Religionsunterricht erteilt werden« (4. Mai 1892).

Pastor Friedrich von Bodelschwingh, 1906.

Louise Winter war auch sozial sehr interessiert. So nahm sie z. B. bei der ersten Jahresfestfeier der Hamburger-Arbeiter-Colonie am 1. Dezember 1892 teil, auf dem Pastor von Bodelschwingh über »Das Haus und das Familienleben des kleinen Mannes« sprach (Hamburgische Versorgungsanstalt). Außerdem sprach Bodelschwingh am 19. Februar 1885 stattdessen »über die Vagabunden-Fragen und Arbeiter-Kolonien, sehr interessant«, wie Louise Winter bemerkt. »Er ist bekanntlich der Gründer der Arbeiter-Kolonie in Wilhelmsdorf. Der Vortrag hatte den Zweck, in Hamburg die Gründung einer Verpflegungs-Station im Sinne der Arbeiter-Kolonie anzulegen.« Sie besuchte Vorträge beim Christlichen Verein junger Männer, z. B. am 31. März 1891 als Pastor Calvinus aus Rom über den Kampf in Italien zwischen Papst und Evangelium sprach. Ein Thema, das sie immer wieder beschäftigte, war die Judenfrage. Am 21. Februar 1887 war in Stellingen ein Judenfriedhof eingeweiht worden, wie Louise Winter berichtet.

Wie sie einmal schreibt, war es nicht für alle verständlich, dass sie religiöse Versammlungen verschiedener Richtungen besuchte, was manchmal auch nicht ganz unproblematisch war. In ihren Aufzeichnung vom 26. April 1883 heißt es z. B.: »Religiöse Versammlung in Tütge's Salon. Pastor Kreusler sprach hinreißend. Es war mäuschenstill, aber auch Polizei im Saal. Die aus dem Saal strömende Menge wurde draußen mit Schimpfen und Pfeifen empfangen, aber Polizei hielt die Ruhestörer auseinander.« Am 17. Juli 1883 vermerkt Louise Winter: »Herbert Harberts zu 3 Monaten Gefängnis wegen Gotteslästerung verurteilt, wegen Parodierung des Psalms: ›Du Haupt voll Blut und Wunden‹ in Tütges Salon im März.« Am 17. Januar 1893 sprach auf der Protestanten-Vereinsversammlung in der Aula Pastor Krause über »Nimmt die Unkirchlichkeit ab oder zu?«. »Ein äußerst geistvoller Vortrag«, wie Louise Winter urteilt.

Louise Winter interessierte sich ebenfalls sehr für Frauenfragen: So hörte sie am 10. Januar 1901 in der Patriotischen Gesellschaft Pastor Weber-Gladbach »über moderne Frauenfrage« sprechen, »sehr christlich, Freund Stöckers, will Jungfrauen und Frauen für die Diaconie gewinnen«. Am 21. Januar 1899 ging sie zu einem Vortrag von Maria Stritt aus Dresden im

Logenhaus in der Welkerstraße zum Thema »Frauenbewegung und ethische Bewegung«. Sie urteilte: »Sehr phrasenhaft, Herr Gersen verhielt sich sympathisch zu der Vortragenden.« Und sie schreibt dann weiter: »Herr Conitzen sprach energisch dagegen, meinte, die Frau der Zukunft sei jetzt schon da, sie könnten treiben, was sie wollten, trieben jeglichen Sport mit dem Manne, man träfe sie auf den Comtoirböcken, wenn sie Lust hätten zu studieren, könnten sie es, und mit der Sittlichkeit hätte die Frauenbewegung nichts zu tun. Zischen war der Lohn für seinen Vortrag.« Am 2. Februar 1901 ging Louise Winter zu einem Vortrag von »Frl. Dr. med. Tiburtius aus Berlin über ›medizinische Studien der Frau‹. Frl. Heymann erlaubte nach dem Vortrag eine Diskussion, aber niemand sprach, obgleich zahlreiche Ärzte da waren.« Bei einem Vortrag auf einer von Fräulein Heymann einberufenen Versammlung ging es um die Korsettfrage (19. November 1902). Dabei wurden Lichtbilder vorgeführt, um zu zeigen, wie nachteilig das Korsetttragen wirkt.

Am 8. März 1901 war Louise erneut im Logenhaus, um Fräulein Dr. Augspurg und Frau Steinbach über das Stimmrecht der Frauen zu hören. Dass die Frauenfrage in der damaligen Zeit keinesfalls unumstritten war, geht erneut aus der Tagebucheintragung von Louise Winter vom 25. November 1902 hervor: »Abends begab ich mich nach Sagebiel zu der von Lydia Heymann einberufenen Versammlung, Thema: ›Das Hamburgische Vereinsgesetz und die Frauen‹. Da der Correspondent bekannt gemacht hatte, dass der Vortrag polizeilich verboten sei und Lydia meinte, dass der Besuch der Versammlung deshalb geringer sei, wollte sie den Vortrag auf 8 Tage verschieben, doch auf Dr. Gans Vorschlag fand er statt: Zuerst machte sie die Mitteilung, dass der von ihr angekündigte Vortrag von

Frau Scheyer, Dresden, über die 2. Brüssler Konferenz verboten worden sei. Da sie sich aber nun stark mit dem verbotenen Thema befasste, wurde sie von dem Vertreter der Polizei aufgefordert, bei der Sache zu bleiben, widrigenfalls er die Versammlung schließen müsse.«

Wie sehr Louise Winter die Frauenfrage beschäftigte, zeigt, dass sie am 3. Januar 1902 gleich zu zwei Vorträgen zu diesem Thema ging: »Ich besuchte eine Frauenvereins-Versammlung, bei der Frau Dr. Lazarus auf Wunsch von Frau Prof. Wendt sprach. Es betraf die Sittlichkeitsfrage, die bedeutend dezenter behandelt wurde als von Frl. Heymann. Vorsitzende war Frau Prof. Wendt, die über diesen Punkt denkt wie ich. Um 8 Uhr ging ich ins Logenhaus, wieder die Sittlichkeitsfrage. Frau Dr. Schirmacher aus Paris sprach über ›unser Vorbild‹. Sie sprach hochinteressant. Frau Zietz forderte sie auf, mit der Sozialdemokratie Hand in Hand zu gehen.«

Als am 23. Januar 1903 Louise und Emma Winter im Logenhaus einen Vortrag über Frauenwohl hörten, bei dem es um die Organisation der Arbeiterinnen und über die bürgerliche Frau ging, war auch Fräulein Heymann anwesend, über die die Hamburger Nachrichten geschrieben hatte: »Die Frauenrechtlerinnen müssten an die Kette gelegt werden, die Überweiber sollten sich mit Nähen, Flicken usw. beschäftigen anstatt mit der Politik.«

Ein Vortrag, der Louise Winter ganz besonders interessierte, und über den sie mehrere Seiten in ihr Tagebuch schreibt, war der von Sebastian Kneipp aus Wörishofen am 10. März 1896: »Erni hat sich eine Karte a Mk. 1, ich eine a Mk. 3 gelöst und uns den Vortrag, der von 3½ bis 5 Uhr gehalten wurde, höchst interessant, auch die Persönlichkeit des 75-Jährigen. – mit 21½ Jahren begann er sein Studium, war früher im Winter Weber, im Sommer Tagelöhner gewesen, hatte gar nichts

Sebastian Kneipp (1821–1897).

gehabt, wurde krank, vom Arzt aufgegeben, da kam ihm ein Büchlein in die Hände, das er für 24 Kreuzer erstand. Der Inhalt war, dass derjenige, der keine Hilfe findet, doch noch im Wasser einen Tröster fände. Er folgte der Anleitung und wurde in 2 Jahren ganz gesund … 1½ Stunden hatte dieser Vortrag gedauert, Erni war ganz begeistert und schwor auf alles, was der Hochwürdigste Herr Prälat gesagt hatte.«

Mit Interesse gingen Anna und Heinrich Winter am 29. September 1898 mit Freunden zum Konzerthaus Ludwig, wo bis zum 2. Oktober »eine Allgemeine Ausstellung für Volksernährung und Gesundheitspflege«, verbunden mit Maschinen-Ausstellung für Brauerei- und Wirtschaftswesen, Bäckerei, Konditorei, Molkerei und Beleuchtungswesen, stattfand. In der Kochkunstausstellung interessierte Anna vor allem die Patentbackkonserven, die alles, was man für einen Kuchen benötigte, enthielten, und deren Inhalt nur Milch zugegeben werden brauchte. Und dann gab es dort Palmin, »aus stark reifen Kokosnüssen hergestellt«, als Ersatz für Butter und Schmalz. »Wir aßen in Palmin gebackenen Kuchen der ganz vorzüglich schmeckte, es standen dort delikat aussehende Torten, Baumkuchen und kleines Backwerk.«

Vom Interesse für Literatur

Louise Winter interessierte sich aber auch für Literatur, führt mehrfach die Titel der Bücher an, die sie gelesen hatte. Am 23. Oktober 1878 vermerkt sie: »Ernst liest jetzt Shakespeare und ich Emma Heine.« Im Februar 1890 liest sie Goethes »Wahlverwandtschaften«, Goethes »Dichtung und Wahrheit« fesselt sie sehr. Als in der Zeitschrift »Über Land und Meer« einmal die Frage gestellt wurde, wer der Verfasser des Gedichtes »Wie gern Dir zu Füssen« sei, schrieb sie an die Zeitschrift, dass es Moritz Graf Strachwitz sei. Sie selber verfasste auch gern kurze Geschichten, die nicht nur von Hausfrauenzeitschriften abgedruckt wurden, z. B. am 10. Februar 1883 »Eine Episode aus Heine's Leben«. Am 26. August 1882 schickte Louise Winter auch einen Artikel über Richard Wagner an die Hamburger Nachrichten, am 7. Juli einen Artikel über die »schöne Marianne«, die soeben verstorbene 81-jährige Marianne Schindler, geb. Ruanxa, die Heinrich Heine in seinen Schriften verewigt hatte. Er hatte geschrieben: »Zu den Merkwürdigkeiten Hamburgs gehört erstens das alte Rathaus, zweitens die Börse und drittens die schöne Marianne, ein außerordentlich schönes

Frauenzimmer …« Die schöne Marianne besaß in Eimsbüttel ein Lokal, »Mariannenruh«, das wegen ihrer Person sehr begehrt war. Von Louise Winter erschien ebenso in den Hamburger Nachrichten ein Artikel unter Goethes Grußwort »Grüßt mit Neigen und grüßt mit Beugen«, da die Stockholmer Ärzte das Hutabnehmen als ungesund erklärt hatten. Die Dresdner Zeitschrift »Für das Haus« brachte immer wieder Artikel von ihr, z. B. über das »Tagebuchschreiben«.

Das Lessing-Denkmal auf dem Gänsemarkt.

Es war für Louise und Heinrich Winter auch eine Selbstverständlichkeit, an der Enthüllung des Lessing-Denkmals auf dem Gänsemarkt am 8. September 1881 teilzunehmen. Die Aufstellung des von Fritz Schaper entworfenen und in Bronze gegossenen Denkmals erfolgte anlässlich des 100. Todestages des Dichters. »Der Gänsemarkt schön geschmückt mit Fahnen und Girlanden«, schreibt Louise Winter.

Louise Winter ging auch regelmäßig zu den Veranstaltungen des Goethebundes, eine Gruppe von Vereinigungen, die im März 1900 ins Leben gerufen wurde, als die künstlerischen und literarischen Kreise Deutschlands durch den im Reichstag vorgelegten neuen Entwurf eines Gesetzes »Lex Heinze« die Freiheit des künstlerischen Schaffens bedroht sah. Den Anfang mit der Gründung einer solchen Vereinigung hatte München gemacht, es folgten mehrere Städte – Dresden, Stuttgart, Darmstadt, Mainz – und auch Hamburg unter der gleichen Bezeichnung. Am 25. Oktober 1900 fand in Hamburg im großen Saal des Convent-Gartens, eine Veranstaltung statt, auf der Dr. Diez und Baron von Bargen zum Thema »Die Theater-Zensur« sprachen, zu der Louise Winter mit Mimi Lassen ging. Im November 1900 fand dann in Weimar eine Versammlung aller Goethe-Bünde statt, dabei wurde die Absendung einer Petition an den Reichstag um eine völlige Beseitigung der Theaterzensur beschlossen. Natürlich ging Louise zusammen mit Emma und Bertha am 18. Mai 1901 zum einjährigen Stiftungsfest des Hamburger Goethebundes.

Vom neuen Alsterpavillon und einer Fahrt nach Blankenese

Gern fuhr man abends noch zum Einkaufen nach Hamburg, wie es mehrfach in den Aufzeichnungen heißt. Wir sehen, die Geschäfte hatten anders geöffnet als in heutiger Zeit. Es war auch eine Gelegenheit, sich dort mit Freunden zu treffen. Besonders beliebt war Kempinski am Jungfernstieg, doch auch Siechenbrau für ein Glas Bier und dann das von Heinrich und Anna Winter bevorzugte Café de l'Opera in der Dammtorstraße.

Ganz begeistert war Anna Winter von dem neu errichteten Alsterpavillon. Sie schreibt am 7. Februar 1900: »Es ist drinnen äußerst geschmackvoll eingerichtet, die Decken zeigen schöne Stuckarbeiten, das Buffet ist aus Mahagoniholz mit Goldverzierung hergestellt …« Der erste Alsterpavillon war 1799 gebaut und 1841 durch ein größeres Gebäude ersetzt worden, nachdem sich der Jungfernstieg immer mehr zur Flaniermeile entwickelt

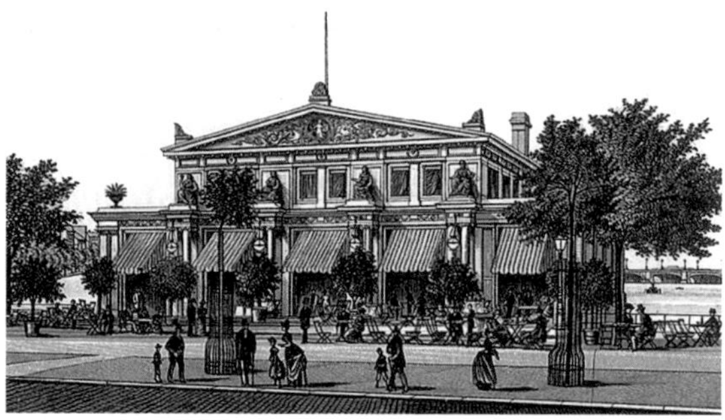

Alsterpavillon, Bau von 1875.

Alsterpavillon, Bau von 1900.

hatte. 1875 entstand das dritte Gebäude unter dem bekannten Architekten Martin Haller, schon 1900 wurde dann das vierte Gebäude errichtet. Das heutige ist von 1953. Unter den Eintragungen vom 12. März 1900 vermerkt Anna Winter, nachdem sie mit Heinrich bei Schmersahl eine schwarz-weiß karierte Bluse und einen schwarzen Rock gekauft hatte und nun erneut den Alsterpavillon aufsuchte: »Im Alsterpavillon abendbroteten wir vorzüglich in einer äußerst lauschigen Nische neben der Terrasse an der Alster gelegen. Den Heimweg machten wir zu Fuß.« Übrigens legten sie oft den Weg von der Stadt nach Eimsbüttel zu Fuß zurück.

Hamburger Rathaus mit Denkmal Kaiser Wilhelm I., 1903.

Und dann war da der Bau des Hamburger Rathauses, den man mit großem Interesse verfolgte. Bei dem großen Brand von Hamburg 1842 war das Alte Rathaus, das gut 500 Jahre bestanden hatte, zerstört worden. Übergangsweise diente das 1848–1850 errichtete Gebäude der Patriotischen Gesellschaft als Rathaus. Am 6. Mai 1886 wurde der Grundstein für ein neues Rathaus gelegt. Dann verzögerte sich 1889 durch den Arbeiterstreik die Errichtung des Bauwerkes. Am 6. Mai 1892 konnte endlich das Richtfest gefeiert werden. Durch die Cholera-Epidemie ging es weiter nur schleppend voran. Im April 1896 konnte aber schon

Alter Jungfernstieg, die Flaniermeile von Hamburg.

einmal der Ratsweinkeller eingeweiht werden. Familie Winter besichtigte kurze Zeit danach den Ratsweinkeller, und Anna Winter beschreibt ausführlich darüber in ihrem Tagebuch. So berichtet sie u.a. von der großen Halle »Zur Bunten Kuh«, »benannt nach einem Schiff, das die Hamburger gegen die Seeräuber ausgerüstet hatten im Jahr 1402. Die Halle strotzt von herrlichen Malereien. 3 prächtige Glasfenster von den Tiroler Glasmalern schmücken sie noch besonders. Die Fensterzellen sind von Allers Hand mit launigen Bildern aus dem Hamburger Straßen- und Wasserleben geziert … Der Remter zeichnet sich durch seine Gemälde aus; sie sind von Athur Fitgers Hand aus deutschen Studenten- und Wanderliedern zusammengestellt.« Sie besichtigten auch den Grundsteinkeller mit dem am 6. Mai 1804 gelegten Grundstein. »Hier ließen wir uns 3 Flaschen Rheinwein und Erdbeertorte gut schmecken.« Am 28. Oktober 1897 konnte endlich der Schlüssel zum Rathaus feierlich an Bürgermeister Dr. Versmann übergeben werden. Der Bau war mit 5,6 Millionen Mark veranschlagt worden. Die Kosten lagen dann etwa bei der doppelten Summe.

Größere Entfernungen zu Fuß zurückzulegen war für Anna und Heinrich Winter kein Problem. Häufig ist im Tagebuch zu lesen, dass sie zusammen einen Spaziergang machen, oder es werden mit den Kindern Ausflüge unternommen. So schreibt sie am 5. Oktober 1898: »Da es wieder wundervolles Wetter war, entschlossen wir uns plötzlich, um halb 2 Uhr mit Ernst, Willi und Anne-Marie nach Blankenese zu fahren. Heinrich fuhr per Rad, Magda, die noch in Nr. 34 war, mit mir und den Kindern per Bahn. Um 4 Uhr trafen wir in Blankenese ein, an der Ecke der Caprivistraße stand Heinrich schon mit seinem Rad, ...,

Blick von der Elbe auf Blankenese.

dann gings durch den Hintergarten, über Felder und die braune Heide. Die Kinder wurden gar nicht müde, es machte ihnen unendliches Vergnügen sich in die hohe Heide zu werfen und dadurch zu strolchen. Anne-Marie nahmen wir auf den Arm, für sie war das Laufen zu beschwerlich, denn das Heidekraut reichte Willi bis an die Schultern. Gegen 6 Uhr marschierten wir wieder zurück, und ¾ 7 Uhr ging es wieder mit der Bahn zurück.«

Nach Friedrichsruh zu Bismarck

Die Verehrung von Otto von Bismarck war groß. Immer wieder wird in den Tagebüchern von einem Ausflug nach Friedrichsruh geschrieben, in der Hoffnung, den Reichskanzler sehen zu können. Dreimal hatte Ernst Winter Honig als Geschenk nach Friedrichsruh gebracht. Die Verehrung hielt auch unvermindert an, als Otto von Bismarck als Reichskanzler bereits abgesetzt war.

Am 20. Mai 1875 schreibt Louise Winter: »Reizende Tour nach Friedrichsruh. Mit Wagen nach dem Berliner Bahnhof. Wir fuhren bis Reinbek und spazierten durch den Wald nach Friedrichsruh, verzehrten Butterbrot und tranken Rheinwein. Käfer wurden gesucht, Pflanzen gesammelt. Das Bismarcksche kleine, unscheinbare Haus war von geheimen Polizisten umstellt. Endlich wurden die Rollos aufgezogen, und wir sahen den Reichskanzler im violetten Schlafrock eine Zigarre rauchend im Zimmer auf und abgehen. Wir belagerten das

Haus förmlich, endlich ging er ins angrenzende Schlafzimmer und öffnete das Fenster. Heini riß seine Mütze ab, Bismarck dankte freundlich. Bald darauf ging er mit seinem Sohn und Herrn von Kosel spazieren in Begleitung eines großen schwarzen Hundes. Bismarck ist eine große herkulische Gestalt (204 Pfund). Er sagte, indem er den Hirschkopf am Hause betrachtet ›Der Hirschkopf muss befestigt werden, er wackelt schon‹. Dann ging er grüßend an uns vorüber ... Später sahen wir ihn erneut vorbeireitend, äußerst freundlich grüßend, seinen grünlich-grauen, mit schwarzem Band eingefassten Schlapphut, tief abziehend.«

Otto von Bismarck, 1890.

Am 22. November 1885 steht in Louise Winters Tagebuch: »Heinrich fuhr per Bicycle in Gesellschaft von 10 Herren nach Friedrichsruh. Tags vorher hatten sie sich an Oberförster Lange gewandt, um wohl möglich den Fürsten zu Gesicht zu bekommen, und groß war ihr Glück, als sie im Wirtshaus den Bescheid bekamen, der Fürst bäte sie zu kommen, doch ohne Maschinen. Sie begaben sich also ins Schloß und der

Fürst empfing sie auf die liebenswürdigste Weise. Heinrich war ganz ergriffen von der hühnenhaften Gestalt des Fürsten, von den durchdringenden Augen und den buschigen Augenbrauen. Er ließ sich auf der Karte zeigen, wie sie gefahren und gab ihnen einen anderen Weg an, meinte der Weg sei wohl holpriger gewesen und sagte, die Pferde würden leicht scheu vor den Bicycles, daher hielt er es für gefährlich; wie sich die Hamburger Polizei dazu verhielte? Alle hatten sich ihm vorgestellt. V. Biscupski erzählte ihm, dass er in Italien mit dem Bicycle gewesen, worüber Bismarck sehr erstaunt war. Er fragte Heinrich, warum er die Goldstickerei am Arm trage. Sagte auf ihr Befragen, dass es mit seiner Gesundheit gut ginge bis auf Schmerzen, ziehend im Kopfe. Schließlich bat er sie [die Besuchergruppe], von der Unterredung nicht zu sprechen, da er der Ruhe bedürftig sei und andere nicht empfangen könnte. Er sagte, eigentlich hätte er sich die Gesellschaft nicht so zahlreich gedacht, hätte nur zwei Herren erwartet. Sie hatten weiter das Glück, seinen Schwiegersohn, den Grafen von Rantzau zu sehen, der, eine Zigarre rauchend, im Jagdkostüm das Zimmer betrat.«

Natürlich fuhr Heinrich auch am 31. März 1890 nach Friedrichsruh, um sich abends an dem Fackelzug zu beteiligen, der Bismarck zu Ehren veranstaltet wurde und einen überwältigenden Eindruck hinterließ. Am nächsten Tag kam er erneut, nun mit der ganzen Familie nach Friedrichsruh. Der Bahnhof war schön bekränzt, und man schrieb in die ausgelegten Bücher seinen Namen ein. »Wir hatten das Glück, den Fürsten 4 mal zu sehen, 2 mal im Wagen und 2 mal zu Fuß. Er war bedeutend gealtert, sah blass aus, ging aber hoch aufgerichtet, nach allen Seiten liebenswürdig grüßend daher. Er brachte den Adjutanten des Kaisers, Herrn v. Wedell, an die Bahn.«

Heinrich war auch mit seinem Bruder Ernst am 26. Mai 1892 per Tandem nach Friedrichsruh gefahren, wo Bismarck die Radfahrer im Wald empfing und eine Stunde bei ihnen verweilte. Und Ernst Winter sen., der »zu Ehren Bismarcks eine Flagge zu Mk 20 kaufte«, hatte sich am 30. März 1895 mit Tochter Emma auf den Weg nach Friedrichsruh gemacht. Und er hatte das Glück und begegnete Bismarck. Seine Worte »Durchlaucht immer so wie heut« brachten den Fürsten zum Stehen. Bismarck fragte Ernst: »Gehören auch sie zu den Bicyclisten?«. Er antwortete »Nein, aber dies ist meine Tochter!«. Den Hut zog er tief vor Emma ab.

Voller Begeisterung berichtet Louise Winter am 1. April 1895 von Bismarcks 80. Geburtstag: »Mimi und ich fuhren um 9 Uhr nach dem Berliner Bahnhof, nahmen hier den Zug der Studenten und fuhren um 10 ½ nach Friedrichsruh im Coupé 1. Klasse. Bertha und Emmy waren auch im Zug, wir trafen mit Ernst und später mit Heinrich zusammen. Zuerst ließen wir die 4.000 Studenten an uns vorbeiziehen, dann gelang es uns, auf die erste Wiese zu kommen, und wir konnten das Leben und Treiben im Park und auf dem Altan genau beobachten. Der Fürst sah brillant aus, schien in allerbester Laune zu sein. Die Gruppierung der Studenten war malerisch, dazu die Musik, der Gesang, der Sonnenschein, die Stunden verliefen in Windeseile. Hernach sahen wir uns die Hirschgruppe an und aßen im Freien im ›Landhaus‹ zusammen mit Beverey, Zinne und Dettmann. Zum Schluss großartige Illumination und der Fackelzug, wie man ihn sich nicht großartiger denken kann. Um 8 ¼ trennten wir uns nur schwer von Friedrichsruh und mussten, als wir um 10 Uhr im Hause ankamen, viel berichten. Heinrich beteiligte sich am Fackelzug.«

Auch aus dem Tagebuch von Anna Winter erfahren wir von der prachtvollen Illumination und dem Feuerwerk auf der Binnenalster zu Ehren von Bismarck, und auch, dass der Kaiser wenige Tage vor Bismarcks Geburtstag nach Friedrichsruh gekommen war: »Er ritt von Aumühle an der Spitze von Militär mit voller Musik vor das Schloß des Fürsten und ließ ihm eine hohe Auszeichnung zuteil werden.« Heinrich und Ernst fuhren ebenfalls nach Friedrichsruh, als Bismarck nach seinem Tod am 16. März 1899 beigesetzt wurde. 1600 Karten waren ausgegeben worden. Louise Winter schreibt dann am 30. April: »Ich lese mit Interesse Bismarcks Erinnerungen.«

Bismarckdenkmal in Hamburg.

Als 1898 kurz nach dem Tod von Bismarck ein Denkmal zu Ehren des Reichsgründers geplant wurde, waren Louise Winter und ihre Söhne mit einer Spende von 50 Mark dabei. Es wurde dann ein Wettbewerb ausgeschrieben. Aus den 219 eingesandten Entwürfen wurden im Januar 1902 die 15 besten prämiert. Louise Winter sah sich die Entwürfe an, und äußerte: »›Das

Roland-Bismarck-Denkmal‹, von Lederer, das den ersten Preis bekam, missfiel uns sehr. Das Denkmal, das den 4. Preis bekommen hat, gefiel uns sehr gut. Nach meiner Meinung war vieles dazwischen, was besser gewesen wäre, nicht ans Tageslicht zu kommen.« 1906 konnte dieses Monument mit einer Höhe von 34,3 Metern, die eigentliche Bismarckfigur hat eine Größe von 14,8 Meter, unweit der Landungsbrücken am Hamburger Hafen auf der Elbhöhe, wo vorher der Elbpavillon gestanden hatte, errichtet werden. Es kam dabei der Entwurf des Berliner Bildhauers und Jugendstilkünstlers Hugo Lederer zur Anwendung. Die Kosten betrugen 500 000 Goldmark.

Bismarck-Mausoleum in Friedrichsruh.

Als der Reichstagswahl-Verein am 7. Juli 1900 nach Friedrichsruh zog, um das Mausoleum zu besuchen, schloss sich Heinrich dem an, wie Louise Winter berichtet.

Kaiserliche Besuche in Hamburg

Nicht geringer war die Begeisterung für den deutschen Kaiser. Als der Preußenkönig Friedrich III. am 18. Januar 1871 zum deutschen Kaiser Wilhelm I. ernannt worden war, wurde dies in Hamburg durch Flaggenschmuck, 101 Kanonenschüsse und Männergesang auf dem Rathausmarkt gefeiert – Ernst Winter wohnte dem bei –, abends war alles illuminiert. An Kaisers Geburtstag – 22. März – »war Ernst mit den Kindern den ganzen Tag auf den Beinen, um den Flaggenschmuck zu sehen«.

Kaiser Wilhelm I.

1872 wurde der Geburtstag des Kaisers mit einem Diner im Zoologischen Garten gefeiert, 1875 mit einem Festessen bei Sottorf in Eimsbüttel, an dem 66 Personen teilnahmen, 1877 waren es sogar 220 Personen. Nach dem Essen folgte die Theateraufführung: »Mit Gott für König und Vaterland«. Danach fand ein Ball statt.

Am 13. September 1881 kam der Kaiser nun auch durch Hamburg: »Wir fuhren nach dem Millernthor, um von dort das festlich geschmückte, bekränzte, beflaggte und illuminierte Altona zu sehen. Ein furchtbares Gedränge.« Einen Tag später: »Aufmarsch der Schüler mit Fahnen nach der Palmaille. Der Kaiser fuhr bei ihnen vorbei. Wir sahen den schön geschmückten Hafen. Am Millernthor sahen wir den Kaiser mit Gefolge, den Kronprinzen, Prinz Wilhelm, Moltke, den Großherzog von Mecklenburg. Dann gingen wir durch die Wexstraße nach Hamburg in die Bleichen, wo der Kaiser bei Jaenisch dinierte.«

Kaiser Wilhelm II.

Als der nächstfolgende Kaiser, Kaiser Friedrich III., der nur 99 Tage regierte, am 15. Juli 1888 starb, blieben die Börse und das Theater für 2 Tage, das Altonaer Theater sogar 14 Tage geschlossen, der Senat legte auf 6 Wochen Trauer an, zur Beisetzungsfeierlichkeit fuhr ein Extrazug von Hamburg nach Berlin.

Kaiser Wilhelm II., der 1888 seinem Vater Friedrich III. folgte, kam bereits am 29. Oktober des gleichen Jahres nach Hamburg, um den ersten Bauabschnitt der Hamburger Speicherstadt einzuweihen. »Hunderte von Offizieren sahen der Ankunft des Kaisers entgegen, endlich kam er daher, wie ›Lohengrin‹ vom Schwan gezogen, und als er sichtbar wurde die ganze Alster von Fahrzeugen belebt, Hurra ertönte nun.« Am 19. Juni 1895 besuchte er zusammen mit den vier ältesten Prinzen an Bord der Kaiserlichen Jacht »Hohenzollern« die Stadt Hamburg. Er war auf der Durchreise zur Schlusssteinlegung des »Kaiser-Wilhelm-Kanals« – 1948 umbenannt in Nord-Ostsee-Kanal –, die am 21. Juni 1895 in Kiel stattfand. Die Namensgebung erfolgte zu Ehren seines Großvaters Kaiser Wilhelm I. Louise Winter schreibt: »In der Stadt durften die Wagen nicht fahren. Durch die festlich geschmückten Straßen begaben wir uns nach dem Hotel St. Petersburg [Alter Jungfernstieg 6], und hatten dort vortreffliche Plätze auf der Bühne in der ersten Reihe, jeder Platz kostete 10 Mk. Wir hatten so viel Augenweide, dass die Stunden schnell vergingen. Um 4½ Uhr passierte der Kaiser den Reesendamm, mit brausendem Hurrah begrüßt. Kurz vor 6 Uhr zog ein Gewitter auf und es goß in Strömen. ... Wir gingen zur table d'Hotel unten auf der Diele. Das Diner kostete 6 Mk., war vorzüglich, Krebssuppe, Hummer mit Mayonnaise, Braten mit Beilagen, Rehbraten und Compott, Eis, Butter, Brot und Käse. Um 8 Uhr war das Wetter wieder herrlich, die Aussicht von der Tribüne entzückend, aber um 8½ Uhr zog wieder ein Gewitter auf, unter Blitz und Donner sahen wir den Kaiser auf dem Balkon des Rathauses stehen. Die Einschiffung wurde durch das Gewitter sehr beeinträchtigt, der Kaiser im grauen Mantel stand auf dem Schiff und grüßte, die Gebäude am Reesendamm erstrahlten im schönsten Glanz ...« Die Kaiserin hatte wegen neuralgischer Schmerzen nicht mit nach Hamburg kommen können, darum durften auch die geladenen Damen beim Fest nicht erscheinen. Da das Hamburger Rathaus erst am 26. Oktober 1897 eingeweiht wurde, ist es möglich, dass mit dem Rathaus das Gebäude der Patriotischen Gesellschaft an der Trostbrücke gemeint ist, das nach den Zerstörungen durch den großen Brand von 1842 zwischenzeitlich als Rathaus gedient hatte.

Am 21. Juni 1895 schreibt Louise Winter dann: »Um 5½ Uhr rückten Heinrich und Ernst aus, um per Rad nach Kiel zu fahren zur Eröffnung des Kaiser-Wilhelm Kanals.« 23. Juni 1895: »Heinrich und Ernst beschreiben den Tag in Kiel als unbeschreiblich.« Die Bauzeit des Kanals hatte acht Jahre gedauert, rund 9000 Arbeiter hatten währenddessen 80 Millionen Kubikmeter Erdreich bewegt. Die Eröffnung erfolgte dann mit einer pompösen Feier und internationaler Flottenparade.

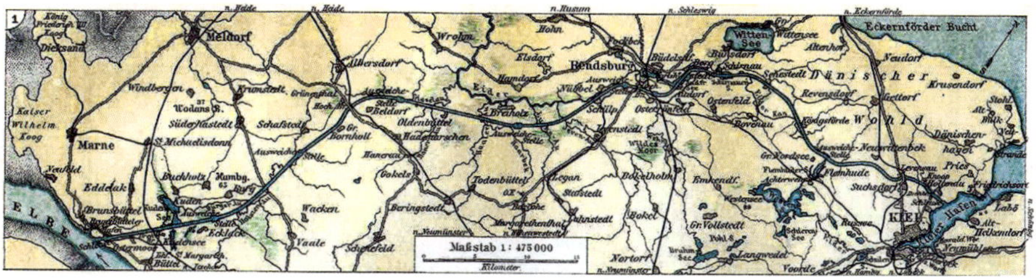

Karte des Kaiser-Wilhelm-Kanals von Kiel zur Elbe.

Im gleichen Jahr, am 16. September, war der Kaiser dann in Altona, um bei Blohm + Voss das neu errichtete Dock zu besehen. »Heinrich, Erni und Bertha haben ihn gesehen.«

Erneut kam der Kaiser, nun in Begleitung seiner Gemahlin, Kaiserin Auguste Viktoria, am 18. Juni 1898 nach Hamburg, als vor dem Altonaer Rathaus das Reiterstandbild Kaiser Wilhelms I. enthüllt wurde, eine Bronzeskulptur nach einem Entwurf von Gustav Eberlein. Und wieder ließ sich Louise Winter zusammen mit ihrer Tochter Bertha nicht entgehen, den Kaiser zu sehen: »Um 2 Uhr begaben Bertha und ich mich per Bahn nach der Ringstraße, und von hier aus sahen wir den Kaiser, der um 12 Uhr 55 angekommen war. Jetzt kam er vom Frühstück vom Grafen Metternich-Wolf und begab sich nun zum Hafen, er sah ausnehmend vergnügt aus. Wir gingen nun auch nach dem Hafen, sahen uns die Flaggendekoration an, gingen weiter zum Neuen Wall und Jungfernstieg. Bei Kempinski stärkten wir uns und sahen von hier aus den Kaiser wieder zum Grafen Metternich fahren um 5½ Uhr. Um 7 Uhr sahen wir ihn im geschlossenen Wagen nach dem Rathaus zum Diner fahren. Die Illumination begann, der Schwan am Gerüst des Zukunftspavillons hellglänzend, dabei Mondschein, die Häuser an der Alster erleuchtet, ein herrlicher Abend! Um 7½ Uhr fuhren wir nach Eimsbüttel befriedigt zurück.«

Helgoland.

Heinrich Winter versäumte es auch nicht, den feierlichen Akt der Übergabe Helgolands an Kaiser Wilhelm II., an das Deutsche Reich bzw. Preußen am 11. August 1890 mitzuerleben und mit seinem Fotoapparat festzuhalten. Helgoland hatte ein sehr wechselvolles Schicksal gehabt und war im Besitz des Vereinigten Königreichs Großbritannien. Das Deutsche Reich verzichtete als Gegenleistung auf die vor der Küste des damaligen Deutsch-Ostafrika liegende Insel des Sultanats Sansibar und andere Rechte in Ostafrika. Kaiser Wilhelm II. ließ Helgoland dann zu einem Marinestützpunkt ausbauen. Heinrich war zu diesem Ereignis mit dem Schiff »Freia« nach Helgoland gefahren und hatte den Vorgang auch mit seinem Fotoapparat festgehalten.

Es gab aber auch noch manch anderen hohen Besuch in Hamburg. Am 23. Juni 1896 fuhren Louise, Bertha, Emma und Anna nach Hamburg und sahen von der Esplanade aus den Einzug des Vizekönigs von China, Li-Hung-Tschang, »73 Jahre alt, hatte seinen Zopf aufgesteckt, alle anderen Chinesen hatten lange Zöpfe.«

Am 25. Juni fuhr Louise Winter mit Bertha nach Friedrichsruh, denn an dem Tag war der Vizekönig von China mit einem Sonderzug zu Bismarck gefahren. Das wollten sie doch mit ansehen! Am Schloß hatte Graf Rantzau den Vizekönig in Empfang genommen. Um 3 Uhr war die Abfahrt: »Jetzt kam der bedeutendste Moment des Tages, der uns ewig und unvergesslich bleiben wird, Bismarck gab dem Li-Hung-Tschang das Geleit. Bismarck machte einen überwältigenden Eindruck, jedenfalls auch auf den Vicekönig, der ihn vom Coupé förmlich mit den Augen zu verschlingen schien und die geballten Hände inbrünstig ineinander drückte.«

Zwei Feiertage gab es im Kaiserreich neben den kirchlichen Feiertagen, wie auch an einigen Stellen aus dem Tagebuch von Louise Winter hervorgeht, das war der Geburtstag des Kaisers – 27. Januar – und der Sedantag, der jährlich am

2. September gefeiert wurde und an den Sieg gegen Frankreich erinnerte, bei dem der französische Kaiser Napoleon III. 1870 in preußische Gefangenschaft geriet. An diesen beiden

Napoleon III. und Otto von Bismarck.

Tagen waren die Straßen mit Flaggen geschmückt und es gab schulfrei. Zur Sedanfeier 1877 fuhr Familie Winter nach Bahrenfeld, wo anscheinend die Schlacht von Schulkindern nachgestellt wurde, denn Louise Winter schreibt: »Die mit Musik einziehenden Schüler wurden bei ihrer Ankunft mit zwei Kanonenschlägen begrüßt. Wir sahen dem Spiel der Knaben und dem Schießen zu, Heini bekam 2 Preise. Um 5 Uhr begann der Tanz.« Über ein späteres Sedanfest in Bahrenfeld erfahren wir von Louise Winter: »Nach dem Kaffeetrinken folgte dann der Gesang ›Deutschland, Deutschland über alles‹.« Über die 25. Wiederkehr des Sedanfestes – 2. September 1895 – weiß Anna Winter zu berichten: »Das 25. Sedanfest wird großartig gefeiert durch Festzüge, Parade und Feldgottesdienste auf dem Heiligengeistfeld, Fackelzug und Illumination in der Stadt.«

Und wie war es mit der Politik?

Das Interesse galt auch der Politik. Mit der Frankfurter Nationalversammlung 1848/49 war das erste Gesamtdeutsche Parlament gebildet worden. In den 1860er Jahren entstanden die ersten deutschlandweiten Parteien, zunächst die liberale deutsche Fortschrittspartei (1861), sodann der Allgemeine Deutsche Arbeiterverein (1863) und die Sozialdemokratische Arbeiterpartei (1869), die sich 1875 zur Sozialistischen Arbeiterpartei Deutschlands (SAP) zusammenschlossen. 1870 wurde die katholische Zentrumspartei gegründet.

Im Deutschen Reich konnten seit 1871 die Parteien über die Gesetzgebung des Reichstags mitbestimmen. Nach 1871 und 1873 fand am 10. Januar 1877 die Wahl zum dritten Reichstag statt. Am 4. Januar 1877 besuchte Ernst Winter die Versammlung der Sozialdemokraten: »Breuel sprach und alles ging in Ruhe ab.« Einen Tag später ging er zur Versammlung der Liberalen ins Vereinslokal Sottorf – und dann am 10. Januar zur Wahl in die Fruchtallee. »Wagen fuhren herum, um die sich nicht selbst stellenden Wähler herbei zu holen.« Abends 8 Uhr erfuhr dann Ernst Winter im Wahlbüro das Ergebnis: »Die Liberalen hatten glänzend gesiegt.«

Allerdings kam es bereits ein Jahr später zur erneuten Reichstagswahl. Nach den Attentatsversuchen auf Kaiser Wilhelm I. im Mai und Juni 1878, über die Louise Winter auch mit Erschütterung berichtet, und Auseinandersetzungen um das geplante Sozialgesetz wurde der dritte Reichstag auf Wunsch Bismarcks vom Kaiser aufgelöst. Bei der fünften Reichstagswahl, 27. Oktober 1881, war Ernst Winter in Eimsbüttel Wahlvorsteher. Dabei bekamen die Nationalliberalen 6333 Stimmen, die Sozialdemokraten 6088 und die Fortschrittspartei 7994 Stimmen, wie Louise Winter berichtet.

Nachdem die Hamburger Bürgerschaft seit 1859 das Parlament in Hamburg bildete, kam es auch hier zu einer Wahl in regelmäßigen Abständen. Allerdings hatten 1879 von den 450 000 Einwohnern Hamburgs nur 22 000 ein Wahlrecht, d.h. nur Männer über 25 Jahre, die ein Bürgerrecht und ein geregel-

Patriotisches Gebäude. Sitz der Bürgerschaft bis zur Fertigstellung des Rathauses 1897.

tes Einkommen hatten. Als am 26. April 1880 Bürgerschaftswahl in Hamburg war, vermerkt Louise Winter: »Mit großer Majorität wurde der Sozialdemokrat Hartmann gewählt, ein Schimpf für Hamburg. Furchtbare Erbitterung herrscht, da Altona und ein kleiner Teil von St. Pauli in den Zoll Verein soll. Die Frucht davon hat vielleicht die Wahl der Sozialdemokraten mit 13.155 Stimmen, Rie bekam 6,451, Riege 3.683 Stimmen mit bestimmt.« Im Mai stimmte die Bürgerschaft dann zusammen mit dem Senat dem Beitritt zum Deutschen Zollverein zu. Ein Kompromiss zwischen dem Hamburger Bürgermeister Johannes Versmann und Otto von Bismarck sah ein Freihafengebiet vor, in dessen Bereich die Waren zollfrei blieben, auch wenn sie dort weiterverarbeitet oder veredelt wurden, wie beispielsweise das Rösten von Kaffee. Das umstrittene Projekt, welches die Errichtung der Speicherstadt nach sich zog, wurde mit dem endgültigen Beitritt im Oktober 1888 vollendet. Mit der Gründung des Freihafens erfolgte der Abriss der Wohnungen für 24 000 Menschen. Die Grundstücke sollten nun als Industrie- und Gewerbeflächen dienen.

Streik im Hamburger Hafen.
Ein Arbeiter, der auf seine Ehre hält, rührt während des Streiks im Hafen kein Stück Arbeit an!

Streikaufruf in Form eines Handzettels.

Louise Winter beschäftigt auch der Arbeiterstreik im Hamburger Hafen 1896/97, wie aus ihrem Tagebuch hervorgeht, und über den sie ausführlich berichtet. Er begann am 21. November 1896, dauerte elf Wochen, umfasste auf dem Höhepunkt 17 000 Arbeiter und endete am 6. Februar 1897. Es war der größte Arbeitskampf im Kaiserreich. Der Lohn der Arbeiter hatte sich seit über zehn Jahren nicht mehr erhöht, der Zollanschluss Hamburgs 1888 hatte hingegen zum Teil zu massiven Preiserhöhungen geführt, die Arbeiter hatten sich mit Errichtung des Freihafens in entfernt liegenden Stadtteilen Wohnungen suchen und erhöhte Mietkosten zahlen müssen. Auch im Eimsbüteler Verein wurde heftig darüber diskutiert. Die Arbeiter hatten sich mit dem Streik nicht durchsetzen können, doch traten langsam Verbesserungen ein. Der Senat erkannte die Notwendigkeit einer schrittweisen Sozialreform. Löhne wurden fortan nicht mehr in Kneipen, sondern Lohnbüros ausgezahlt. Die Sanierung des Gängeviertels wurde in Angriff genommen und verschiedenes mehr.

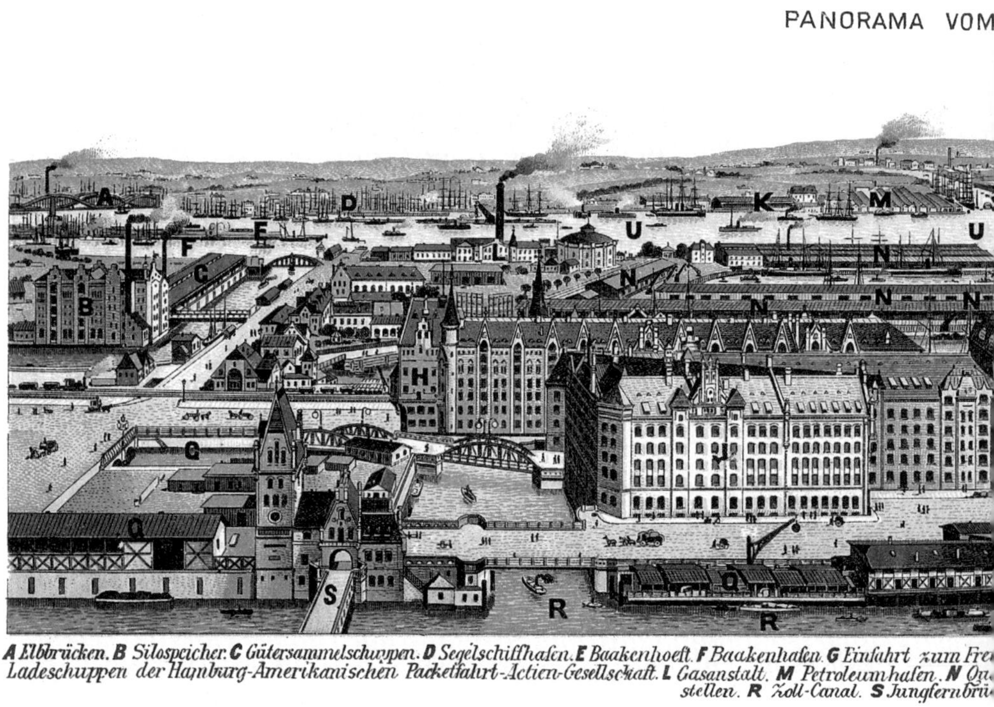

Hamburger Freihafen.

RGER FREIHAFEN.

Directionsgebäude der Hamburger-Freihafen-Lagerhaus-Gesellschaft. **J** Block. **H** für ausgepackte Läger. **K** Lösch-und
ai-Speicher. **P** Central Maschinenhaus für hydraulische Winde und electrische Beleuchtung **Q** Zoll-Abfertigungs-
lhelm-Brücke. **U** Elbstrom.

DIAMANTEN

zum Gravieren auf Stein, für Lithographen, zu Maschinenarbeiten auf Stein, rundspitz geschliffen für Pantographen auf Ätzgrund, Glaserdiamanten für Photographen, scharfe Spitzen, um sehr feine Teilungen auf Glas, Metall usw. zu machen, zum Abdrehen harter Stahlwalzen, sowie überhaupt zum technischen Gebrauch empfiehlt:

ERNST WINTER

Diamanteur

Geschäftsanzeige von 1880.

VON TECHNISCHER ENTWICKLUNG, INTERNATIONALER EXPANSION UND EIGENER DIAMANTSYNTHESE

3

Die ersten Jahrzehnte im 19. Jahrhundert

Die Tagebücher von Louise und Anna Winter geben kaum einen Einblick in die Firma Winter und somit in die Arbeit von Ernst Winter sen. und Heinrich Winter, bzw. auch nicht in die Bedeutung der Firma auf dem Gebiet industrieller Anwendung von Diamanten. Diamanten werden gelegentlich in einem Nebensatz erwähnt, z. B. schreibt Anna Winter am 4. Dezember 1898: »Heinrich brachte nachmittags von Herrn Bröcker, Tornquiststraße, dem er einen Diamant geliefert hat, einen reizend singenden Canarienhahn in dunklem braun mit.« Unter dem 7. April 1900 schreibt sie: »Abends traf ich mit Heinrich den alten Herrn Holtermann ... Heinrich besprach mit ihm über einen Glaskasten für seine auf der Pariser Weltausstellung auszustellenden Diamanten. Dann gingen wir zu Schiefer auf dem alten Wall ...«

Ernst Winter war vier Jahrzehnte hindurch Fabrikant, Buchhalter und Reisender in einer Person. Neben der Herstellung der Diamantwerkzeuge führte er auch die umfangreiche Korrespondenz mit den Kunden durch. Seine Briefe aus den Jahren 1880–1892 haben sich in Kopierbüchern erhalten. Im Jahr 1892 schrieb er beispielsweise 406 Briefe an 179 Kunden in zwölf verschiedene Länder. 1895 gab es in der Firma dann außer Heinrich, der ab 1892 tätig wurde, und Ernst jr., der ab 1894 als Lehrling geführt wird, seit 18. September 1895 den Diamantfasser Amseln Lehle im unteren Anbau der Osterstraße und den Arbeiter Julius Oertling, über den Louise Winter schreibt, dass er für das Schleifen von Diamanten zuständig sei und pro Stunde 0,20 Mark bekam. Am 6. August 1895 vermerkt sie: »Oertling ist jetzt Heinrichs Famulus, den ganzen Tag bei uns«. Örtling wurde dann ebenfalls Diamantfasser (22. Februar 1895), verdiente 1910 über 4000,– p. a., 1911 machte er sich selbstständig. Und dann gab es ab April 1901 noch die Buchhalterin Fräulein Bagge. Es halfen aber gelegentlich die beiden unverheirateten Schwestern von Heinrich, Bertha und Emma, aus, denn Louise Winter schreibt z. B. am 3. März 1899: »Bertha und Emma kleben jetzt immer Adressen auf Kuverts, die Steinmetzen zugeschickt werden. Ca. 9.000 (?) Stück werden verschickt.«

Was 1880 in der Firma Winter gefertigt wurde, können wir einer Geschäftsanzeige entnehmen, in der es heißt: »Diamanten zum Gravieren auf Stein, für Lithographien, zu Maschinenarbeiten auf Stein, rundspitz geschliffen für Pantographen auf Ätzgrund, Glaserdiamanten für Photographen, scharfe Spitzen, um sehr feine Teilungen auf Glas, Metall etc. zu machen, zum Abdrehen harter Stahlwalzen, sowie überhaupt zum technischen Gebrauch empfiehlt: Ernst Winter, Diamanteur.« In einer Anzeige von 1884 heißt es: »Diamanten zum Glätten der Schmirgelscheiben und Schärfen der Mühlsteine, zu

Steinsägen. Gefasste Diamantspitzen zum Schreiben auf polierten Steinen etc. hat stets vorrätig; Ernst Winter, Hamburg, Osterstraße 30«. Wir erfahren von Louise Winter aber auch, dass Ernst Winter daran arbeitet, kegelförmig geschliffene Diamanten zum Gravieren für Kattundruckereien herzustellen (18. August 1877). 1884 wurde die Fertigung von Diamantbohrern für Zahnärzte aufgenommen. 1887 erwähnt Louise Winter: »Von Ernst gefertigte Diamantsäge rückte ein, erregte auch des Inspektors Interesse«. Von nun an fertigte Ernst Winter auch diamantbesetzte Sägeblätter für Stein. 1889 erfolgt die Herstellung von Karbonbohrern zur Herstellung von Löchern mit 1 mm bis 6 mm Durchmesser in Granit und Halbedelsteinen. Wie aus den Aufzeichnungen von Louise Winter hervorgeht, gab es zur damaligen Zeit schon einen Kontakt zur Firma Diamantfirma Urbaneck in Frankfurt (3. Oktober 1887).

Drehbank mit einem auf den Kopf gestellten Hochrad
zum Schleifen der Diamantkegel. Zeichnung J. Helmers.

1885 war Ernst Winter auf die Idee gekommen, den lästigen Fußantrieb seiner Drehbank durch ein auf den Kopf gestelltes Hochrad, dessen Pedale nach Kommando gedreht werden können, zu ersetzen. Dadurch kann er sich ganz auf das Schleifen der spitzen Diamantkegel konzentrieren. Sein Sohn Heinrich machte sich später auch ein altes Hochrad dienlich zum Drahtspinnen.

Die Firma Winter befasste sich aber nicht nur mit der Herstellung der genannten Diamantwerkzeuge, sondern betrieb gleichzeitig Edelsteinhandel. So heißt es in dem Tagebuch von Louise Winter am 3. April 1893: »Die Kiste mit Mineralien, die Heinrich auf der Reise gekauft hatte, wurde ausgepackt und die Mineralien in der Verandastube aufgestellt.« Am 9. September 1893 kaufte Ernst Winter eine Mineraliensammlung – es waren sechs Kisten – von Prof. Klockmann aus Goslar. Und auch Anna Winter berichtet über Mineralien und schreibt am 9. Dezember 1898: »Nachmittags Mimi ½ Std. hier, um Rubine zu sehen, die Heinrich für Herrn v.d. Heyde hat kommen lassen, zu 3.000, 4.000, 9.000 u. 11.000 Mk. Wenn Heinrich ein gutes Geschäft abschließt, bekomme ich ein Buffet.« Das Geschäft mit den Rubinen kam zustande, denn am 11. Dezember vermerkt Anna: »bei Meergut Buffet angesehen, das Geschäft ist gemacht.« Unter dem Gesichtspunkt des Edelsteinhandels wird Ernst Winter wohl sehr daran gelegen gewesen sein, dass Heinrich eine Anstellung in der Firma Gutruf bekam, um sich entsprechendes Wissen anzueignen, wenn er eines Tages die Firma Winter übernimmt. Louise Winter berichtet gelegentlich von Diamantkäufen, z.B. am 16. Mai 1895: »Heinrich ging zum ›Hamburger Hof‹ und kaufte von Wolff, Paris, für beinahe 4.000 Francs Diamanten.«

Von Ausstellungen und Medaillen

Erfolge, die Ernst Winter mit seinen Diamantwerkzeugen hatte, spiegeln sich vor allem in den verschiedenen Medaillen wider, die er als Auszeichnungen bekam. Über die Hamburger Gewerbeausstellung 1869 schreibt Louise Winter: »Sie war zur Hälfte in der ehemaligen Gemäldegalerie in der Börse und teils im Holzschuppen, der für die photographische Ausstellung erbaut wurde. Hier sowohl als auch in Altona hatte Ernst Diamanten aller Sorten ausgestellt. Für die Diamanten in Hamburg bekam er schließlich eine Bronze-Medaille, für die in Altona ein Ehrendiplom [stand über der Goldmedaille].«

Briefkopf der Firma Ernst Winter & Sohn von 1900.

Von Mai bis Oktober 1889 stellte Ernst Winter auf der Gewerbe- und Industrieausstellung in Hamburg erneut einen Tisch mit Diamanten aus und dafür wurde ihm nun eine Goldmedaille verliehen. Und Ernst Winter vermerkt in einem Brief an den Kunden Petzold in Planitz: »Nachdem ich in der hiesigen Gewerbeausstellung die Goldene Medaille bekommen habe, kommen aus allen Ecken und Enden die Aufträge. Das spornt mich aber umso mehr an, meine Ware so vollkommen als möglich zu machen. Mein Prinzip ist, nicht mit den Kunden zu wechseln, solange ich irgend mit ihnen auskommen kann.«

Wie dem Briefkopf zu entnehmen ist, bekam die Firma Winter außer auf der Hamburger Gewerbe- und Industrieausstellung 1889, in Paris auf der internationalen Fachwerkausstellung für Lithographie 1895 und in Lübeck auf der Deutsch-Nordischen Handels- und Industrieausstellung jeweils die Goldene Medaille und 1900 auf der Weltausstellung in Paris mit der Silbernen die höchste Auszeichnung.

Ernst Winter hatte zwar auf der zweiten Pariser Weltausstellung 1867 keine Medaille erhalten, dennoch sollte diese Reise für ihn zu einem besonderen Erlebnis werden. Er besuchte wieder seinen Bruder Fritz, der es unter den Deutschen in Paris zu wirklichem Ansehen gebracht hatte: »Wozu es doch ein Brachstedter Bub, der einst barfuß lief, bringen kann«, sagte er später einmal scherzhaft zu seinem Bruder, als er von einem Diner beim deutschen Botschafter, dem Fürsten von Hohenlohe, berichtete, »bei dem man den Teller zwanzig mal wechselte, im Kontrast zur Jugend, in der man Brachstedter Sauerbraten, Weißkraut und Kalauen, Klump und Sauerkraut von einem Teller aß.«

Ernst Winter konnte nun seiner Frau aus Paris schreiben: »... Du hast mir immer gesagt, schreibe mir nicht, Du hättest gewünscht, ich wäre dabei gewesen. Diesmal muss ich es aber wirklich bedauern. Oder hättest Du nicht neben mir stehen wollen, als ich der Königin von Preußen, dem König von Württemberg, Großherzog von Sachsen-Weimar und dem Erbprinz von Weimar vorgestellt wurde, und die Königin sowie die anderen sich mit mir unterhielten wie Sophie Röpe und ihr Vater sich mit mir unterhalten? ... Pastor Berg hatte uns gebeten, am Sonntag früh auf dem Hügel zum Gottesdienst zu kommen. Als ich in der Kirche so saß (natürlich auf der ersten Bank), links vis-à-vis dem Sessel der Königin, schickte Präsis Meyer einen Boten, ich möge herauskommen und ihre Majestät mit empfangen. Da ich keinen schwarzen Hut hatte, so nahm ich Hilbergs Hut in die Hand und ging hinaus. Meine Kleidung

Zweite Pariser Weltausstellung, 1867.

bestand aus meinem Orleans-Sommerrock, heller Hose und schwarzer Weste. Um die Kirche herum stehen Bäume und in deren Schatten stand ich barhäuptig, da der Hut viel zu klein war ...« Ernst Winter berichtete dann weiter, dass die Königin nach dem Gottesdienst sich noch lange mit dem Pastor über die Predigt unterhalten habe und sich beschwerte, weil man bei ihr nicht den Klingelsack vorbeiziehen ließ. Der Brief endet dann mit den Worten: »Die Toilette der Königin werde ich Dir später genau beschreiben. Der König von Württemberg hatte ebenfalls eine so helle Hose an wie ich.«

Ernst Winter war begeistert von der Ausstellung. Er besuchte sie zehnmal, um, wie er an seine Frau Louise schreibt, einen Überblick zu bekommen. Und fügt hinzu: »Mit meiner Reise bin ich sehr zufrieden, habe neue Kunden erworben und auch die alten kennen gelernt.« Neu war auf dieser Ausstellung, dass man rund um den Ausstellungspalast für die einzelnen Nationen in einem Park erstmals Pavillons errichtet hatte. Ein großer Erfolg war die Weltausstellung auch auf diplomatischer Ebene; nahezu alle Fürsten Europas waren nach Paris gekommen.

Zur dritten Pariser Weltausstellung – 1878 –, die mit fast 53 000 Ausstellern und über 16 Millionen Besuchern alle vorherigen Ausstellungen an Dimensionen übertraf, nahm Ernst Winter seinen Sohn Heinrich mit, der inzwischen 18 Jahre alt war. »Wir haben viele Besuche gemacht«, schreibt Ernst Winter am 15. Juli nach Hamburg. »Auch habe ich heute 34 ½ Karat Würfel gekauft, werde noch mehr verhandeln … Das großartigste

Fesselballon auf der Pariser Weltausstellung, 1878.

ist der Riesenballon im Hof Tuilerien, der seit zwei Tagen fertig gefüllt ist und das Schloss noch überragt. Derselbe ist unten festgemacht und wird dann mit 20 bis 30 Personen in die Höhe gelassen an einem Tau und mit zwei Dampfmaschinen wieder heruntergelassen. Etwas Majestätischeres kann man sich nicht denken als diesen Ballon.«

Der Fesselballon, der einen Durchmesser gleich der Kuppel der Hagia Sophia in Istanbul hatte, war nur eine der zahlreichen Attraktionen auf dem großen Marsfeld. Große Beachtung fand u. a. die von dem elsässischen Bildhauer Bertoldi hergestellte Kolossalbüste der noch unfertigen Freiheitsstatue, die später am Eingang des Hafens von New York aufgestellt wurde.

Gewerbe- und Industrie-Ausstellung in Hamburg, 1889, auf der Ernst Winter eine Goldmedaille bekam. Auf der Ausstellung waren 446 Aussteller vertreten, die Besucherzahl lag bei 80 000.

Ernst Winter zählte zwar zu den regen Besuchern der Weltausstellung in Paris, wie wir wissen, aber nicht zu den Ausstellern. Dennoch wurde er in Paris für seine Lithografie-Diamanten mit einer Goldmedaille ausgezeichnet. 1895 fand anlässlich der vor 100 Jahren erfundenen Lithografie in Paris im Palais des Beaux-Arts vom 15. August bis 30. November eine internationale Fachausstellung statt. Zugelassen waren alle in direkter oder indirekter Beziehung zur Lithografie stehenden Erzeugnisse, Produkte und Maschinen. Auf dieser Ausstellung hatte die Firma Ernst Winter und Sohn einen Schaukasten und konnte sich hier eine Goldmedaille holen.

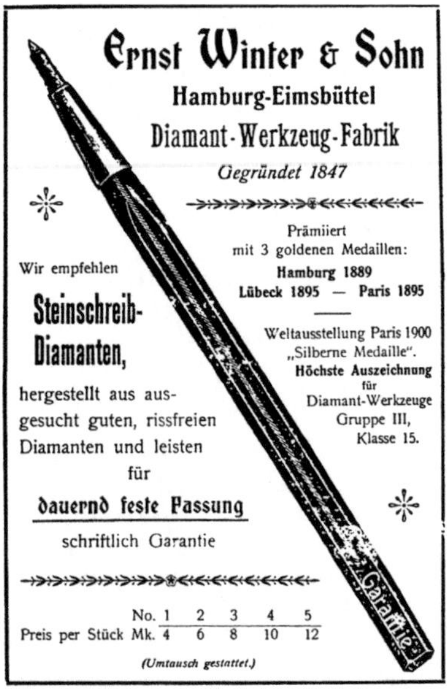

Werbung für Winter-Lithografie-Diamanten.

1900 – vier Jahre nach dem Tod von Ernst Winter, fand noch einmal eine große Weltausstellung in Paris statt, vom 15. April bis 12. November auf einem vierteiligen Gelände längs der Seine. Sie zählte fast 60 000 Aussteller und an die 50 Millionen Besucher. Auch die Firma Ernst Winter & Sohn präsentierte dort einen Schaukasten und holte sich für die von dem Firmengründer Ernst Winter entwickelten Lithografie-Diamanten eine silberne Medaille. Dies bedeutete die höchste Auszeichnung für Diamantwerkzeuge Gruppe III, Klasse 15. Damit hatte nun auch eine Firma aus Hamburg Eimsbüttel eine der auf den Weltausstellungen begehrten Auszeichnungen bekommen.

1911 fand anlässlich des 50-jährigen Bestehens des italienischen Königreichs in Turin eine Internationale Industrie-Ausstellung statt. Winter war mit einer großen Vitrine vertreten, welche Muster aller damals hergestellten Diamantwerkzeuge auf blau-

Auf der Weltausstellung in Paris 1900 bekam Winter für Lithographie-Diamanten die höchste Auszeichnung.

er Samtunterlage zeigte. Sie machte einen guten Eindruck, und Winter bekam für die Qualität seiner Werkzeuge, die in Italien schon seit Jahrzehnten bekannt waren, zwei Grand Prix und zwei Goldmedaillen.

Diamantwerkzeuge von Eimsbüttel in die USA

Im 19. Jahrhundert korrespondierte die Firma Winter mit Kunden in 19 verschiedenen Ländern. Die Kunden in USA hatten meist deutschklingende Namen, waren deutscher Abstammung, entsprechend wurde die Korrespondenz in deutscher

Briefe aus USA an Ernst Winter.

Sprache geführt. Wenn es erforderlich war, so erfolgte die Korrespondenz auch in Englisch oder in anderen Ländern in Französisch. Zu den Kunden von Lithografie-Diamanten zählte in USA Robert Mayer, ebenso in New York die Firma Fuchs und Lang (Stammhaus Nürnberg Fürth), die in Amerika zwei Zweigwerke für Druckereimaschinen besaß, sowie das zur gleichen Gruppe gehörende Unternehmen Mayer & Merkel und Geo Meier & Co, Reinhard Meiners, Henry Sibold, E. F. Wagner und in Philadelphia Firma Otto Martin.

Nicht nur zum Gravieren in Stein, auch zum Gravieren in Kupfer lieferte Winter Diamanten in die USA. Dies geht aus einer Bestellung des »U.S. Coast and Geodetic Survey Office« vom 12. November 1872 hervor. Auch zu diesem Vermessungsinstitut bestanden bereits vor 1872 Kontakte, denn der Unterzeichnende, Prof. J. E. Hilgard, vermerkt: »Die früher gelieferten Spitzen waren vortrefflich.«

In Washington stellte man besonders hohe Anforderungen an die Qualität der geschliffenen Diamanten. So schreibt der Assistent von Prof. Hilgard 1885 an Ernst Winter: »Ich vergaß im letzten Brief zu bemerken, dass die Diamanten zum Ziehen feiner und grader Linien auf Silber benutzt werden sollen, d. h. es werden damit Kreisteilungen angefertigt, die durch starke Mikroskope betrachtet werden. Es ist von großer Wichtigkeit, dass die Striche alle von gleicher Stärke sind … Ich habe mindestens 7 bis 8 Dtz. Diamanten schleifen lassen in New York, habe aber noch keinen erhalten, der uns passt. Dieselben sind meistens so stumpf, dass die Linie breit und doch nicht tief ist oder so scharf, dass die Spitzen abbrechen und dadurch verloren gehen. Mein Chef, Herr Hilgard war es, der mich zu Ihnen recommandierte, wenn ich mich nicht irre, sagte er mir, dass sie Diamantspitzen, wie ich sie wünsche, für die Herren Repsold in Hamburg anfertigen, die dieselben für den gleichen Zweck gebrauchen ... Herr Prof. Hilgard, der, seit Sie denselben in Hamburg sahen, zum Chef der Küstenvermessung für die ganzen Vereinigten Staaten avanciert ist, lässt Sie durch mich freundlichst grüßen ...« Es trafen in den folgenden Jahren noch weitere Bestellungen ein, die Qualität entsprach, wie daraus zu entnehmen ist, also den Ansprüchen.

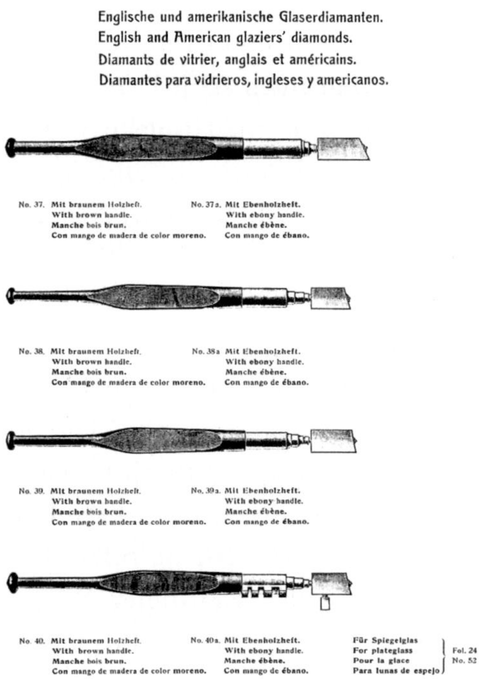

Werbung für Glaserdiamanten für USA.

Bei der Herstellung von Glaserdiamanten passte sich Ernst Winter den amerikanischen Anforderungen an. Die Diamanten durften nicht kleiner als 14 Karat sein. Darum schickte Ernst Winter seinem nach USA ausgewanderten Bruder

Julius eines Tages einige Diamant-Muster. Dieser antwortete ihm: »Mein lieber Bruder, Diamanten erhalten, war letzten Sonntag bei Herrn Eberhardt, traf ihn gerade bei der Arbeit. An Wochentagen arbeitet er in einer Glasfabrik, des Sonntags fasst er Diamanten … Er beklagte sich über die schlechte Ware, welche er immer von anderen aus Berlin und Hamburg bekommen hatte und nie gebrauchen kann. Dann holte ich mein Papierchen aus der Tasche, und als er sie sah, so rief er seine Frau, sie ihr zu zeigen. ›Ja, die kosten 14 Mark mehr! Aber ich bezahl sie gern, denn so schöne habe ich noch nie geschickt bekommen. Frau, gib Herrn Winter 20 Dollar. Und wenn mir Ihr Herr Bruder immer solche Ware schickt, werde ich von Niemandem anders kaufen. Ich werde in wenigen Tagen an ihren Bruder schreiben, was ich noch brauche.‹ … Lieber Ernst, ein reicher Mann ist er nicht, aber ein sehr fleißiger scheint er zu sein, Dein Bruder Julius.«

Reisende eines Dampfschiffs vor der Überreise.

Julius Winter hatte ein schweres Schicksal hinter sich. Er hatte seine Reise nach Amerika am 13. September 1854 angetreten, »den Kopf voller Hoffnungen und hochfliegenden Plänen.« Als Julius Winter nach über zwei Monaten bei seiner

Schwester in Chicago ankam, lagen die schrecklichsten Wochen seines Lebens hinter ihm. Er hatte für die Überfahrt ein Segelschiff gewählt und war, wie viele Auswanderer, die sich die teure Passage mit einem Dampfer nicht leisten konnten, an einen »Seelenverkäufer« geraten, der dann vor der Küste von New York bei einem Sturm auf ein Riff gelaufen war. Nur 40 der 400 Passagiere hatten den Schiffsuntergang überlebt, unter ihnen Julius Winter. Wir sind über diese Überfahrt gut informiert, denn 1878 erschien von Julius Winter in Chicago ein Büchlein mit dem Titel »Beschreibung meiner Reise von Brachstedt nach Chicago im Jahre 1854«.

Beschreibung meiner Reise
—): von :(—
Brachstedt nach Chicago
im Jahre 1854,
—): von :(—
J. A. WINTER.

Chicago, Illinois.
Druck von Ritter, Wagner & Umbdenstock, 119 Süd-Clark-Straße.
1878.

Reisebericht von Julius Winter, erschienen 1878.

Optimistisch war er an Bord gegangen, doch schnell kam die Ernüchterung: »Wir schliefen zu je vier in einem Bettkasten zusammen, Männer und Weiber bunt durcheinander. Mein Bettnachbar war eine dicke, starke, sehr dumme sächsische Bauernmagd, die in steter Angst war, bestohlen zu werden … – die Kost elend.« Aus den im höchsten Fall fünf Wochen Seefahrt wurden sieben Wochen, dann erhielt das Schiff einen furchtbaren Stoß, die »New Era« war auf einem Felsenriff zerbrochen. 26 Stunden hielt sich Julius Winter frierend, hungernd und bebend auf der Leiter unter dem Mastkorb auf, denn durch das Toben der See konnten die Rettungsversuche erst nach einem Tag einsetzen, für die meisten zu spät.

In Deutschland hatte Julius Winter Geldschränke und landwirtschaftliche Geräte hergestellt, in Chicago spezialisierte er sich auf elektrische Klingelzüge, bereiste fast ganz Nordamerika und wurde später der erste Vertreter der Firma Winter in den Vereinigten Staaten.

Schnelldampfer »Fürst Bismarck«.

Am 13. Mai 1892 kam Julius Winter nach fast 40 Jahren nun zu Besuch nach Hamburg: »Heinz und Bertha um 2½ Uhr zum Vendloher Bahnhof, um Onkel Julius, der mit der ›Bismarck‹ aus Chicago gekommen war, in Empfang zu nehmen. ... Wir weinten sämtlich vor Rührung.« Es stellten sich dann auch Ernst jr. und Heinrich ein. »Heinrich schlief in der Wohnstube auf der Erde, für Onkel Julius war sein Zimmer hergerichtet.«

Wie wird Julius Winter bei der Überfahrt von Amerika nach Hamburg zumute gewesen sein, denn die Erinnerung an seine Schiffsreise von 1854 wird er kaum verdrängt haben.

Natürlich unternahmen sie nun mit Julius auch einiges: »Per Bahn fuhren wir nach Blankenese, durchstreiften Baurs Park und Fräulein Jänischs Park, ließen uns im Fährhaus nieder. Um 6½ schöne Rückfahrt …« Sie fuhren natürlich auch mal nach Friedrichsruh. Einen Abend »besuchten wir die Zentralhalle, sahen ›Comtesse‹ Helene«. Julius Winter kam 1895 noch einmal nach Hamburg. Er fühlte sich nun immer wieder zwischen Deutschland und Amerika hin- und hergerissen. 1898 starb er dann in Amerika.

Briefwechsel von Ernst Abbe und Carl Zeiss mit Ernst Winter

Als die Carl-Zeiss-Stiftung in Oberkochen 1989 ihr 100-jähriges Bestehen feierte, gedachte sie dabei ihres Gründers, des großen Physikers und Sozialreformers Ernst Abbe (1840–1905). Die Firma Winter nahm das Zeiss-Jubiläum zum Anlass, der Stiftung einen Faksimileband der 22 Briefe von Ernst Abbe und Carls Zeiss zu überreichen, die diese an Ernst Winter geschrieben hatten. Nach der politischen Wende wurden auch vier der Briefe von Ernst Winter in Jena aufgefunden.

1875 war der Physiker und Universitätsprofessor Ernst Abbe Teilhaber bei Carl Zeiss geworden. Spätestens in diesem Jahr trat Ernst Abbe erstmals mit Ernst Winter in Verbindung. Zu dieser Zeit war Ernst Winter bereits Lieferant der Firma Zeiss. Das wissen wir aus der Abschrift eines Briefes von Carl Zeiss an Ernst Winter vom 7. Januar 1870, den das Thüringische

Staatsarchiv in Weimar besitzt. Carl Zeiss nimmt in diesem Schreiben auf einen Winter Glaserdiamanten Bezug, den sein »optischer Werkführer wegen seiner Vorzüglichkeit gelobt hatte«, und den er, Carl Zeiss, nun »sehnlichst zu haben wünschte.«

Ernst Abbe.

Carl Zeiss.

Der erste Kontakt zwischen Ernst Abbe und Ernst Winter war eine Geldüberweisung von Ernst Abbe über 3 Taler und ein Brief vom 14. März 1875, in dem Ernst Abbe bittet, ihm »für diesen Betrag Diamantspitzen übersenden zu wollen«. Am 19. März ging ein weiterer Brief von Jena nach Hamburg. In diesem schrieb Ernst Abbe über den Zweck der benötigten Diamanten. Er beschreibt in dem vier Seiten langen Brief ausführlich seine bisherigen Versuche, die aber nicht zufriedenstellend ausgefallen waren, da die Diamantspitzen nicht lange genug gehalten hatten. Er erhöhte seine Bestellung gleichzeitig auf 6 Taler.

Ernst Winter erreichte der Brief von Ernst Abbe bereits einen Tag später. Er sah sofort seinen Bestand an Diamantspitzen durch und schickte 36 lose Diamanten zur Auswahl – Brasildiamanten und Capdiamanten sowie fünf gefasste Diamanten rund-spitzgeschliffen in einer starken Fassung und dreieckige Spitzen in einer dünnen Fassung mit unterschiedlich stark ge-

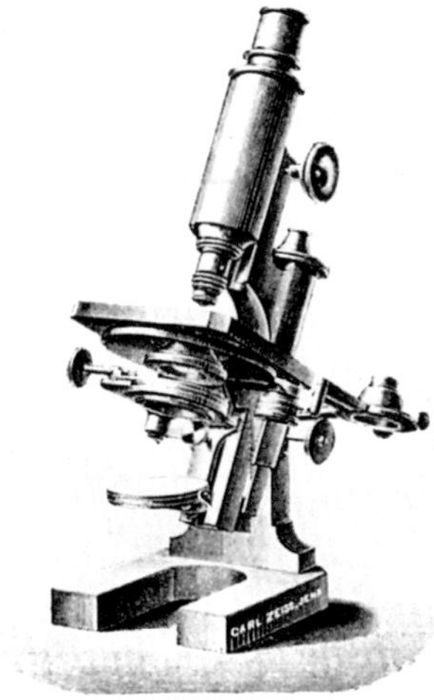

Zeiss Mikroskop nach der Abbeschen Berechnung, 1878.

glätteten Kanten. Schon am 22. März konnte Ernst Abbe die Sendung bestätigen: »Indem ich Ihnen den Empfang Ihrer gefälligen Zusendung anzeige, sage ich Ihnen meinen verbindlichsten Dank sowohl für das reichlich bemessene Material, welches Sie mir für 6 Thaler gesandt haben, wie für die Liberalität, mit welcher Sie mir, einen Ihnen gänzlich Unbekannten, eine Anzahl wertvoller Objekte anvertrauen, vor allem aber für die ausnehmende Liebenswürdigkeit, welches Ihr gefl. Schreiben an den Tag legt, welche ich umso höher veranschlage, als ich aus Erfahrung weiß, wie oft man auf das Gegenteil stößt, wenn man nicht Bestellungen in hohem Betrage zu machen hat. Ich bin gegenwärtig Typhus-Rekonvaleszent, aber in ziemlich vorgeschrittenem Stadium der Genesung, sodass ich hoffe, schon in wenigen Tagen so weit zu sein, dass ich täglich ein bis zwei Stunden an der Theilmaschine arbeiten und die Versuche mit ihren Diamanten, auf die ich höchst gespannt bin, betreiben kann.«

Carl Zeiss Werke Jena, 1910.

Am 15. April schreibt Ernst Abbe erneut nach Hamburg: »Ich habe endlich Zeit und Kräfte gefunden, die mir freundlichst zur Ansicht übersandten Diamanten zu probieren. Nach einigen Versuchen in verschiedenen Richtungen habe ich mich überzeugt, dass mir dieselben für meine Zwecke wesentliche Vorteile bringen … und damit, wenn ich unter den fünf Diamanten auswählen sollte, die Wahl sehr schwer fallen würde, so ziehe ich vor, sie sämtlich zu behalten … Für Ihre Bereitwilligkeit, mich in meinen Arbeiten zu unterstützen und für ihr liberales Entgegenkommen aber meinen ganz besonderen Dank. Ich werde mir ein Vergnügen daraus machen, Ihnen hoffentlich noch in diesem Sommer einen Abdruck der Arbeit zu übersenden, zu deren Vollendung Ihre Gefälligkeit mir helfen wird; wie ich auch hoffe, noch im Laufe dieses Jahres Ihre persönliche Bekanntschaft zu machen, nachdem ich Sie im vorigen Jahr, als ich in Hamburg war, verfehlt habe.«

Ernst Abbe bittet in weiteren Briefen um Ratschläge für das Edelsteinschleifen, Polieren usw. Auch greift er interessiert den Vorschlag des Einsetzens einer Gattersäge auf und schreibt unter dem 20. März 1887: »... ich würde Ihnen dankbar sein, wenn Sie mir über die Einrichtung einer solchen Säge noch etwas näheres mitteilen könnten ... Wenn Sie sonst auf Grund Ihrer Erfahrung mir einen guten Rat geben können, wie eine Säge für die erwähnten Glasstücke mit Aussicht auf Erfolg etwa eingerichtet werden könnte, so werde ich dieses mit Dank aufnehmen.«

Ein sechs Seiten langer Brief schließt mit einem Dank für einen Artikel, der über Ernst Winters Erfolg in der Bienenzucht berichtet: »Den freundlich übersandten Artikel in der Hamburger Reform über die Erfolge, die Sie als Bienenzüchter erreicht haben, habe ich wiewohl dieser Sache völlig ohne Wissen, mit großem Interesse gelesen. Ich habe einen besonderen Respekt vor jedem, der es in irgendeiner Kunst oder dergl. zu etwas Ausgezeichnetem bringt und das gewöhnliche Niveau überschreitet; und Sie leisten dieses danach sogar in zwei Künsten.«

Ernst Abbe macht Ernst Winter sodann auf einen Artikel über schwarze Diamanten in Dinglers Journal aufmerksam und bietet ihm an, das entsprechende Buch ggf. zu schicken, falls er es nicht kenne. Dann heißt es weiter in dem Brief: »Endlich kann ich nicht umhin, Ihre Gefälligkeit nochmals in Anspruch zu nehmen. Ich muss in diesem Sommer eine Anzahl Prismen und Platten für optische Untersuchungen aus sehr harten Kristallen,

z. T. Edelsteinen, schneiden, schleifen und polieren lassen. Bei Zeiss, wo ich diese Arbeiten schon wegen der unerlässlichen persönlichen Kontrolle ausführen lassen muss, hat man in Bezug auf solche ungewöhnlichen Arbeiten so gut wie gar keine Erfahrung; und wenn die Arbeiter bei Zeiss nach der Methode

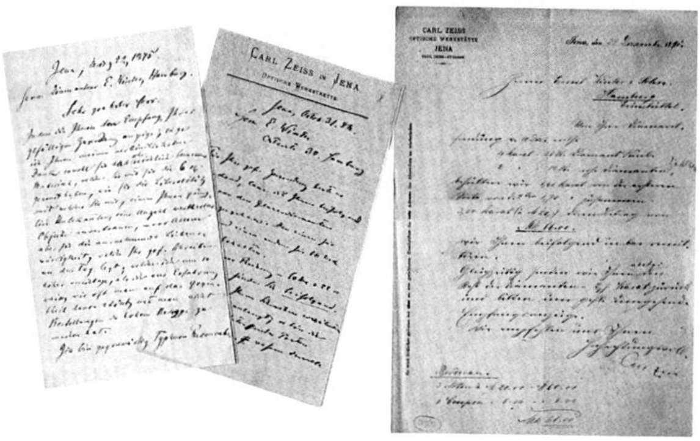

Briefe von Carl Zeiss und Ernst Abbe.

der Glas-Schleiferei die Sache betreiben, so muss ich nicht nur fürchten, dass der Erfolg vielfach unbefriedigend sein wird, sondern auch, dass die Arbeit unverhältnismäßig kostspielig sein wird. Ich wollte Sie nun um die Gefälligkeit bitten, mir mitzuteilen, was für Schleifmittel (Diamantpulver?) in den Edelsteinschleifereien und besonders bei der Bearbeitung von Diamanten zum Schleifen und Polieren angewandt wird und woher solches zu erhalten sein würde, und auch, wenn Sie darüber unterrichtet sind, welches Material sich am besten zum Schleifen eignet ...«

Ernst Winter gibt in den dann folgenden Briefen gern sein Wissen und seine Erfahrungen an Ernst Abbe weiter, bietet gleichzeitig an, durch seine Verbindungen zu Fachkreisen in Amsterdam, Antwerpen und Paris behilflich zu sein.

Aus dem Unternehmensarchiv: Jugenderinnerungen des Firmengründers

Ernst Winter begann mit der Niederschrift der Familienchronik in seinem 73. Lebensjahr, 1895, ein Jahr vor seinem Tod. Er berichtet anfangs von seinen Eltern und Vorfahren, dann über seine sieben Geschwister, bevor er auf seine Jugendzeit eingeht.

Es war die Zeit des gesellschaftlichen Umbruches, der beginnenden Industrialisierung, in der viele hofften, in Amerika, im Land der unbegrenzten Möglichkeiten, eine bessere Zukunft zu finden. Auch vier der Geschwister von Ernst Winter wagten den Schritt ins Ungewisse: Rosine Juliane, verheiratet mit einem Theologen, der in Amerika erst als Barbier arbeitete, bis er eine Predigerstelle bekam, Wilhelmine, deren Mann dann im Bürgerkrieg erschossen wurde, Karoline, verheiratet mit einem Bierbrauer, und Julius, der erst Seiler, dann Schlosser wurde und in Amerika Klingelzüge herstellte. Julius Winter bereiste fast ganz Nordamerika und vertrat dabei die Geschäftsinteressen von Ernst Winter. In Brachstedt war nur die Schwester Friederike geblieben, die nach dem Tod der Mutter und Verkauf des Elternhauses mit ihrem Mann, ein Glasermeister, nach Trotha zog. Der älteste Bruder Wilhelm Heinrich brachte es vom Kellner im »Römischen Kaiser« in Frankfurt zum Hotelbesitzer in Wertheim am Main. Er unterstützte seinen Bruder Ernst in jungen Jahren, sodass dieser überhaupt das Goldschmiedehandwerk erlernen konnte, sowie seine Eltern. Der Bruder Friedrich Albert (Fritz) hatte wie sein Vater das Tischlerhandwerk erlernt, war dann nach Straßburg und schließlich nach Paris gegangen und brachte es dort zu Ansehen. So schreibt er am 19. März 1876 an seinen Bruder Ernst nach Hamburg; »Nächsten Mittwoch feiern wir unseres deutschen Kaiser's Geburtstag. Ich bin dazu bei S. D. dem Fürsten Hohenlohe, Botschafter des deutschen Kaiser's, zum Diner eingeladen, abends 7 Uhr. Dazu muß ich meinen Hochzeiter gut ausbürsten und noch eine weiße Krawatte kaufen. Außer dem Gesandtschaftspersonal sind nur etwa 15–18 Personen eingeladen … Ich bin neugierig, neben welcher Autorität ich werde zu sitzen kommen.« Fritz Winter wurde dann auch Vertreter für Ernst Winter und trug wesentlich mit zum Absatz der Diamantwerkzeuge seines Bruders in Frankreich bei.

Geburtshaus von Ernst Winter in Brachstedt. Zeichnung J. Helmers.

Ernst Winter berichtet nun über seine Jugendjahre, bis er sich 1847 selbstständig machte: »Ich wurde am 28. Januar 1823 in Brachstedt bei Halle geboren und empfing in der hl. Taufe nach luth. Confession die Namen Friedrich Samuel Ernst. Ernst war mein Rufname. Mein Schulbesuch begann Ostern 1828 in Brachstedt unter Lehrer Richter, von 1830 an hatte ich Lehrer Erfurt, dann kurze Zeit Lehrer Schönrich und ab 1835 Cantor Thiele. Ich verließ die Schule am 23. März 1837. Da meine Eltern 8 Kinder großzogen und die Tischlerei nicht immer so viel einbrachte als nötig war, um davon leben zu können, so mussten wir Kinder während der Schulferien auf dem Rittergut Tagelöhnerdienste verrichten. In der Ernte bekamen wir pro Tag 37½ Pfennige, während der anderen Ferien nur 25 Pfennige. Diese kleine Summe brachte ich meinem Vater heim; ich bekam nichts davon, d.h. aber von dem Brot, das von diesem Geld gekauft wurde, bekam ich meinen Teil. Die Arbeit dauerte von 6 Uhr morgens bis 6 Uhr abends, mittags war von 11–1 Uhr Pause. Auf den Feldern beim Ährenlesen habe ich oft viel Hitze ausgehalten, natürlich auch viel Durst. Wir hatten ein oder zwei Ziegen, Gänse und von Johanni an ein oder zwei Schweine, die dann fett gemacht und im Januar geschlachtet wurden.

Die Kinder helfen auf dem Acker. Zeichnung J. Helmers.

Der Schlachttag war für uns Kinder das größte Fest des Jahres. Für die Gänse sammelten wir Brennnesseln und für die Schweine Disteln, die in einem Trog fein gestampft wurden und mit Kleie vermischt den Tieren zur Speise dienten. Ich habe im Dorf oft alle Winkel nach Brennnesseln abgesucht, um den Sack, den ich am Hals hängen hatte, voll zu bekommen. Disteln wuchsen auf den Feldern, besonders auf den Äckern, die brach lagen. Wir besaßen selbst einen Acker, den wir Kinder alljährlich mit bearbeiten mussten. Auf diesem Acker wuchsen entweder Kartoffeln oder Gerste, ein Jahr ums andere. Die Jagd nach Viehfutter fand alle Tage statt, sonntags nicht, für diesen Tag mussten wir schon am Sonnabend sorgen.

Marktplatz von Halle mit der Marienkirche, 1890.

Wenn dann der Sonntag kam, konnten wir ausschlafen. Die Frühkirche begann um 9 Uhr, die Spätkirche um 11 Uhr, einen Sonntag um den anderen. Die Kirche durften wir niemals schwänzen. Nachmittags 2 Uhr war wieder Gottesdienst, in dem nur selten gepredigt wurde. Der Kantor las etwas vor, nachdem ein Lied gesungen war. Nun erst konnten wir unseres Lebens freuen und nach Herzenslust mit anderen Kindern spielen. Als ich 12 Jahre alt war, nahm ich zwei Winter hindurch von Michaelis bis Ostern am Konfirmationsunterricht teil.

Ich verließ die Schule am 19./23. März 1837. Nun hieß es: Was willst Du werden? Ich wählte als Beruf Kellner. Mein ältester Bruder Heinrich verdiente damals als Oberkellner im Römischen Kaiser in Frankfurt/Main viel Geld und schickte meinen Eltern von Frankfurt aus monatlich 30.– Mark, als der Vater nichts mehr verdiente. Dieser Bruder hat auch uns Geschwistern geholfen, und ihm haben wir es allein zu verdanken, dass wir das geworden sind, was wir sind. Im Oktober ging ich nach Leipzig, um dort eine Stelle zu suchen. In Leipzig conditionierten meine beiden ältesten Schwestern als Köchinnen, beide am Neuen Kirchhof. Ich kam zu einem sogen. Kaufmann Gottschalk, dessen Materialwaren-Laden auf dem Brühl war.

Rathaus zu Leipzig, 1890.

Der Winter 1837/1838 war außerordentlich streng. Die Postwagen fuhren drei Monate lang auf Schlittenkufen. Früh zwischen 5 und 6 Uhr musste ich aufstehen, in den großen Hof heruntergehen (wir wohnten eine Treppe hoch) und von der Pumpe acht Kannen Wasser heraufschleppen und in die Badestube tragen. Gottschalk (ca. 55 Jahre) stellte sich in eine Badewanne und goß sich dann nach und nach das Wasser über den

Kopf. Seine Frau und ich waren Zuschauer. Danach musste ich das Wasser wieder in den Hof tragen. Nach dem Kaffee ging ich dann in den Laden, wo ich an der Tür auf einem Tisch Kaffee auslesen musste, und zwischendurch die Tür zumachen, da das Publikum diese nur selten zumachte. Gegen Mittag holte ich das Essen in einem Esskorb. Gottschalk nannte mich nie anders als Schaafkopp. Sonst ließ er mich ungeschoren.

Da ich zu wenig zu essen bekam und zu viel frieren musste, quittierte ich diese Türsteherstelle nach drei Monaten und ging zur Witwe Marous auf dem Brühl. Diese hatte mehrere Töchter und Söhne und betrieb eine koschere Speisewirtschaft feineren Stiles. Die Kunden waren fast nur polnische Juden. Die Schwester kochte, ein Sohn servierte. Ein Sohn war Doktor der Medizin, die jüngste Tochter 15 oder 16 Jahre alt. Am Tage putzte ich Messer und Gabeln und musste mit dem Sohn das Fleisch koscher machen. In meiner Freizeit ging ich in den Hof und fing Ratten.

Anfang April schrieb ich meinem Bruder Heinrich nach Frankfurt, ob ich nicht dorthin kommen könnte, um ordentlich Kellner werden zu können. Er schrieb mir, ich solle kommen, und schickte mir auch fünf Taler Reisegeld. Nun ging ich zunächst nach Brachstedt, wo mich die Mutter notdürftig ausstaffierte. Da ich früher zuhause barfuß lief, so nähte die Mutter unter ein Paar Strümpfe Ledersohlen aus Bockleder. Am 5. Mai 1838 ging die Reise los, bis Frankfurt zu Fuß. Das waren 45 Meilen.

Meine Siebensachen trug ich auf dem Rücken in einem Sack, in dem sich auch eine geräucherte Wurst befand, die mir die Mutter mitgab. Der Vater gab mir beim Abschied noch mehr als einen Sack Ermahnungen und Lebensregeln mit, die ich auch so viel wie möglich in meinem Leben befolgt und wenigstens beachtet habe. Die Wurst der Mutter reichte nur bis Gotha, wo mir ein Hund im Wirtshaus den letzten Rest wegschnappte, aber die Lebensregeln vom Vater habe ich heute noch im Gedächtnis. Sie fielen auf fruchtbaren Boden, und ich habe später die Früchte genossen.

Friedrich Samuel Ernst Winter, geb. 1923,
auf dem Weg nach Frankfurt. Zeichnung J. Helmers.

Auf der Reise von Halle nach Frankfurt habe ich sehr kärglich gelebt, fast nie warmes Essen genossen, nur Brot, habe im Ganzen auch nur 20 Silbergroschen ausgegeben. Den Durst stillte ich mit Wasser, nachts schlief ich in den Herbergen auf Stroh, auf dem Hof oder auf der Straße wurde gewaschen, und dann zwischen vier und fünf Uhr die Weiterreise angetreten. Das Wetter war immer sehr schön, und nach den langen Tagesmärschen schlief ich sehr gut. Reisegefährten gab es genug, die Handwerksburschen waren damals zahlreicher auf der Landstraße zu finden als jetzt.

Am 11. Mai kam ich in Frankfurt an. Bei einem Bekannten meines Bruders, Leisering, der auf der Zeil eine Speisewirtschaft hatte, logierte ich. Nach acht Tagen kam ich als Volontär zu Jules Leredes auf dem großen Kornmarkt. Dieser war Franzose und früher Koch bei dem Bundestagsgesandten gewesen. Die Gäste waren sehr vornehme Leute. Es stellte sich bei mir bald heraus, dass ich nicht Kellner werden konnte, da ich wegen meiner Plattfüße das Stehen und das Laufen nicht vertragen konnte. Mein Bruder Heinrich war zu dieser Zeit nicht mehr Oberkellner im Römischen Kaiser, sondern hatte das Hotel ›Zum goldenen Roß‹ an der Allee, vis-à-vis dem Goethe-Monument, übernommen, d.h. gepachtet auf fünf Jahre, welches er zum ›Hof von Holland‹ umtaufte.

Ich kam am 1. Februar 1840 zum Goldarbeiter Johann Heinrich Ludwig Pfalz auf vier Jahre in die Lehre. Mein Bruder bezahlte 150 Gulden Lehrgeld, Kost und Logis hatte ich beim Bruder im Hotel. Der Weg zur Werkstatt war nicht weit, in der Eschenheimergasse links arbeitete ich.

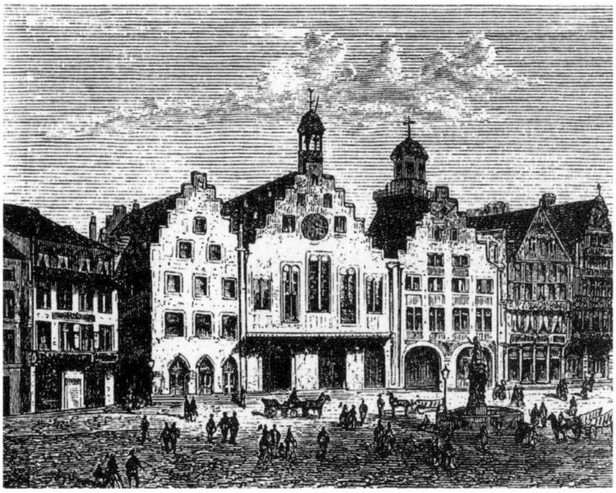

Der Römer in Frankfurt/Main, 1890.

Diese vier Jahre Lehrzeit waren für mich eine angenehme Zeit; ich hatte die Sonntage frei, im Hotel war ein feines Café, wo zwei Billards standen und viele Zeitungen auslagen, die ich eifrig las. Die großen Schauspieler und Sänger verkehrten alle im Café, ich lernte Leute kennen, die erst später Berühmtheiten wurden, z. B. Charlotte Birch-Pfeiffer d. Ä. Wenn ich drei bis vier Gulden am Sonntag für das Vergnügen hatte, fuhr ich mit der Eisenbahn nach Höchst, von da mit dem Omnibus (Pferdebus) nach Soden, Königstein, ins Taunusgebirge. Hatte ich wenig Geld, so fuhr ich auf dem Main per Boot bis an die Stelle, wo man nach Niederrad ging, ein Dorf im Stadtwald. Überall gab es guten Apfelwein, der Schoppen drei oder vier Kreuzer. Eine solche Tour kostete höchstens einen halben Gulden. Von meinem Lehrherren bekam ich in der Woche einen halben Gulden und von meinem Bruder auch.

Sonntags Vormittag spiele ich gewöhnlich im Schwagerschen Bierhaus am Rockenheimer Tor Poule (Billard) und gewann ziemlich alle Partien, so dass der alte Marquer mich einmal, als ich um 12 Uhr ging, fragte: Komme Se Nachmittag widder? Nein, sagte ich. Er: Dann blüht mein Waize aach! Bei meinem Bruder wurde auch abends viel Poule gespielt, aber ich durfte nicht mitspielen.

Die vier Lehrjahre waren für mich eine angenehme Zeit. Als sie abgelaufen waren, ging ich auf die Wanderschaft, da ich in Frankfurt keine Stellung finden konnte. In Mainz bekam ich Arbeit beim Goldschmied Maas. Dort blieb ich aber nicht lange, sondern marschierte nach Stuttgart, dann nach Pforzheim, wo wohl hundert Fabrikanten wohnen. Aber auch hier fand ich keine Stellung. Nun richtete ich meinen Weg nach Wertheim/Main, wo mein Bruder das schöne Hotel zum ›Loewensteiner Hof‹ bewirtschaftete, nachdem er den ›Hof von Holland‹ am 1. Mai 1844 verlassen hatte. Von hier ging ich weiter nach Kassel. Selbstverständlich logierte ich nun in den Herbergen öfters en quartre (zu viert) auf einer Stube. Frisch überzogene Betten gabs nicht. Von Kassel wanderte ich nach Braunschweig. Hier fand ich Arbeit, aber nur für kurze Zeit. Weiter marschierte ich über Hannover nach Bremen,

Hotel Löwenhof in Wertheim.

von Bremen nach Osnabrück und Münster. Hier kam ich am Osterabend an. Bis jetzt hatte es sehr stark gefroren, nachts waren öfters 20 bis 30 Grad Kälte gewesen, und ich war öfters Trapp gelaufen, um mich zu erwärmen. In der Nacht dem 20. zum 21. März trat Tauwetter ein und es gab eine allgemeine Überschwemmung in ganz Deutschland. In Münster strömte das Wasser in den Straßen. Bei den Goldschmieden holte ich mir das Viaticum (Wegzehrung), was mehr als M 3,– einbrachte. Von Münster ging die Reise weiter nach Herdecke. Hier mussten wir drei Tage liegen bleiben, da die Ruhr alles überschwemmt hatte. Ein Postwagen mit zwei ertrunkenen Pferden stand abseits an der Brücke.

Endlich fand ich in Elberfeld Arbeit. Hier arbeitete ich bei Schmitz in Kipsdorf von Anfang April 1845 bis dahin 1846. Von da ab bis zum Herbst arbeitete ich in Essen an der Ruhr bei Brennschede. Es war ein heißer Sommer, ein vorzügliches Weinjahr. Krupp machte damals noch keine Kanonen, nur Walzen und Maße für Gerber. Im Herbst reiste ich nach Leipzig, wo ich eine Stelle bei Kaiser im Thomasgässchen annahm, Kost und Logis im Haus, wie in Essen an der Ruhr.

Zu Ostern (1847) kam der Sohn von Kaiser aus der Lehre. Jetzt begann eine sehr teure Zeit. Das Brotkorn stieg aufs dreifache im Preis, und es verstand sich von selbst, dass ich mich zu Ostern drücken musste. Ich ging zunächst nach Brachstedt zu den Eltern. Nun begann eine neue Zeit für mich.«

Das Geburtshaus von Ernst Winter in Brachstedt 1847.

In seinem Geburtshaus in Brachstedt begann Ernst Winter am 14. April 1847 mit der Herstellung von Lithografie-Diamanten. Das am Dorfplatz gelegene Haus, das nach einer Urkunde um 1737 entstanden sein soll, und in dem bereits die Großeltern des Firmengründers gewohnt hatten, steht noch heute. Die Werkstatt mit dem großen Rad, das umgekehrte Fahrrad, das dem Firmengründer als Antrieb für eine Art Drehbank diente, soll im späteren Waschhaus gewesen sein.

Nach der Lehnsurkunde musste noch der Vater von Ernst Winter als sogenannter Häusler dem Gutsherrn von Brachstedt in den ersten Jahren als Erbzins zu Michaelis einen Messinggulden, eine Gans und einen Hahn abliefern und 14 Tage im Jahr kostenlos auf dem Gut arbeiten. Um 1815 dürfte dieses Gesetz in Sachsen-Anhalt aber abgeschafft worden sein. Als 1854 die jüngste Schwester Friederike den Glasermeister Fritzsche heiratete, wurde es im Haus zu eng und Ernst Winter zog nun nach Hamburg.

Ernst Winter in seiner Werkstatt. Zeichnung J. Helmers..

Ernst Winter & Sohn im 20. Jahrhundert: Die Jahre bis zum Zweiten Weltkrieg

50 Jahre hatte Ernst Winter seiner Firma, die er 1847 gegründet hatte, vorgestanden, über vier Jahrzehnte ohne fremde Hilfe den Betrieb allein geführt, bis in den 1890er Jahren des 19. Jahrhundert die Söhne Heinrich und Ernst als Mitgesellschafter eintraten. In den dann folgenden 100 Jahren sollte aus diesem einstigen Handwerksbetrieb ein Unternehmen mit über 2000 Mitarbeitern werden, mit acht Fertigungsstätten in Deutschland und fünf im Ausland sowie sieben Verkaufsniederlassungen in Deutschland und sieben in anderen Ländern.

Winter-Werbung.

Um 1900 erfuhr die Firma durch die damals einsetzende Bohrtätigkeit im Bergbau und die entsprechende Nachfrage nach Diamantbohrern einen starken Auftrieb. Diese Konjunktur nahm allerdings schlagartig ein Ende, als der Preußische Landtag mit dem Lex Gamp im Sommer 1905 die Expansion des Kalibergbaus in Preußen einschränkte bzw. die Erschließung von Schächten für zwei Jahre nicht genehmigte.

Die Firma Winter konzentrierte sich nun auf die Herstellung von Kreissägen und Gattersägen für die Natursteinindustrie. Die Fertigung erfolgte in Eimsbüttel im Schulweg, im zweiten Stock eines Hinterhauses. Zu dieser Zeit hatte die Firma zwölf Mitarbeiter, davon waren neun Facharbeiter und drei Bürokräfte. Weiterhin machten Lithografie-Diamanten und insbesondere Glasschneide-Diamanten den Großteil des Umsatzes aus. Doch dann ging der Umsatz rapide zurück, zu einem wesentlichen Teil aufgrund der Entstehung kleinerer Diamantwerkzeug-Fabriken in Österreich sowie Deutschland und der damit zunehmenden Konkurrenz.

Winter-Werbung, 1901.

Heinrich Winter begab sich daraufhin im Frühjahr 1914 auf eine große Rundreise, um die Kontakte zu seinen Kunden zu festigen und neue Kontakte anzuknüpfen. Sie führte durch Österreich-Ungarn, Serbien, Griechenland, von da mit dem Schiff nach Alexandria/Ägypten, dann durch die Türkei, Bulgarien, Rumänien nach Südrussland, Moskau und St. Petersburg. Eigentlich hatte er anschließend die Baltischen Länder bereisen wollen. Ein Telegramm seines Bruders Ernst riet ihm, wegen der drohenden Kriegsgefahr umgehend zurückzukehren. Sein Gepäck im Hotel musste er damals zurücklassen, um noch den letzten Zug Richtung Westen zu bekommen. An der Grenze bat ihn ein Mitreisender,

Werkstatt Eppendorfer Weg 87.

eine Schachtel mit einigen Zigaretten mit über die Grenze zu nehmen. Diesem Wunsch entsprach er bereitwillig. Auf deutschem Boden angelangt, wandte sich der Unbekannte an Heinrich Winter mit dem Hinweis: »Sie haben dem Vaterland einen großen Dienst erwiesen, es waren wichtige Nachrichten, die ich Ihnen anvertrauen musste, da ich selbst zu viel hatte. Ich bin deutscher Offizier.« Von dem nachträglichen Schreck hat sich Heinrich Winter schnell erholt. Der Gefahr, von den Russen erwischt zu werden, war er entronnen. Als er wieder in Deutschland ankam, war der Erste Weltkrieg ausgebrochen.

Während des ersten Weltkrieges wurde die Firma Winter allein von Heinrich geführt, denn sein Bruder Ernst sowie seine Söhne Ernst und Wilhelm waren bei Kriegsausbruch zum Militärdienst eingezogen worden.

Im Krieg benötigte man für den Kauf von Diamantwerkzeugen einen Bezugsschein, der bei der Kriegs-Rohstoff-Abteilung des Kriegsministeriums beantragt werden musste. Er wurde nur genehmigt, wenn für den Verwendungszweck kein diamantfreies Werkzeug in Betracht kam, wie es in der Bestimmung hieß. In den ersten Nachkriegsjahren wurden der Diamantverkauf und die Verteilung zentral durch die Vertrauensstelle in Berlin vorgenommen, durch die zuvor der Verkauf aller Diamanten aus Deutsch-Südwest-Afrika erfolgt war.

Die dritte Winter-Generation,
von links: Guido Winter, Wilhelm Winter, Ernst Winter.

Nach dem Ersten Weltkrieg kam dann die Inflation. Inzwischen war auch die dritte Winter-Generation in der Firma tätig: Ernst und Wilhelm Winter, die Söhne von Heinrich Winter, sowie Guido Winter, Sohn von Ernst Winter. 1929 folgte Hans Winter, der jüngere Bruder von Ernst und Wilhelm, der zuvor in Brasilien gewesen war, und sich nun vor allem der Herstellung feiner Diamantkörnungen wie auch

Diamantsägen für die Glasbearbeitung für die optischen Betriebe annahm.

Am 20. November 1923 wurde die Rentenmark, später Reichsmark bezeichnet, eingeführt. Winter hatte zu dieser Zeit noch einen beachtlichen Bestand an Glasschneide-Diamanten auf Lager, die vor dem Krieg für Übersee gefertigt, aber dann nicht mehr zur Auslieferung gekommen waren. Nach dem Krieg hatte es anfangs an einer Exporterlaubnis gefehlt. Auch hatte Winter vor dem Krieg für 80 000 Mark in Paris Carbone gekauft, die noch unverkauft waren. Carbone sind schwarze, amorphe Diamanten, die vor allem zum Bohren härtester Gesteine Verwendung fanden. Nun zeigte sich die UdSSR-Handelsvertretung in Berlin an den Carbonen interessiert und kaufte über mehrere Jahre hindurch vierteljährlich für 30 000 Rentenmark Carbone. 1926 kam von der UdSSR-Handelsvertretung auch der Auftrag für 10 000 Glasschneidediamanten der Marke SCHNEEMANN, wie es ausdrücklich hieß, denn man hatte mit diesen in den früheren Jahren gute Erfahrung gemacht. Das half der Firma Winter die Wirtschaftskrise 1930–1933 zu überleben. Mit diesem Geschäft wurde es nun möglich, im großen Umfang wieder Rohware einzukaufen und die Fertigung zu erhöhen. 1929 wurde die Fertigungsstätte Eppendorfer Weg 87 errichtet.

1929 betrug der Jahresumsatz etwa eine Million Mark. Aus politischen Gründen musste das Geschäft mit Russland 1933 abgebrochen werden. Die Entwicklung neuer Fertigungstechniken für Diamantwerkzeuge – Kunstharzpresstechnik, Sintertechnik, Galvanotechnik – und der sich daraus ergebene vielseitige Einsatz von Diamantwerkzeugen und die damit verbundene steigende Nachfrage nach WINTER-Produkten führte zur Errichtung auswärtiger Fertigungsstätten. So hatte Winter bereits 1935 in Berlin eine Zweigniederlassung, die kunstharz- und metallgebundene Diamantschleifscheiben fertigte. Es mussten auch immer wieder Kunden und Interessenten besucht werden, entsprechend reiste Heinrich Winter 1932 in die USA, 1937 nach Brasilien und Argentinien, ebenso nach London und Antwerpen, denn dort wurden die Diamanten eingekauft.

Die Folgen des Zweiten Weltkrieges und der Wiederaufbau

Dann kam 1939 der Zweite Weltkrieg. Winter hatte zu diesem Zeitpunkt 80 Mitarbeiter, 68 Arbeiter und 12 kaufmännische Angestellte. Ernst Winter wurde einberufen und war bis 1945 in Prag für die Wehrmacht tätig, Wilhelm Winter wurde nach kurzer Zeit wieder freigestellt. Bereits im Februar 1938 hatte Winter unter strengster Geheimhaltung eine genaue Aufstellung seiner männlichen Mitarbeiter an den Wehrwirtschaftsbezirk abliefern müssen, aus dem dieser dann folgerte, wer im Kriegsfall als wehrpflichtig galt. Während des Krieges, vor allem 1944, nahm die Zahl an weiblichen Hilfskräften wesentlich zu. Das erklärt sich daraus, dass Frauen während des Krieges auch dienstverpflichtet, d. h. zu Arbeit verpflichtet wurden, um die zur Wehrmacht eingezogenen Männer zu ersetzen. Am 1. Januar 1945 betrug die Zahl der Wintermitarbeiter 238, unter diesen 103 weibliche Hilfskräfte. Mit Kriegsende kam es dann zu Entlassungen. So waren bei Winter am 1. Juli 1945 nur noch 122 Mitarbeiter tätig, darunter nur noch 29 weibliche Hilfskräfte.

1943 war die Berliner Fertigung nach Gornsdorf im Erzgebirge ausgelagert worden. Hier wurden vor allem Backelit-Schleifscheiben hergestellt. 1944 belieferte Winter 481 Schleifscheibenkunden. Die vom Staat geforderte »Auflockerung« bzw. Dezentralisierung der metallverarbeitenden Betriebe führte dazu, dass sich Winter 1942 auch in Idar-Oberstein niederließ. Das sollte sich ein Jahr später aufgrund der Bombardierung Hamburgs als Segen erweisen. Während des Zweiten Weltkrieges, als es an Diamanten fehlte, bestand im erhöhten Maße die Notwendigkeit, Austauschwerkzeuge für Diamanten zu schaffen. Im Zuge dieser Entwicklung wurden die sogenannten WINTER-Abrichter, mit Hartmetall gelagerte Harträdchen, für Schleifscheiben konstruiert, die gegen die sonst üblichen Diamantfassungen aufs einfachste ausgetauscht werden konnten. Auch diese Werkzeuge wurden in großen Serien in Idar-Oberstein gefertigt, ebenso Spreizfassungen. Winter hatte 1944 in Idar-Oberstein 108 Mitarbeiter.

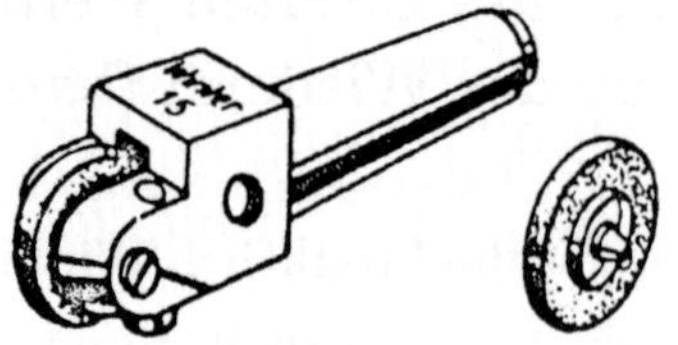

WINTER-Abrichter.

In der Zeit vom 24. Juli bis 3. August 1943 musste Hamburg sieben schwere Bombenangriffe erleben, denen 34 000 Tote und 125 000 Verletzte zum Opfer fielen. Beim ersten Angriff von 791 englischen Bombern wurden vor allem der Hamburger Hafen, Altona und Eimsbüttel schwer zerstört, und auch die Firma Winter in der Osterstraße 58. Doch es konnten noch

Osterstraße 58 nach dem Bombenangriff und Errichtung des Behelfsbaus, 1943.

die wichtigsten Drehbänke im Hinterhaus gerettet werden. Der erst 1941 errichtete Betrieb in der Lutterothstraße war hingegen total ausgebrannt, im Betrieb Eppendorfer Weg 87 gelang es Winter-Mitarbeitern, die Nachtwache gehalten hatten, die Brandbomben rechtzeitig zu löschen. Da der Betrieb Eppendorfer Weg 87 unbeschädigt geblieben war, wurde in der Osterstraße und Lutterothstraße nach dem Bombenangriff ein Schild angebracht mit dem Hinweis: »Es wird weitergearbeitet! Meldungen im EWUS-Betrieb Eppendorfer Weg.« Durch Truppen des Arbeitsdienstes wurden die Trümmer in der Osterstraße entfernt. Drei Wochen dauerten die Aufräumarbeiten und unter den Trümmern liegende Diamantwerkzeuge wurden eingesammelt. Zum Schluss wurde der Geldschrank im Vorderhaus freigelegt. Dieser war anfangs zu heiß, um ihn zu berühren. Als er dann geöffnet werden konnte, waren alle Diamanten noch unversehrt erhalten. Nur die Papiere, in denen sie verwahrt waren, waren verkohlt. Nach den Säuberungsarbeiten war das Grundstück nur noch zur Hälfte beschädigt.

Es entstand im vorderen Teil ein Notbau, dadurch konnte der Betrieb nach wenigen Monaten wieder aufgenommen werden.

Zu den Zerstörungen durch den Krieg und die Bombenangriffe kamen nach Kriegsende von Seiten der Alliierten die Reparationsforderungen unter anderem in Form von Demontagen. Deutschland sollte zu einem Agrarland umgestaltet werden. So wurden gleich nach der Besetzung 52 verschiedenartige Maschinen in den Werkstätten von Winter beschlagnahmt. Bis zur Abholung konnte an ihnen aber weiter gearbeitet werden. Es kamen mehrfach in der Woche Kontrolloffiziere. Bald fuhren zur Verladung der Werkzeugmaschinen der erste Lastwagen und ein Kran in der Osterstraße vor. Die Auslieferung wurde im letzten Moment durch ein Gespräch zwischen Wilhelm Winter und der entsprechenden Dienststelle doch noch verhindert. In der französischen Zone hatte die Besatzungsmacht in viel höherem Maße Maschinen aus den Fabriken geholt als in der britischen Besatzungszone. Das Winter-Zweigwerk Idar-Oberstein war dennoch verschont geblieben, und der Betriebsleiter Emil Müller schaffte es, dass die Arbeit der 30 Beschäftigten zu keiner Zeit unterbrochen werden musste.

Auch wenn die Beschlagnahme der Werkzeugmaschinen eines Tages wieder rückgängig gemacht wurde, blieben Diamanten jedoch vorerst kontingentiert. Interessenten an Diamantwerkzeugen mussten beim Head Quarter in Minden um eine Genehmigung nachsuchen. Es gab noch manche andere Schwierigkeiten. Zum Beispiel durfte nur eine bestimmte Menge elektrischer Strom verbraucht werden.

Zu den Millionen Menschen, die bei Kriegsende 1945 vor den Russen und Polen geflüchtet waren, zählte auch Hans-Joachim

Wiemann. Er war mit 25 Jahren Chef-Konstrukteur in einem VDM-Betrieb in Niederschlesien gewesen und nun zu Fuß nach Hamburg gekommen. Am 21. Juni 1945 wurde er in der Firma Winter als Konstrukteur mit einem Monatsgehalt von 350 RM eingestellt. Später wurde Hans-Joachim Wiemann Technischer Direktor des Winter-Unternehmens und trug in Zusammenarbeit mit dem für Forschung und Entwicklung zuständigen Dietrich Borse, der in späteren Jahren u. a. synthetische Diamanten hoher Qualität entwickelte wie auch Diamantpaste (Diaplast), in den dann folgenden Jahrzehnten wesentlich zum Aufstieg der Firma zum führenden Unternehmen auf dem Gebiet der Diamantwerkzeuge bei.

Mit dem Ausgang des Krieges war das in annähernd 100 Jahren aufgebaute Werk in Eimsbüttel um Jahrzehnte zurückgeworfen worden. Zunächst bestand keine Möglichkeit, die ursprüngliche Fertigung aufrechtzuerhalten. Es wurden Notstandsarbeiten verschiedener Art durchgeführt, um die Stammbelegschaft und die auch aus dem Krieg zurückgekehrten Facharbeiter weiter beschäftigen zu können. So stellte Winter erst einmal auf die Herstellung elektrischer Kochplatten um und führte Reparaturarbeiten an maschinellen Einrichtungen und Geräten in Krankenhäusern durch. Später kamen Heizsonnen und Tauchsieder hinzu, dann auch Uhrmacher-Rollierstühle. Langsam konnte sich die Firma wieder auf Werkzeuge wie Spiralbohrer mit Hartmetallspitzen sowie Hartmetall-Drehstähle einstellen. Winter verfügte 1947 über etwa 150 Mitarbeiter.

1947 konnte Winter auf ein 100-jähriges Bestehen zurückblicken. Trotz der schwierigen Zeiten wurde gefeiert. Am 14. April gab Winter einen offiziellen Empfang in der Osterstraße, am 30. Mai feierte die Familie zusammen mit den Mitarbeitern.

Mit dem Dampfer ging es von den St. Pauli-Landungsbrücken nach Blankenese. Im Garten von Sagebiels Fährhaus spielte eine fünfköpfige Kapelle, bevor es dann in den Saal zum Essen ging. Jeder Mitarbeiter bekam zum Essen vier Gutscheine für Bier und Limonade, eine halbe Flasche Wein, vier Zigaretten

Festschrift zum 100-jährigen Firmenjubiläum, 1947.

und ein Päckchen Rasierklingen. Es waren auch die Handelsvertreter der Firma mit geladen, doch einige von ihnen, die in der DDR lebten, hatten keinen Interzonen-Pass bekommen, um in den Westen zu gelangen. Nach dem Essen wurde der »schmissigen Tanzmusik fleißig zugesprochen«, wie es in einem Bericht heißt. Gegen 20 Uhr war Kaffeepause, und es gab zwei Stück Buttercremetorte, einige kleine Lebkuchen und einen Jubiläumskaffee.

1920 hatte in Leipzig erstmals eine Technische Messe stattgefunden, ab 1922 hatte die Firma Winter dort auch einen Stand. Die Messe erwies sich schon bald als eine wichtige

Kontaktstelle zwischen Werkzeugmaschinen- und Werkzeug-Herstellern und wirkte sich somit auch befruchtend auf die Neuentwicklung von Winter-Diamantwerkzeugen aus. Mit dem Zweiten Weltkrieg war dann die Leipziger Messe vorerst zum Erliegen gekommen, die Messehalle durch Bombenangriff

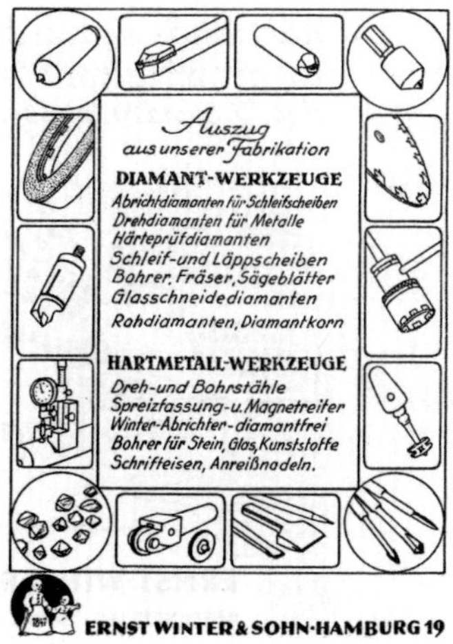

Werbung auf der Leipziger Messe, 1947.

1944 fast vollständig zerstört. Nach Kriegsende fand die erste Leipziger Messe am 8. Mai 1946 im Ring-Messehaus statt, die von den Veranstaltern Friedensmesse genannt wurde. Man wollte Normalität und Leistungskraft demonstrieren. Unter den westdeutschen Ausstellern war wie in früheren Zeiten die Firma Winter vertreten. Auf der nächsten Messe – 1947 – wurden am Winter-Stand 9000 Werbekarten »100 Jahre Winter-Diamanten« an Interessenten verteilt. Winter blieb unter den Diamantwerkzeugherstellern als einziger der Leipziger Messe treu, bis es 1950 zu einem Zwischenfall kam. Winter wurde beschattet, Heinz Rau, der spätere Winter-Verkaufsdirektor, war plötzlich verschwunden. Er war von der Staatssicherheit der DDR verhaftet worden und wurde erst nach fünf Tagen wieder freigelassen. Im Frühjahr 1984 nahm Winter dann erstmals wieder an der Leipziger Messe teil, denn Winter-Diamantwerkzeuge waren auch in der DDR sehr gefragt. Die Lieferung konnte allerdings nur über die Außenhandelsgesell-

Winter-Werbung für die Hannover Messe, 1950.

schaft erfolgen. Der Messestand von Winter durfte von DDR-Bürgern nur mit der Erlaubnis der zuständigen DDR-Behörde besucht werden.

Ab 1947 fand in Konkurrenz zu Leipzig jährlich im Frühjahr die Deutsche Industrie-Ausstellung in Hannover statt, an der Winter spätestens ab 1950 teilnahm, wie der Einladungskarte zu entnehmen ist. 1990, nach der politischen Wende, war Winter neben Leipzig und Hannover noch auf 18 internationalen Messen in 9 verschiedenen Ländern mit einem Stand vertreten, u. a. in der Türkei, Österreich, Italien, Spanien, Niederlande, USA und Singapur.

Durch den Krieg waren die Verbindungen zu den ausländischen Vertretungen der Firma Winter abgebrochen. Ende 1948 bestanden erstmals wieder Exportmöglichkeiten von Diamantwerkzeugen. Es entstand auch wieder Kontakt zur Firma Ziegler in Winterthur, die schon 1925 die Vertretung von Winter in

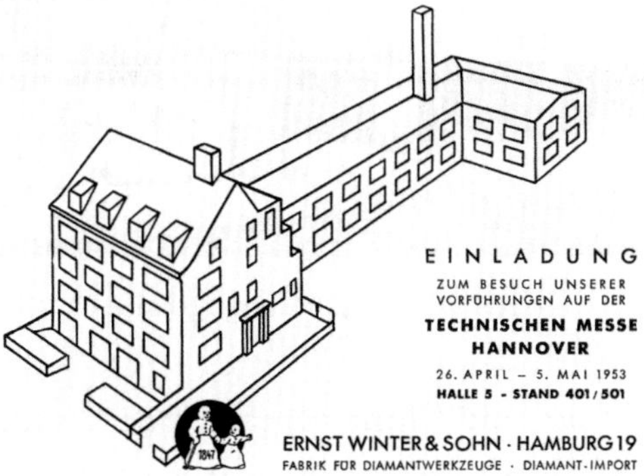

Winter-Werbung für die Hannover Messe, 1953.

der Schweiz hatte, ebenso nach Italien. Die außereuropäischen Länder blieben nach dem Willen der Siegermächte den deutschen Firmen allerdings noch bis Mitte der 1950er Jahre verschlossen. So wurde die Firma Winter, die schon in den Jahren 1851 und 1856 zahlreiche Lithografie-Diamanten nach Italien verkaufte und unter anderem 1911 in Turin auf der Internationalen Industrie-Gewerbe-Ausstellung seine Werkzeuge präsentierte, in Italien erst einmal durch American Commercial Company (ACC) vertreten.

Nach der Währungsreform 1948 sollte sich die Firma Winter schon bald weiter vergrößern und nach wenigen Jahren zu einem führenden Unternehmen für Diamantwerkzeuge werden, von dem nicht nur immer wieder neuartige Diamantwerkzeugentwicklungen ausgingen, sondern das auch Lizenzen in andere

Osterstraße 45, Fertigungshalle.

Länder wie Japan und China vergab. Damit wurde nun aber auch eine räumliche Erweiterung erforderlich. 1950/51 wurde in der Osterstraße 58/60 ein dreistöckiges Verwaltungsgebäude mit ausgebautem Dachgeschoss von Grund auf neu errichtet.

1954/55 – zu dieser Zeit hatte Winter rund 500 Beschäftigte – wurde auf der gegenüberliegenden Straßenseite, Osterstraße 45, ein Grundstück erworben, das bis zur Henriettenstraße reichte, sodass Winter nun acht Grundstücke mit insgesamt 4800 m^2 in Eimsbüttel hatte. Inzwischen stellte Winter auch kunststoffgebundene Diamantschleifscheiben her, und die Diamantsägen wurden nicht mehr mit einzelnen Diamanten bestückt, sondern die Diamanten mit Metalllegierungen versintert auf die Sägeblätter aufgelötet.

1965 konnte das Gebäude Osterstraße 58 nach Abbruch der Nachbarvilla Nr. 56 erweitert werden, dennoch wurden die Fertigungsstätten in Eimsbüttel bald zu klein. Es wurde nun nach Harksheide in Norderstedt ausgewichen und 1960 ein

Osterstraße 58, Verwaltung, Ausbau 1965.

Werk Norderstedt, Schützenwall 13–17, nach der Erweiterung 1966/67.

9300 m^2 großes Grundstück (Schützenwall 13–17) gekauft. Im Sommer des folgenden Jahres konnte der Umzug der Fertigungsstätten stattfinden. Bereits 1966/67 erfolgte eine Erweiterung des Norderstedter Bürogebäudes um drei Stockwerke von je 650 m^2, und damit konnten Abteilungen wie die Zentrale Produktionsplanung, Arbeitsvorbereitung usw. von der Osterstraße nach Norderstedt ziehen. Nach und nach erfolgte ein weiterer Ausbau und der Zukauf eines weiteren Grundstückes für Forschung und Entwicklung und die Herstellung synthetischer Diamanten (Schützenwall 37–41).

WINTER-Fertigung im Ausland

Bereits 1848, ein Jahr nach der Firmengründung, verkaufte Ernst Winter Lithografie-Diamanten nach Österreich und in die Schweiz, 1849 nach Holland und Belgien, 1850 auch nach Paris. Ende des 19. Jahrhunderts lieferte die Firma Ernst Winter & Sohn bereits in 19 verschiedene Länder Diamantwerkzeuge.

Nachdem 1968 das Familienunternehmen Ernst Winter & Sohn an die vierte Generation übergegangen war – an Ernst-Michael und Dr. Georg Winter, den Söhnen von Gretel und Wilhelm Winter –, setzte auch die Errichtung von Fertigungsstätten im Ausland ein. Aus der Firma Winter, die 1968 noch knapp 700 Mitarbeiter hatte, wurde in den dann folgenden Jahren eine global agierende internationale Unternehmergruppe mit rund 2000 Mitarbeitern.

Noch im gleichen Jahr des Führungswechsels, 1968, kam es zur Gründung von Fertigungsstätten in Italien und in Griechenland, 1974 in Brasilien, 1978 in Indien, 1982 in South Carolina in den USA. Und natürlich gab es auch in Deutschland außer in Hamburg und Norderstedt weitere Fertigungsstätten: seit 1942 die bereits genannte Fertigungsstätte in Idar-Oberstein, 1955 wurde in Würzburg-Rottenbauer, eine Gegend, in der viel Naturstein gewonnen wird, eine Niederlassung für die Fertigung von Gatter- und Kreissägen errichtet, in den 1970er Jahren in Stuttgart-Feuerbach für Drehdiamanten und Polyblock-Werkzeuge, nach der Wende 1991 in Jena für Abrichtwerkzeuge, Einzelabrichter und Profildiamanten, im gleichen Jahr auch in Demitz-Thumitz in Sachsen für Werkzeuge für die Steinbearbeitung. Zurückerworben wurde nach der Wende das Werk in Gornsdorf im Erzgebirge. Darüber hinaus gab es mehrere Verkaufsniederlassungen: in Deutschland in Bergisch-Gladbach, Dresden, Löhne, Mannheim, München, Nürnberg und Stuttgart, sowie im Ausland in Antwerpen, London, Paris, Utrecht, Barcelona, New York wie auch in Süd-Afrika. Stammsitz blieb aber trotz der großen Erweiterung des Unternehmens die Osterstraße 58 in Eimsbüttel.

Nach Italien hatte der Firmengründer bereits 1851 Lithografie-Diamanten geliefert, die Firma hatte seit 1900 in Italien auch einen Handelsvertreter und war 1911 auf der internationalen Industrie-Gewerbe-Ausstellung in Turin vertreten. Italien hat nicht nur die meisten Steinbrüche der Welt, Italien ist auch der größte Produzent von Naturstein. Der Mailänder Dom ist nur eines der unendlich vielen Beispiele für die hohe Natursteinkultur in Italien. So bot es sich für Winter an, 1968 bei Bergamo eine Fertigungsstätte für Gatter- und Trennscheiben für die Steinbearbeitung zu errichten – Diamant Winter

Italiana S.R.L. In dem Steingebiet Carrara unterhielt Winter dann außerdem eine Lötstation.

Werk Diamant Winter Italiana S.R.L. in Zingonia bei Bergamo, Italien.

Noch im Jahr 1968 erfolgte in Griechenland in der Nähe von Theben die Gründung von »Diamant Winter Hellas Ltd.«, ebenfalls für Gesteinswerkzeuge. Kaum war die erste Halle errichtet, fiel der Entschluss, einen Teil der im Werk Norderstedt »aus den Nähten platzenden Fertigung« nach

Werk Diamant Winter Hellas Ltd. bei Theben, Griechenland.

Griechenland zu verlegen und eine weitere Halle zu bauen. 1974 entstand eine dritte Halle, die für Forschung und die Herstellung synthetischer Diamanten bestimmt war. Am

9. Dezember 1974 konnte dann erstmals in einem Werk der Winter-Gruppe die unter Dietrich Borse gelungene Herstellung synthetischer Industriediamanten gefeiert werden. Die Fortsetzung der Diamantherstellung erfolgte in Norderstedt. 1982 hatte die Winter-Niederlassung in Griechenland, die in den ersten Jahren nach der Gründung schwer um das Überleben kämpfen musste, 96 Mitarbeiter und genoss großes Ansehen.

1975 nahm Winter die Produktion in Jundiaí in Brasilien in der Nähe von São Paulo auf. Gefertigt wurden verschiedene Diamant- und Bornitrid-Werkzeuge. Die Maschinen für die Einrichtung mussten aus Deutschland geliefert werden. Ende 1975 wurden bereits 4000 Schleifscheiben registriert, die Produktion war ohne technische Schwierigkeiten angelaufen. Der Beginn der Fertigung fiel allerdings in eine durch die Ölkrise schwierige Zeit. So musste die junge Winter-Tochter anfangs manchen Sturm erleben. Es war auch nicht ein-

Werk Winter do Brasil, Jundiaí, Brasilien.

fach, in den brasilianischen Markt einzudringen, zumal es bereits lokale Diamantwerkzeughersteller gab. Zunehmend gewann »Winter do Brasil« aber im eigenen Land an Boden und schaffte es schließlich, auf dem Sektor Diamant- und Bornitrid-Schleifscheiben führend zu werden.

Werk Ernst Winter & Son Inc. in South Carolina, USA.

Bereits seit 1975 besaß Winter in New York eine Verkaufsniederlassung. Wesentliche Pionierarbeit leistete diese Niederlassung bei der Aufbereitung des amerikanischen Marktes für den Absatz von Winter-Diamantwerkzeugen. Das führte 1982 zur Errichtung einer Produktionsstätte in South Carolina/USA für

Winter Misra Diamond Tools Ltd., Bhiwadi, Indien.

die Herstellung von Diamant-Abrichtrollen für die Flugzeug- und Automobilindustrie sowie von Innenlochsägen für die Computer-Industrie – eine Investition von 14 Millionen DM.

Erfahrene Mitarbeiter des Stammwerkes Norderstedt wiesen die amerikanischen Kollegen in ihre Arbeit ein, auch kamen einige der amerikanischen Mitarbeiter des neu gegründeten Werkes zur Ausbildung nach Norderstedt.

Als Winter 1978 anfing, das Marmorzentrum Makrana in Indien zu bereisen, gab es dort 1200 Sandschwinggatter aber nur drei Diamantgatter. Das veranlasste Winter, auch hier eine Produktionsstätte aufzumachen. Schon bald sollte der Bedarf an Gesteinssägen explosionsartig anwachsen, wie sich dann herausstellte. Im Juli 1985 konnte auch die neu gegründete Winter Firma »Winter Misra Diamond Tools Ltd.« in Indien die Fertigung von Gatterzähnen und Segmenten für die Gesteinsindustrie aufnehmen. Das 60 km südwestlich von Neu-Delhi errichtete Werk war in der Lage mit dem Maschinenpark jährlich 250 000 Diamantgatterzähne und/oder Segmente für Trennscheiben herzustellen.

WINTER Diamantsynthese

Neben der Errichtung neuer Fertigungsstätten führten in den Jahren nach 1968 Grundlagenforschung und Entwicklung zu immer neuen Fertigungsverfahren und damit zu einer weiteren Vielfalt an neuen Diamantwerkzeugen. Als Beispiel seien die nur 0,1 mm starken Innenlochsägen zum Trennen von Silizium- und Germaniumkristallen für die Elektronik genannt. Wesentlich zum Aufstieg der Firma trug dann die eigene Herstellung synthetischer Diamanten bei. Synthetische Diamanten waren bereits 1958 von General Electric-Company in den USA entwickelt worden. Winter wollte damals sofort von General Electric Diamanten kaufen, doch man reagierte nicht auf die Anfrage. So flogen Wilhelm Winter und Hans-Joachim Wiemann direkt zu General Elektric nach Detroit. Im August 1958 kam die erste Lieferung von 5000 Karat. Ziel der Firma Winter war es aber, selber synthetische Diamanten herzustellen.

Helmut Schmidt (links) und Ernst Michael Winter, 1982.

Links: Helmut Schmidt betrachtet die von Dietrich Borse und Dr. Hans-Joachim Wiemann gezeigten Diamanten.
Rechts: Dietrich Borse bei der Begutachtung der synthetischen Diamanten.

So machte sich der Leiter der Abteilung Grundlagenforschung und Entwicklung, Dietrich Borse, 1974 an die entsprechenden

Versuche; sie führten zu einer Spitzenqualität synthetischer Diamanten. Schließlich beschäftigte Winter auf dem Gebiet der Diamantsynthese 200 Mitarbeiter. Damit konnte Winter bei den Diamantwerkzeugen weitgehend auf selbst hergestellte Diamantkörnungen zurückgreifen. Die Erweiterung der Diamantsynthese machte erforderlich, dass der Bereich Grundlagenforschung und Entwicklung auch räumlich erweitert werden musste. 1992 zog die Abteilung in Norderstedt in ein Gebäude in der Stormannstraße 8.

Familie Winter und die Belegschaft von Ernst Winter & Sohn

Auch wenn die Firma Ernst Winter & Sohn im Laufe des 20. Jahrhunderts zu einem Großunternehmen heranwuchs, blieb dennoch der familiäre Charakter zwischen der Familie Winter und den Mitarbeitern unverändert erhalten. Wesentlich trug Gretel Winter dazu bei, die Ehefrau von Wilhelm Winter, die noch in hohem Alter mit großer Selbstverständlichkeit bei allen Feiern anlässlich der 25-, 40- oder 50-jährigen Zugehörigkeit eines Mitarbeiters dabei war, ebenso bei den Turnieren der Winter-Sportgruppen nicht fehlte, an verschiedenen Wanderungen der Mitarbeiter teilnahm und auch einzelne Mitarbeitergruppen zu sich nach Hause, nach Nienstedten, einlud. Als sie 1992 im Werk Norderstedt mit den Mitarbeitern zusammen ihren 80. Geburtstag feierte, sagte der Auszubildende Rafal Rydz als jüngster Redner in seiner Ansprache: »Frau Winter möchte ich als gute Fee bezeichnen, ich glaube dies so sagen zu dürfen, denn Frau Winter ist menschlich, hilft uns, wenn wir Sorgen haben, hat immer ein offenes Ohr für uns, Frau Winter ist immer dabei, und das wissen wir zu schätzen«.

Gretel Winter, der Betriebsratsvorsitzende
Henry Eickhoff (rechts) und Ralph Stamer (links).

Gretel Winter mit der Jubilarin Eva Maria Finnern.

Durch die Firmenzeitschrift »Der WINTER-Schneemann« wurden die Mitarbeiter regelmäßig über die Entwicklung und das aktuelle Geschehen im Unternehmen unterrichtet. Ausführlich wurden hier auch die Mitarbeiterjubilare mit Bild gewürdigt. So wird für das Jahr 1989 über die 40-jährige

Zugehörigkeit von Dr. Carl Heinz Lingner und die 25-jährige Firmenzugehörigkeit von 20 Mitarbeitern auf jeweils einer halben Seite berichtet.

Gründermannschaft B.S.G.–EWUS, 1959.

Eine Verbindung zwischen den Mitarbeitern ergab sich auch durch die von der Firma Winter geförderten Betriebssportgemeinschaften, der bereits 1958 gegründeten Betriebssportgemeinschaft B.S.G.-EWUS in Eimsbüttel – 1989 hatte sie 202 Mitglieder – und der Betriebssportgemeinschaft BSGV Winter Diamanten e.V. in Norderstedt. Sie bestanden jeweils aus einer Fußball-, Tennis- und Tischtennismannschaft sowie Leichtathleten. Die Tennismannschaften verfügten ab 1982 in Eimsbüttel in der Hagenbeckstraße über einen eigenen Tennisplatz mit einem Clubhaus. Jährlich spielten die Tennismannschaften beider Vereine um den Gretel-Winter-Cup. Gelegentlich trafen sich die Sportvereine auch zu Wettkämpfen mit den Mannschaften in den Winter-Zweigwerken wie Würzburg-Rottenbauer. Solche Reisen gaben den Norderstedter und Eimsbütteler Mitarbeitern gleichzeitig eine Gelegenheit, die jeweiligen Zweigwerke kennen zu lernen.

Gern trafen sich die Winter-Mitarbeiter aber auch im Haus von Ernst Michael Winter, der in einem Anbau schon damals eine Gemäldegalerie hatte und zu den jeweiligen Ausstellungseröffnungen die Mitarbeiter einlud. So wurde dort z. B. am

Ausstellung der »Akademischen Malerei in Moskau« in der Galerie von Ernst Michael Winter, 1991.

10. und 11. Mai 1991 eine Ausstellung von 50 Gemälden von Ilja Glasunow und anderen Künstlern unter dem Titel »Akademische Malerei in Moskau« vorgestellt. Die russische Akademie für Malerei, Bildhauerei und Architektur war 1987 während der ersten Phase der Umgestaltung und Öffnung der sowjetischen Gesellschaft von Ilja Glasunow gegründet worden. Eine andere Ausstellung befasste sich mit dem Thema »Bibel im Bild« mit zahlreichen Arbeiten aus dem Zeitraum von fünf Jahrhunderten, eine weitere mit der Romantik in der modernen Kunst. Zu den Ausstellungen gab Ernst Michael Winter auch jeweils einen Bildband heraus.

Sehr beliebt waren bei den Eimsbütteler und Norderstedter Mitarbeitern die Betriebsausflüge, die u. a. zu Till Eulenspiegel nach Mölln, ins Alte Land, in die Wingst und die Harburger

Berge führten. Mehrere Ausflüge im Jahr wurden den Auszubildenden geboten, um sie mit Umweltproblemen vertraut zu machen. Andere Ausflüge führten zu Museen, zum Planetarium, zum Volkswagenwerk nach Wolfsburg, zu einem Auto-

Winter-Außendienst trifft sich zur Wanderschaft in der Schwäbischen Alb.

museum und zu einem Orgelbauer. Für die Mitarbeiter der auswärtigen Niederlassungen war es natürlich interessant, von der Firmenleitung nach Hamburg eingeladen zu werden. So kamen die Mitarbeiter von Diamant Winter France, Diamant Winter Italiana, der österreichischen Wintergesellschaft wie auch der Fertigung in Gornsdorf/Sachsen nach Hamburg und lernten dabei nicht nur die Werke in Hamburg und Norderstedt kennen, ihnen wurde ebenso die Stadt Hamburg gezeigt.

Die langjährige Tätigkeit zahlreicher Mitarbeiter in der Firma Winter, die überwiegend erst mit dem Ruhestand endete, macht deutlich: Sie fühlten sich in diesem Familienunternehmen wohl.

WINTER-Diamantwerkzeuge von Saint-Gobain

1995/96, nach fast 150 Jahren ging die Firma Ernst Winter & Sohn und damit die WINTER-Diamantwerkzeugfertigung wie auch die Diamantherstellung in andere Hände über. Die Herstellung synthetischer Diamanten übernahm DeBeers. Die Fertigung von Diamantwerkzeugen, und damit das Werk in Norderstedt, ging an Saint-Gobain. Die französische Gruppe Saint-Gobain gehört mit mehr als 190 000 Mitarbeitern in 64 Ländern zu den 50 größten Industrieunternehmen der Welt und ist führend in ihren Metiers, d.h. im Produzieren, Verarbeiten und Vertreiben verschiedenster Werkstoffe, vor allem von Glas, Keramik, Kunststoffen, Hochleistungswerkstoffen usw. Die Anfänge gehen bereits auf das Jahr 1665 zurück. Das erste Engagement in Deutschland war der Bau der Glashütte in Mannheim 1863. Rund 390 Millionen Euro wendet Saint-Gobain jährlich für Forschung und Entwicklung auf.

Unter Saint-Gobain werden im Norderstedter Werk weiterhin Diamantwerkzeuge unter der Bezeichnung WINTER-Diamantwerkzeuge gefertigt, und so heißt es im WINTER-Werkzeugkatalog von Saint-Gobain: »Seit rund 160 Jahren ist der Name WINTER weltweit Synonym für hochwertige Diamant- und CBN-Werkzeuge für die industrielle Fertigung. So hat Winter als Pionier und Trendsetter in der Entwicklung von Hartkristallprodukten, etwa auf dem Gebiet der synthetischen Diamantherstellung, die Erfolgsgeschichte des Schleifens entscheidend mitgestaltet …«

In den Katalogen für die verschiedenen WINTER-Diamantwerkzeuge berichtet Saint-Gobain auch einleitend in Bildern unter der Überschrift »Momentaufnahmen einer langen Geschichte« von der Geschichte der Firma Ernst Winter & Sohn. Gezeigt werden u. a. das Porträt des Firmengründers, eine Ansicht des Hauses Osterstraße 58 von 1872, ebenso ein Foto von dem Besuch des damaligen Bundeskanzlers Helmut Schmidt im Werk Norderstedt. Gleichzeitig weisen die Kataloge auf die wichtigsten Entwicklungen der Firma Winter seit 1847 hin. Damit hebt Saint-Gobain die Würdigung der von ihr übernommenen Firma Ernst Winter & Sohn ausdrücklich hervor.

Doppelseite aus dem Katalog Nr.1
WINTER Precision Engineering Solutions, Nr. 2001.

Auch das Winter-Engagement für den Umweltschutz wird von Saint-Gobain gewürdigt. So heißt es im Internet auf einer Seite über die WINTER-Diamantwerkzeuge: »Bereits seit 1972 findet auch der Umweltschutzgedanke bei Neu- und Weiterentwicklungen besondere Berücksichtigung. Dies belegt eine Anzahl von Beispielen: umweltfreundlichere Fertigungsarten und Materialien oder auch der erste nach baubiologischen

Gesichtspunkten erstellte Industriebau.« An anderer Stelle heißt es: »Als verantwortungsbewusster Hersteller von Qualitätsprodukten produziert WINTER umwelt- und ressourcenschonend nach aktuellen Normen und Zertifizierungsrichtlinien und gewährleistet somit dem Kunden höchste Anwendungssicherheit.«

VOM WELTERFOLG DES INTEGRIERTEN SYSTEMS UMWELTORIENTIERTER UNTERNEHMENSFÜHRUNG (WINTER-MODELL)

4

Wie es zur Umweltinitiative im Hause Winter kam

1968 waren der Betriebswirt Ernst Michael Winter und der Jurist Dr. Georg Winter aus der vierten Generation als Mitgesellschafter in das Winter-Unternehmen eingetreten. Georg Winter hatte sich schon in jungen Jahren Gedanken über die Gefahren für die Umwelt gemacht. So schrieb er mit elf Jahren in einem Schulaufsatz, dass es sein beruflicher Wunsch sei, einmal ein Naturschutzgebiet zu schaffen in der Größe der Schweiz, das frei ist von Lärm und Motorengeheul und in dem die Tierwelt vor dem Aussterben bewahrt wird.[1]

2005 bemerkt Georg Winter rückblickend: »Der Ursprung für mein Umweltengagement liegt in meiner Kindheit. Eines meiner Schlüsselerlebnisse hatte ich als Schulanfänger bei meiner Klassenlehrerin Loki Schmidt, die den Umweltschutz schon

Anfang der 1950er Jahre, als er noch nicht aller Munde war, tatkräftig förderte. Sie ließ uns ausschwärmen, um in der Umgebung Pflanzen zu suchen, die wir dann in einem Blumentopf großziehen durften. In Hamburg-Othmarschen am Hirtenweg fand ich eine Pflanze, die Loki Schmidt als Breitblättrigen Wegerich bestimmte. Er entwickelte sich gut. Der Wegerich stand nicht nur am Wege, er hat mir auch den Weg gewiesen ...«[2]

Loki Schmidt (r.) mit Gretel Winter und Georg Winter (l.) bei ihrem Besuch am Stammsitz der Ernst Winter GmbH in der Osterstraße, 1982.

Loki Schmidt, Lehrerin, Ehefrau des Bundeskanzlers Helmut Schmidt, wurde auch durch ihr Engagement für die Pflanzen bekannt und gründete u.a. die »Stiftung Naturschutz Hamburg«. Als Lehrerin hatte sie immer wieder ihre Schüler auf die Schönheit der Natur und auf den erforderlichen Einsatz für deren Erhaltung hingewiesen. Sie verfolgte mit großem Interesse die Umweltaktivitäten ihres einstigen Schülers. Der ehemalige Bundeskanzler Helmut Schmidt, der 1982 zusammen mit seiner Frau die Firma Winter besuchte, schreibt in seinem Buch »Weggefährten, Erinnerungen und Reflexionen«: »Winter hat in beispielhafter Weise Kreativität, Qualität und Rentabilität mit energischem Umweltschutz kombiniert ... Loki war darauf besonders stolz, weil sie schon Jahrzehnte zuvor als Lehrerin die Begabung und Tüchtigkeit ihres Schülers Georg Winter erkannt und ihn eine Klasse hatte überspringen lassen.«[3]

Bevor Loki Schmidt im Oktober 2004 für ihr Lebenswerk mit dem Ehrenpreis der Deutschen Bundesstiftung Umwelt (DBU) ausgezeichnet wurde, konnte ihr Georg Winter als Träger des

Loki Schmidt und Georg Winter bei einer Tagung des B.A.U.M. e.V., 2004

Deutschen Umweltpreises bei einer Zusammenkunft von Ehrengästen und Repräsentanten der Stiftung im Kloster Eberbach wieder einen Wegerich überreichen. In ihrem Dankesbrief an Georg Winter schreibt sie: »Ich bin immer noch so unendlich gerührt über Ihre kleine Rede und vor allen Dingen über Ihren riesigen Blumentopf mit Breitblättrigem Wegerich … Mein Mann lacht immer, wenn wir mal ein besonders schönes Exemplar sehen: Jetzt denkst Du wieder an Deinen ehemaligen Schüler.«[4]

Den nächsten wesentlichen Anstoß für sein Umweltengagement bekam Georg Winter 1972, als er das Buch »Todeskandidat Erde« von Ernest E. Snyder in den Händen hatte. Dieses

Buch beschreibt in eindringlicher Weise, was an Umweltzerstörungen auf die Menschheit zukommt, wenn sie nicht grundsätzlich ihre Lebensführung ändert. Für Georg Winter stand daraufhin der Entschluss fest, den Umweltschutz zu einem der obersten Ziele des Unternehmens Ernst Winter & Sohn zu machen, das er mit seinem Bruder Ernst Michael Winter zusammen dann über 25 Jahre lang leiten sollte.

Seinen Entschluss gab Georg Winter in seiner Festrede anlässlich des 125-jährigen Jubiläums des Winter-Unternehmens am 21. April 1972 bekannt. Anschließend wurde an alle Mitarbeiter das Buch »Todeskandidat Erde« von Ernest Snyder verteilt. Die Festrede gilt als die Geburtsstunde des »Winter-Modells«, des weltweit ersten Integrierten Systems umweltorientierter Unternehmensführung.

Die Umweltschutzaktivitäten des Hauses Winter setzten also bereits in einer Zeit ein, als noch wenig über die Umweltgefährdung nachgedacht wurde. Erst im Sommer 1972 fand in Stockholm die erste UNO-Umweltschutzkonferenz statt. Die Partei »Die Grünen« mit dem Schwerpunkt Umweltpolitik und dem Leitgedanken ökologischer, ökonomischer und sozialer Nachhaltigkeit wurde erst 1980 gegründet. Auch einigten sich die Staats- und Regierungschefs der EG-Länder erst 1985 auf die »Einheitliche Europäische Akte«, in der erstmalig ausdrücklich die Umweltpolitik als gleichberechtigter Politikbereich anerkannt wurde. Daraus erklärt sich, dass Georg Winter anfangs noch von mancher Seite für sein Engagement belächelt oder kritisiert wurde. Doch er blieb dabei: »Ein Unternehmen, welches das Ziel eines angemessenen Gewinns nicht leugnet, kann sich trotzdem gleichzeitig als Speerspitze des Umweltschutzes verstehen.«[5]

In den 1970er und 1980er Jahren wurde die Entwicklung und Implementierung des sogenannten Winter-Modells vorangetrieben. Es wurde zum Pionierkonzept für die umweltbewusste Unternehmensführung, das dann zunehmend auch in anderen Unternehmen Verbreitung fand. Dabei ging es der Firma Winter nicht nur um eine umweltorientierte Produkt- und Verfahrensentwicklung, Materialbeschaffung und Entsorgung. Auch bei der Errichtung von Industriebauten und der Ausstattung des Fuhrparks waren hohe ökologische Anforderungen zu erfüllen. Einer der Schwerpunkte war die umweltorientierte Mitarbeiterschulung und Motivation der Auszubildenden.

Motivation und Umweltorientierung der Mitarbeiter

Bereits 1979 erschien eine Sonderausgabe der Firmenzeitung Der WINTER-Schneemann zum Thema »Umweltbewusstsein bei WINTER«. Darin beschreibt Georg Winter den »Umweltschutz als unternehmerische Aufgabe«.

Werner Grützke wies – als erster Umweltbeauftragter der Firma Winter – mit dem folgenden einleitenden Satz auf die Gefahren für die Umwelt hin und bot Lösungsansätze zu deren Schutz: »Unsere natürliche Umwelt und damit die Lebensgrundlage der Menschen ist in Gefahr. Diese Bedrohung kann nur gebannt werden, wenn sich öffentliche Organisationen, Industriebetriebe und jeder von uns gezielt für die Erhaltung einer gesunden Umwelt einsetzt«. Abschließend heißt es: »Wir rufen alle Mitarbeiter auf, in ihrem privaten Bereich umweltbewusst zu handeln und den Gedanken des Umweltschutzes in die Familie und den Bekanntenkreis hineinzutragen: Umweltschutz ist Menschenschutz!«[1]

Titelblatt der Sonderausgabe des WINTER-Schneemanns zum Thema »Umweltbewusstsein bei WINTER«, 1979.

Leider erlag Werner Grützke kurze Zeit später einer schweren Krankheit. Sein Nachfolger wurde Dr. Maximilian Gege, der im Hause Winter bereits seit 1970 die Unternehmensplanung betreut hatte. 1985 wurde Dr. Maximilian Gege in das neu strukturierte Direktorium als »Direktor Unternehmensplanung und Umwelt« berufen. Als Direktor für Umwelt war Dr. Gege mitverantwortlich für die Fortführung, Weiterentwicklung und praktische Umsetzung des Winter-Umweltschutz-Modells.

Im gleichen Jahr wurde den Mitarbeitern im WINTER-Schneemann das Winter-Modell ausführlich vorgestellt. 35 weitere Artikel zum Thema Umwelt erschienen dann in den folgenden Ausgaben der Betriebszeitschrift.[2]

Um die Mitarbeiter an dieses Thema heranzuführen, war 1979 zu einem Fotowettbewerb unter dem Thema »Aus Liebe zur

Natur« aufgerufen worden. Dass man hier auf ein positives Echo stieß, ist daraus ersichtlich, dass 78 Mitarbeiter Fotos einsandten. Aus den Wettbewerbsfotos jedes Mitarbeiters wurde eines ausgewählt und in der Firmenzeitschrift platziert. Die

Fotowettbewerb für Mitarbeiter: »Bäume und Wälder«.

Arbeiten der ersten zehn Preisträger hingen später in Großformat unter Namensnennung des jeweiligen Preisträgers als Wandschmuck in den Betriebsstätten der Firma.

1984 erfolgte erneut ein Wettbewerb, der außer Fotografien auch Zeichnungen und andere künstlerische Arbeiten mit einschloss und an dem sich auch die ausländischen Mitarbeiter beteiligen konnten. Das Thema lautete »Bäume und Wälder«. Der erste Preis war eine Reise im Wert von 2000 DM in ein waldreiches Urlaubsgebiet. 108 Mitarbeiter nahmen an diesem Wettbewerb teil, unter ihnen auch aus den Niederlassungen Brasilien, England, Frankreich, Italien und USA. Für die Jury, dem Kunsthistoriker Prof. Dr. Hanns Flemming und dem Experten für künstlerische Fotografie, Prof. Ulrich Mack, war es nicht einfach, aus der Fülle an Einsendungen die Preisträger zu ermitteln. Wer nicht prämiert wurde, bekam das Buch »DER WALD« von Günter Kunert aus dem Verlag Ellert & Richter. Eine Auswahl der Arbeiten stellte Ernst Michael Winter auch in seiner Galerie aus.

Ausflug eines Wanderklubs der Winter-Mitarbeiter in der Lüneburger Heide, 1984.

Wohl angeregt durch die Fotoausstellungen zum Thema Natur bildeten sich Wanderklubs unter den Mitarbeitern der Firma. Ein- oder mehrmals im Jahr fuhren sie an einem Wochenende in eine landschaftlich besonders schöne Gegend, z.B. in die Lüneburger Heide, ins Weserbergland, in die Schwäbische Alb, in die Fränkische Schweiz und nach Tirol sowie nach der Wende 1989 in die Sächsische Schweiz. Mit dabei waren auch die Ehefrauen. Angeregt durch Heinrich Heines wunderbare Landschaftsbeschreibungen in dem Buch »Harzreise im Winter« brach eine Gruppe von Mitarbeitern der Abteilung »Nachbau«, Werk Norderstedt, im Mai 1985 zu einer Wanderung auf den Spuren Heinrich Heines in den Harz auf. Ihr Ziel war der 723 Meter hoch gelegene Ort Hahnenklee.

Dass es immer wieder Möglichkeiten gab, in einfacher Weise die Mitarbeiter auf die Umweltprobleme hinzuweisen, machte beispielsweise ein Öko-Quiz auf dem Betriebsausflug 1985 nach Mölln deutlich. In dem Quiz, bei dem es 33 – natürlich umweltfreundliche – Preise zu gewinnen gab, wurde unter anderem die Frage nach dem Zeichen für umweltfreundliche Produkte

Öko-Quiz auf dem Betriebsausflug, 1985.

gestellt. Auch sollte geschätzt werden, wie hoch der tägliche Wasserverbrauch eines Normalverbrauchers liegt und welche Möglichkeiten es für die Wassereinsparung im Privathaushalt gibt. Es ging um Waschmittel, Weichspüler, Mehrwegflaschen usw. 215 Personen nahmen an dem Öko-Quiz teil. Das Ergebnis zeigte, dass die Winter-Mitarbeiter schon recht gut über die Probleme der Umweltverschmutzung aufgeklärt waren. Aber es blieb noch viel zu tun, um auf alle Möglichkeiten umweltschonenden Verhaltens aufmerksam zu machen.

Auch verschiedene andere Umweltinitiativen ergriff das Unternehmen. Zum Beispiel schloss sich Winter im Frühjahr 1983 einer Sondermüllaktion an, bei der die Mitarbeiter in Norderstedt und Hamburg an bestimmten Orten ihren Sondermüll wie Batterien, Spraydosen, Farbtöpfe usw. abliefern konnten. Es fehlte auch nicht an Ideen der Mitarbeiter, den Umweltschutz über das betriebliche Vorschlagwesen zu fördern. So machte der Betriebsschlosser Werner Grassmann den Verbesserungsvorschlag, bei Schnee- und Eisglätte anstatt des äußerst umweltschädlichen Streusalzes die umweltfreundliche IGLU-Winterstreu einzusetzen, die absolut salzfrei ist, größtenteils aus Silizium- und Aluminiumoxid besteht und unbedenklich gegenüber Tieren, Pflanzen, Karosserien und Metallen ist. Die Firma Winter griff die Anregung sofort auf. Werner Grassmann bekam eine Prämie von 200 DM und die Aussicht, bei der »Erfinderbörse Umweltschutz« einen weiteren Geldpreis zu erhalten. Bei den jährlich stattfindenden Aktionen des Betrieblichen Vorschlagswesens wurde eine zusätzliche Prämie zum Thema Energieeinsparung und Umweltschutz ausgelobt. 1979 konnten 13 entsprechende Vorschläge prämiert werden, die zusammen eine Energie- und Kosteneinsparung von 44 790 DM erbrachten.

Georg Winter mit den Auszubildenden auf einer Fahrradtour von Ohlstedt nach Blankenese, 1992.

Mit dem Hinweis, das Auto auch mal zuhause zu lassen, ermöglichte das Unternehmen im Jahr 1990 den Mitarbeitern durch einen Zuschuss, Fahrräder äußerst günstig zu erwerben. Das

Interesse war groß, sodass das Kaufhaus Brinkmann in Hamburg wegen der großen Bestellmenge noch einen beachtlichen Mengenrabatt geben konnte. Mehr als 80 Mitarbeiter legten sich einen neuen »Drahtesel« zu. Eine Folge war, dass noch im Herbst des gleichen Jahres eine größere Gruppe von Mitarbeitern zu einer Radtour ins Alte Land startete. 1992 unternahm Georg Winter auch mit den Lehrlingen eine 40 km Radtour von Ohlstedt nach Blankenese. Zum Programm dieses Ausfluges gehörte ein Besuch des Greenpeace-Schiffes »Rübezahl«, das an den Landungsbrücken mit der Ausstellung »Wasser« festgemacht hatte.

Umweltorientierung in Mitarbeiterhaushalten

Zu den wesentlichen Anliegen des Winter-Modells zählte die Umweltberatung für Mitarbeiterhaushalte, denn zwischen 30 und 40 Prozent der Umweltprobleme in der Bundesrepublik Deutschland entstammen den privaten Haushalten. Vom April 1985 an standen während einer 16-monatigen Laufzeit des Pilotprojektes den Mitarbeitern des Hauses Winter und den Einwohnern von Hamburg und Norderstedt fünf Umweltberater bzw. Umweltberaterinnen für die Privathaushalte zur Verfügung. Die Umweltberater gaben zum Beispiel Empfehlungen, wie der Wasserverbrauch gesenkt, der Strom besser genutzt, die Abfallbeseitigung durch Vorsortierung entlastet, im Garten weniger chemische Mittel eingesetzt und Konsumartikel durch vom Umweltbundesamt ausgezeichnete Alternativprodukte ersetzt werden können. Das Projekt wurde durch das Haus Winter und die Bundesanstalt für Arbeit (ab 2004 Bundesagentur für Arbeit) finanziert.

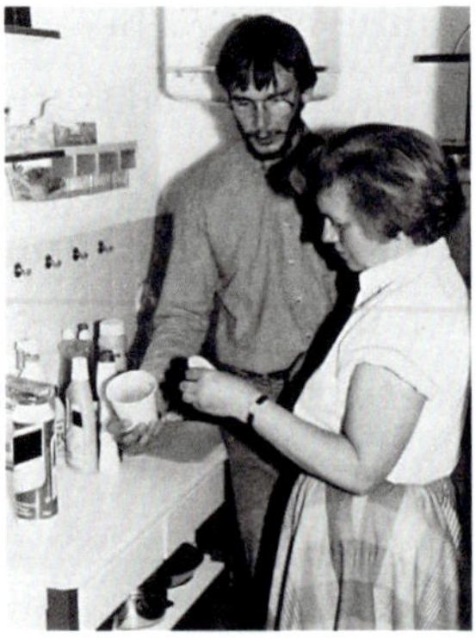

Inge Reincke wird zu Umweltfragen im Haushalt beraten.

Buch »Das Ökosparbuch für Haushalt und Familie«, 1986.

Erfunden wurde der Beruf des Umweltberaters von Dr. Maximilian Gege. In der Firma Winter wurde das Modell zum ersten Mal in der Praxis erprobt. 1986 wurde an die Winter-Mitarbeiter das »ÖKO-SPARBUCH für Haushalt und Familie« – verfasst von Dr. Maximilian Gege, Heike Jung, H. Jürgen Pick und Dr. Georg Winter – verteilt. Der spannend geschriebene Ratgeber macht deutlich, dass umweltfreundliches

Verhalten nicht nur einfach ist und die Gesundheit schont. Man kann durch richtiges Verhalten gegenüber der Umwelt auch eine beträchtliche Summe Geld sparen, z.B. indem man beim Kauf von Elektrogeräten auf deren Stromverbrauch achtet. In Tabellenform werden in diesem Buch auch gleich die Einsparungssummen bei Durchführung der empfohlenen Maßnahmen genannt. Ebenso enthält die Veröffentlichung Hinweise, wie man ohne Nachteile mit weniger Chemie auskommen kann: beim Saubermachen, Heimwerkern, Gärtnern, Autofahren usw.

Dr. Maximilian Gege verbreitete seine Idee des Berufsbildes »Umweltberater« auch erfolgreich durch die von ihm gegründete Organisation A.U.G.E. (Aktionsgemeinschaft für Umwelt, Gesundheit und Ernährung). Später erteilte sogar die EG-Kommission in Brüssel A.U.G.E. den Auftrag, das Modellprojekt »Umweltberatung für Haushalte und Kommunen« in mehreren europäischen Ländern zu realisieren.

Umweltausflüge und Umweltseminare für Auszubildende

Bei der umweltorientierten Mitarbeiterschulung ging es der Firmenleitung vor allem darum, den jungen Menschen die Natur und ihre Erhaltung näher zu bringen. Für die Auszubildenden wurden »Bildungs-Ausflüge« und Umweltseminare organisiert, an denen auch Dr. Georg Winter teilnahm. Im Mai 1979 führte ein forstwirtschaftlicher Bildungs-Ausflug in die

Lüneburger Heide. Der junge Winter-Mitarbeiter Reiner G. Richter berichtet damals im WINTER-Schneemann: »Am Ende unseres Spazierganges ist dann wohl auch dem letzten

Auszubildende bei einem forstwirtschaftlichen Bildungsausflug 1979 in Lüneburg.

von uns bewusst geworden, was der Wald für uns Menschen bedeutet. Er liefert uns nicht nur den Rohstoff Holz, sondern er säubert auch unsere schon teilweise stark verschmutzte Luft, er ist Lebensraum für viele Pflanzen- und Tierarten, er ist Erholungsraum für viele Menschen und sollte daher sorgfältig behandelt werden ...«

Mehrfach besuchten die Auszubildenden den Wildpark Eekholt nördlich von Hamburg. Seit der Gründung im Jahre 1970 wurde der Wildpark kontinuierlich zu einer Naturerlebnis- und Bildungsstätte weiterentwickelt. Diese hatte es sich zur Aufgabe gemacht, mit Kindern, Jugendlichen und Erwachsenen die Schönheit und Vielfalt der Natur zu entdecken und sie auf diesem Wege nachhaltig für die Umwelt zu sensibilisieren. Die Grundidee des Wildparks besteht darin, einheimische Wildtiere in ihrem natürlichen Lebensraum zu zeigen und ökologische Abhängigkeiten zwischen Boden, Tier, Pflanze und Mensch zu verdeutlichen. Insgesamt können mehr als 700 Tiere in über 100 Arten auf einer Fläche von 67 Hektar erlebt werden.

Von besonderem Interesse war für die Auszubildenden die Seeadler-Voliere. Es gab zu diesem Zeitpunkt von diesem größten Vogel Deutschlands – seine Spannweite liegt bei 2,3 Metern – in Schleswig-Holstein nur noch sieben Paare. Der Seeadler ist sehr scheu und auf giftstofffreie Nahrung angewiesen. Diese ist in der freien Natur aber kaum noch vorhanden. Am Beispiel des Seeadlers wird die Bedrohung der Artenvielfalt besonders augenfällig.

Auszubildende zu Besuch beim Seeadler im Wildpark Eekholt.

Im Januar 1984 besuchten die Auszubildenden im Bildungszentrum Tannenfelde in Schleswig-Holstein ein dreitägiges Seminar über Umweltschutz. Ziel war, die jungen Menschen stärker mit den Gründen und den Folgen der Umweltverschmutzung vertraut zu machen. Die Diskussion konzentrierte sich darauf, welche Möglichkeiten es für den einzelnen gibt, Beiträge zum Umweltschutz zu leisten. Dabei ging es auch um die Energieversorgung in Schleswig-Holstein, um alternative Energiequellen sowie um die Situation der Elbe usw. So äußert der Dreher-Lehrling Stefan Schwede später: »Es hat mich erschüttert, mit welchen enormen Schadstoffen die Elbe belastet ist. Da ist es natürlich auch kein Wunder, dass sich nur noch wenige Fischarten im Fluss halten. Heute gibt es nur noch sechs Elbfischer, 1925 waren es über 1500.« Und der Werkzeugmacher-Lehrling Jens-Uwe Wittrock sagt: »Ich werde in Zukunft weniger Plastiktüten verwenden, weil bei der Verbrennung in der Müllanlage Gifte frei werden.«[1]

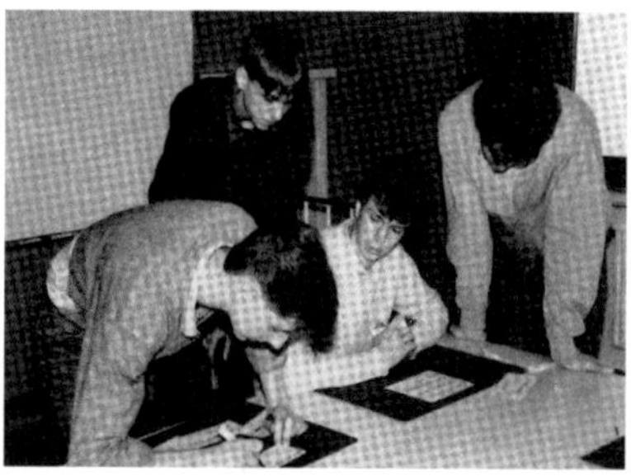

Umweltschutzseminar in Tannenfelde, 1984.

Gruppenarbeit der Auszubildenden auf dem Seminar in Eekholt, 1990.

1990 besuchten die Auszubildenden ein zweitägiges Seminar in Eekholt, zu dem übrigens zwölf der Auszubildenden den Weg mit dem Fahrrad zurücklegten. Nach Vorträgen und einem Rundgang standen Gruppenarbeiten auf dem Programm, bei denen Fragen zu verschiedenen naturkundlichen und ökologischen Themen beantwortet werden mussten. »Die beiden Tage haben uns in anschaulicher Weise nahe gebracht, wie durch die Vielfalt an Tieren und Pflanzen die Natur im Gleichgewicht gehalten wird und wie wichtig es darum ist, die Natur zu schützen«,[2] schreibt einer der Auszubildenden. Als zwei Jahre später erneut für die Auszubildenden ein Seminar in Eekholt durchgeführt wurde, verzichteten alle zweiunddreißig auf die Fahrt mit dem Autobus, sie fuhren die recht weite Strecke mit dem Fahrrad.

Georg Winter mit den Auszubildenden 1984 beim Grundwasserwerk.

Im September 1984 besichtigten die Auszubildenden zusammen mit Dr. Georg Winter auch die Grundwasser- und Pumpenwerke Rothenburgsort, Kaltehofe und Curslak. Hier erfuhren sie nun, dass das Wasser der Elbe und der Alster keinesfalls mehr den Anforderungen entspricht, die an Trinkwasser gestellt werden. Es muss darum auf Grundwasser zurückgegriffen werden. Die Grundwassermengen sind aber begrenzt, und die Qualität des Wassers ist abhängig vom Verschmutzungsgrad der Oberflächengewässer und dem Schadstoffgehalt im Boden.

Eine andere Fahrt der Auszubildenden führte zur Umweltbehörde nach Berlin. Mit Schutzhelmen ausgerüstet, besichtigten sie die Abfallbeseitigungsanlage in Ruhleben und bekamen in Bildern bzw. Schautafeln die Vorgänge und Probleme erklärt. Abfall, Wasser, Luft und Lärm – alle vier Umweltbereiche wurden bei den Besichtigungen und Referaten angesprochen.

Ein erneuter Ausflug nach Berlin hatte die »Grüne Woche« zum Ziel, wo die Auszubildenden unter anderem einen Vortrag über die »Umweltsituation der innerstädtischen Grünflächen« hörten. Dabei wurde allen bewusst, welche Bedeutung die Grünflächen für die Berliner haben, die zur damaligen Zeit am Wochenende aufgrund der Berliner Mauer der Großstadt nicht entfliehen konnten. Erzählt wurde den Auszubildenden auch von einem Bauernhof, der am Rande der Stadt angelegt wurde, damit die Kinder die bekanntesten Tiere der Landwirtschaft – Kühe, Schafe, Schweine, Gänse und Hühner – nicht nur durch das Bilderbuch kennen lernen.

Dr. Georg Winter (l.) und Alexander Porschke (r.) interessieren sich bei der Umweltbehörde Berlin 1985 für die Messung der Luftverschmutzung.

Zur Tagungsstätte des Deutschen Bundes für Vogelschutz e.V. auf dem Gut Sunder bei Winsen an der Aller wurde ein Ausflug mit einem Seminar über Biotop- und Artenschutz unternommen. Neben Vorträgen über »Naturschutz – Ziele und Aufgaben« wurden vor allem kleinere Exkursionen veranstaltet, bei denen die Auszubildenden beispielsweise die Auswirkungen von Fehlern bei Flurbereinigungen, Aufforstungen, Entwässerungen und bei der Düngung der Böden kennenlernten. Sie bekamen aber auch positive Beispiele des Biotopschutzes und der Wiedereinbürgerung gefährdeter Tierarten zu sehen.

Erfinderbörse Umweltschutz

Das starke Echo, das die Umweltaktivitäten des Hauses Winter in der Öffentlichkeit fanden, führte zu zahlreichen Kontakten mit Innovatoren auf dem Gebiet des Umweltschutzes. Auf diesem Wege lernte das Winter-Unternehmen die Schwierigkeiten kennen, die sich häufig einer schnellen Einführung umweltfreundlicher Erfindungen in den Weg stellen. Winter entschloss sich daraufhin, einen Beitrag zur Beseitigung der Innovationshemmnisse zu leisten.

Dr. Maximilian Gege vor den Teilnehmern der Erfinderbörse Umweltschutz, 1985.

Im Rahmen des Winter-Modells, das die betrieblichen Organisationsmittel und Kontakte bei Bedarf in den Dienst des Umweltschutzes stellt, lud die Firma Winter für den 26. Februar 1985 zu einer »Erfinderbörse Umweltschutz« ein. Innovatoren erhielten hier die Möglichkeit, in Kurzvorträgen mit anschließender Diskussion ihre Ideen, Entwicklungen oder Erfindungen den Vertretern der Behörde, Handelskammer, Industrie, Wissenschaft und Presse vorzustellen. Das Interesse an dieser Veranstaltung war groß. Fast 60 fachkundige Teilnehmer konnten gezählt werden, unter ihnen 13 Referenten.

Die Vortragsreihe, in der die verschiedenen Bereiche des Umweltschutzes, besonders auch die Energieeinsparung, angesprochen wurden, hatte auf dieser Tagung deutlich werden lassen, mit welchen kaum vorstellbaren Schwierigkeiten viele Innovatoren zu kämpfen haben, um ihre Ideen zu verwirklichen. Entsprechend lebhaft war dann auch die abschließende Diskussion, die unter dem Thema stand: »Welche Innovationshemmnisse

Dr. Georg Winter 1985 in der Diskussion über Investitionshemmnisse vor einem Wandbild, das den Firmengründer zeigt.

müssen beseitigt werden, um neue Ideen und Erfindungen im Bereich des Umweltschutzes schneller am Markt einzuführen?« Geleitet wurde die Diskussion von Dr. Georg Winter, der zum Abschluss die von verschiedenen Diskussionsteilnehmern beklagten Innovationshemmnisse stichwortartig zusammenfasste. Die »Erfinderbörse Umweltschutz« fand dann in der regionalen und überregionalen Presse eine starke Resonanz und führte für verschiedene Innovatoren zu den erhofften Kontakten. »Politische Opposition dient dem gesellschaftlichen Fortschritt, technische Opposition dem technologischen Fortschritt«, so Winter.[1]

Der erste baubiologische Industriebau: Winter-Werk in Norderstedt

Zum Winter-Modell gehörte auch, bei Um- und Neubauten die baubiologischen Kriterien zu berücksichtigen. So berichtete der Norderstedter Heimatspiegel am 22. November 1979: »Im Umweltschutz einmal mehr einen Schritt voraus ist die Norderstedter Firma Ernst Winter & Sohn GmbH & Co. am Schützenwall. Als vorsorgliche Maßnahme bei der Einrichtung eines Labors für Galvanik ließen die als starke Verfechter des Umweltschutz-Gedankens bekannten Dr. Georg Winter und Ernst-Michael Winter einen aus drei Zügen bestehenden elf Tonnen schweren und 30 Meter hohen Schornstein aus armiertem Kunststoff bauen. Kosten des Objekts einschließlich Fundamentierung: 150 000 Mark.«

Ernst Michael Winter und Dr. Georg Winter
mit dem Entwurf für den Neubau in Norderstedt, 1985.

Als die Firma Winter von 1984 bis 1985 in Norderstedt die Fertigung erweiterte, setzte sie den Gedanken eines baubiologischen

Industrie-Neubaus in die Praxis um und wurde damit zum Pionier auf diesem Gebiet in Deutschland. Mit Baukosten von 12 Millionen DM und einer Geschossnutzfläche von 6300 m^2 stellt das Gebäude in der Geschichte der Industriebauten in Deutschland ein Novum dar, denn hier wurden erstmals systematisch baubiologische Grundsätze angewandt. Diese fanden Eingang in Entwurf und Gestaltung, in konstruktive Maßnahmen, in Belichtung, Beleuchtung und Klimatisierung, in den gesamten technischen Ausbau sowie in die Wahl der Baustoffe.

Das Gebäude wurde von dem Architektenbüro Industrieplanung Klaus Hermanussen GmbH entworfen. Zuständig für die baubiologische Planung der neuen Fertigungsstätte in Norderstedt war die Architektin Heike Jung. Zum Beispiel wurden die Baustoffe unter folgenden Gesichtspunkten ausgewählt: Werden die Ressourcen ausreichend geschont? Gefährdet die Verarbeitung der Baustoffe die Gesundheit der Handwerker? Besteht eine Gesundheitsgefährdung für die späteren Benutzer? Wie steht es mit der Entsorgung des Materials? Kennzeichnend für diesen Winter-Bau war z.B. die Verwendung von Fensterrahmen aus Holz. Deren Herstellung und zukunftsfähige Entsorgung verlangt weniger Energieeinsatz als die Produktion und Entsorgung von Fensterrahmen aus Kunststoffen oder Aluminium.

Einige weitere Beispiele aus der Fülle baubiologischer Maßnahmen seien hier erwähnt. Durch Einschnitte in der Fassade (Loggien) und Oberlichter in den Fluren wurde eine weitgehende Belichtung durch Tageslicht erreicht. Die Fenster sind generell zu öffnen und mit zusätzlichen Lüftungsklappen versehen, um eine gesundheitsbelastende Klimatisierung entbehrlich zu machen. Da das lebensnotwendige Vitamin D vom Körper nur im Zusammenwirken mit UV-Strahlen gebildet wird, erfolgte die Verglasung mit UV-strahlungsdurchlässigem Quarzglas. Vorzugsweise wurden Anstrichfarben verwendet, die mit dem »Blauen Engel« des Umweltbundesamtes ausgezeichnet sind. Am 24. Oktober 1985 konnte das Richtfest gefeiert werden,

Der unter baubiologischen Gesichtspunkten errichtete Neubau in Norderstedt, 1985.

zu dem mehrere namhafte Personen kamen, wie Dr. Jürgen Westphal, Minister für Wirtschaft und Verkehr in Schleswig Holstein, Dr. Dr. Jürgen Pratje, Hauptgeschäftsführer der Industrie- und Handelskammer zu Lübeck, sowie zahlreiche weitere Repräsentanten der Behörden und öffentlichen Dienste.

Georg Winter sagte bei der Richtfeier in seiner Ansprache: »Dass eine solche Umgebung die Arbeitsfreude erhöht und zu einem Grundstein der Gesundheit wird, liegt auf der Hand. Ein baubiologischer Industriebau stellt eine Form der sozialen Leistung dar, die nicht sogleich konsumiert wird, sondern langfristig fortwirkt ... Der baubiologische Industriebau ist nicht nur eine soziale Leistung, sondern gleichzeitig eine Maßnahme zur weiteren Steigerung der Produktqualität und dürfte sich allein dadurch bezahlt machen ...«[1] Nach Fertigstellung des baubiologischen Neubaus erkannte man schnell: Die Werkstätten mit ihren großen Fenstern wirkten ebenso freundlich wie die Büroräume.

Innenansicht einer Halle der neuen Fertigungshalle, 1985.

Schon kurze Zeit nach Fertigstellung des Gebäudes besichtigte die Akademie des Handwerks mit etwa 80 Personen aus den verschiedenen Bereichen der Baubranche – Handwerksmeister, Architekten und Hochschullehrer – den Neubau in Norderstedt. Ebenso kam eine Delegation des Ausschusses für Umwelt und Planung des Kreises Segeberg neben leitenden Mitarbeitern der Daimler-Benz AG nach Norderstedt, um den Neubau zu sehen. Der lebhafte Zuspruch riss nicht mehr ab.

Das Interesse am Winter-Modell und die Gründung von B.A.U.M. e.V. und INEM e.V.

Am 18. Januar 1985 erschien von Georg Winter im Handelsblatt ein ganzseitiger Artikel, in dem er zu einer umweltbewussten Unternehmensführung aufrief. In Anlehnung an den vom

US-Außenminister George C. Marshall 1947 initiierten Wiederaufbauplan für die im Krieg zerstörten Städte (»Marshall-Plan«) rief er zu einem »ökologischen Marshall-Plan« auf und schrieb: »Auch heute sind wir Opfer einer tiefgreifenden Zerstörung, nämlich der unserer Umwelt. Die Schadstoffbelastung der Atemluft und die fortschreitende Vergiftung von Boden und Wasser sind zwar weniger augenfällig als städtische Trümmerfelder, aber ihre langfristigen Schadenswirkungen haben vergleichbaren Umfang. Heute steht die unternehmerische Wirtschaft vor einer neuen historischen Herausforderung.«[1] Die Bezeichnung

Einen „ökologischen Marshall-Plan" entwickeln

Wie nach dem Zweiten Weltkrieg der Wiederaufbau maßgeblich durch den Marshallplan gefördert wurde, so brauchen wir für den Wiederaufbau der ruinierten Umwelt eine kraftvolle Initialzündung. Geeignet wäre ein „ökologischer Marshallplan" zur Sanierung von Boden, Wasser und Luft. Anstoß, organisatorisches Konzept, finanzielle Mittel und Leitungsmacht des „ökologischen Marshallplanes" müßten im Gegensatz zum geschichtlichen Marshallplan vom deutschen Volk ausgehen.

Auszug aus dem Artikel von Georg Winter
im Handelsblatt 18./19.1.1985, S. 21.

»Marshall-Plan« in Verbindung mit Ökologie wird seit diesem Artikel immer wieder verwendet, wenn es um umweltverträgliches Verhalten geht. Ein Beispiel dafür ist der 2003 ins Leben gerufene »Global Marshall Plan«, eine von Georg Winter mit unterstützte Initiative, die sich für ein verbessertes und verbindliches globales Rahmenwerk einsetzt, das die Weltwirtschaft mit Umwelt, Gesellschaft und Kultur in Einklang bringt.

Durch das zunehmende Interesse für das Winter-Modell auch auf internationaler Ebene wurde Georg Winter immer wieder zu Vorträgen auf Tagungen eingeladen. Am 10. Januar 1986 fand im Palais de l'Europe des Europaparlamentes in Straßburg eine internationale Konferenz unter dem Thema »Die oberrheinische Umwelt – Bilanz und Perspektiven« statt, bei der Georg Winter dem Plenum der Konferenz die Grundzüge des »Winter-Modells« vorstellte.

Dr. Georg Winter bei seiner Rede
im Palais de l'Europe in Straßburg, 1986.

Die Konferenz verabschiedete daraufhin im Rahmen der offiziellen Schlusserklärung die an die Vereinigung der grenzüberschreitenden Zusammenarbeit gerichtete Aufforderung, »ihre Planungen insbesondere dahingehend fortzusetzen, ... ein umfassendes Konzept der Unternehmensführung bekannt zu machen, das die Umwelterfordernisse in all seine Aktionsfelder (Fertigungstechnik, Materialwirtschaft, Personalwesen, Marketing, Entsorgung usw.) integriert.«

Das Haus Winter hatte es schon seit den 1970er Jahren als eine seiner Aufgaben angesehen, den Umweltgedanken auch nach außen zu tragen. Bald erkannten immer mehr Unternehmen die Notwendigkeit umweltbewusster Unternehmensführung für den Fortbestand einer gesunden Umwelt. Deutlich stieg das Interesse von Seiten verschiedener Unternehmen und Institutionen an den Winter-Umweltinitiativen, d.h. am Winter-Modell. Das hatte Dr. Georg Winter 1984 auf den Gedanken gebracht, einen »Bundesdeutschen Arbeitskreis für umweltbewusstes Management« mit der beziehungsreichen Abkürzung B.A.U.M. e.V. ins Leben zu rufen.

An der Sitzung zur Gründung von B.A.U.M. e.V. wirkte Dr. Maximilian Gege als Umweltbeauftragter der Firma Winter maßgeblich mit. Im Jahre 1985 wurde er zum Direktor für Unternehmensplanung und Umwelt der Firma Winter ernannt. 1989 verließ Dr. Maximilian Gege das Unternehmen und wurde hauptberuflich geschäftsführendes Vorstandsmitglied von B.A.U.M. e.V.

Eine Hauptaufgabe des Bundesdeutschen Arbeitskreises für umweltbewusstes Management ist es nach wie vor, das Integrierte System umweltorientierter Unternehmensführung durch Erfahrungsaustausch und Forschung weiterzuentwickeln, die praktische Einführung von Umweltmaßnahmen bei den beteiligten Unternehmen zu fördern und für eine umfassende Verbreitung des gemeinsam erarbeiteten Grundlagenwissens und Anwendungs-Know-hows in der Wirtschaft Sorge zu tragen.

Im Grundsatz erstrebt B.A.U.M. e.V. die Verwirklichung des Umweltgedankens in den verschiedensten Bereichen der Unternehmensführung, wie er bereits im Winter-Modell zum Ausdruck kommt. Namentlich handelt es sich um Willensbildung im Führungsteam, Unternehmensziele und Unternehmensstrategien, Marketing, Betriebliche Umweltschutzinstitutionen,

Mitarbeitermotivation und Mitarbeiterausbildung, Arbeitsbedingungen, Mitarbeiterverpflegung, Umweltberatung für Mitarbeiterhaushalte, Energie- und Wassereinsparung, Produktentwicklung, Materialwirtschaft, Fertigungstechnik, Entsorgung und Recycling, Fuhrpark, Bauwesen, Internationale Wirtschaftsbeziehungen und Öffentlichkeitsarbeit. Dieser frühesten und größten Umweltinitiative der Wirtschaft gehören heute (2021) weit über 500 Unternehmen an.

Plakat zur 25-jährigen Jubiläumstagung
von B.A.U.M. e.V., 2009.

Im November 2009, nur wenige Tage vor der 15. UNO-Klimagipfelkonferenz in Kopenhagen, konnte B.A.U.M. e.V. im Hamburger Rathaus in Gegenwart des ersten Bürgermeisters Ole von Beust das 25-jährige Jubiläum feiern. Für sein weltweites Wirken zur Begrenzung des Klimawandels, der Bewahrung der Biodiversität und der Wasserversorgung wurde Fürst Albert II. von Monaco mit dem Internationalen B.A.U.M.-Sonderpreis 2009 ausgezeichnet. Die anschließende Fachtagung fand unter dem Thema »Energieeffizienz in Unternehmen« im Börsensaal der Handwerkskammer statt.

Nach dem Vorbild von B.A.U.M. e.V. wurden in mehreren Ländern Unternehmensverbände für umweltbewusstes Management gegründet, die sich 1991 auf Initiative von Dr. Georg Winter zum International Network for Environmental Management (INEM e.V.) zusammenschlossen. Auf dem Global Forum der United Nations Conference on Environment and Development (UNCED), 1992 in Rio de Janeiro vertrat INEM e.V. die Industrie. Dr. Georg Winter setzte sich als Vorstandsvorsitzender von INEM e.V. (1991–2004) für die Arbeit von INEM – besonders auch für die Gründung zahlreicher Mitgliedsverbände (z. B. in den ehemaligen Staatshandelsländern und im Baltikum) – tatkräftig ein. Gleichzeitig unterstützte er diese Aufgaben in hohem Maße finanziell.

Mit Nachdruck zielte INEM e.V. auf die Förderung nachhaltigen Wirtschaftens. Als Dachverband machte INEM e.V. das Wissen aus aller Welt für seine Mitgliedsverbände, für kleine und große Unternehmen sowie für deren Berater verfügbar und nutzbar. Mit Unterstützung von INEM e.V. halfen die Mitgliedsverbände ihren Mitgliedsunternehmen bei der Einführung von Umwelt- und Nachhaltigkeitsmanagement und beim Nutzen innovativer Umwelt- und Energietechnologie.

2003 wurde Dr. Georg Winter für die Schaffung von INEM e.V. als einem der zehn besten Projekte der Welt vom Club of Budapest mit dem »Change the World – Best Practice Award« ausgezeichnet. Bis 2004 war Dr. Georg Winter Vorstandsvorsitzender der von ihm initiierten Vereine B.A.U.M. e.V. und INEM e.V.

Das Handbuch für Betriebsökologie

Das Jahr 1987 war das erste Europäische Umweltjahr. Dies war für die Kommission der Europäischen Gemeinschaften Anlass, auf die Erfahrungen von Dr. Georg Winter zurückzugreifen und ihn zu bitten, in einem Buch konkrete Möglichkeiten aufzuzeigen, wie sich umweltbewusste und erfolgreiche Unternehmensführung miteinander verbinden lassen. Dr. Georg Winter fasste mit mehreren Fachleuten die mit dem Winter-Modell erprobten Handlungsanleitungen in Form von Check-Listen zusammen. Damit entstand für die Wirtschaft ein umfassendes und praktikables Handbuch für umweltorientierte Unternehmensführung, das jedoch nicht nur für Unternehmensleitungen, sondern für alle in der Wirtschaft tätigen Menschen von höchstem Interesse ist.

Titelblatt des Buches »Das umweltbewusste Unternehmen« von Georg Winter, 1987.

Das Buch mit dem deutschen Titel »Das umweltbewusste Unternehmen. Ein Handbuch der Betriebsökologie mit 22 Check-Listen für die Praxis« (München 1987) war in den folgenden Jahren in zwölf Sprachen erhältlich und in allen Ländern das erste Buch zur umweltorientierten Unternehmensführung. Es stand am Anfang einer weltweiten Bewegung der Management-Praxis, der Betriebswirtschaft und des Normungswesens. Die deutsche Ausgabe wurde mit der fünften Auflage noch wesentlich erweitert.

Im Vorwort der ersten Auflage schrieb Stanley Clinton Davis, Mitglied der Kommission der Europäischen Gemeinschaften: »Die praxiserprobten Handlungsanleitungen sind in Form von Checklisten abgefasst. Damit steht unserer europäischen Wirtschaft ein umfassendes und praktikables Handbuch für umweltorientierte Unternehmensführung zur Verfügung (…). Der Buchkonzeption liegt das in der Praxis entwickelte ›Integrierte System umweltorientierter Unternehmensführung‹ (Winter-Modell) zugrunde, das alle wichtigen Unternehmensbereiche … umfasst.«[1]

In einem 1988 für die französische Ausgabe geschriebenen Vorwort geht Aloisi de Larderel, Direktorin des EU Departments für Industrie und Umwelt, auf die weltweite Bedeutung des Buches ein, indem sie sagt: »Dieses Buch liefert nicht nur ein Modell für die europäischen Unternehmen. Seine Prinzipien und sehr praktischen Empfehlungen müssen und können vielmehr auf der ganzen Welt Einsatz finden.«[2]

Das »Integrierte System umweltorientierter Unternehmensführung« (Winter-Modell) gab der Europäischen Union wichtige Anstöße für die Entwicklung des Eco-Management and Audit Schemes (EMAS), auch bekannt als EU-Öko-Audit. Mit der Verordnung (EWG) Nr. 1836/93 des Rates vom 29. Juni 1993 über die freiwillige Beteiligung gewerblicher

Unternehmen an einem Gemeinschaftssystem für das Umweltmanagement und die Umweltbetriebsprüfung erstellte die EU ein Konzept, mit dem gewerblichen Unternehmen eine Hilfestellung zur Verbesserung ihrer Umweltleistungen gegeben werden sollte.

Auch die internationale Norm für Umweltmanagement ISO 14001, die 1996 erstmals von der Internationalen Organisation für Normierung veröffentlicht wurde und für Umweltmanagement-Systeme einen kontinuierlichen Verbesserungsprozess verlangt, konnte auf die langjährigen internationalen Erfahrungen mit dem Winter-Modell zurückgreifen.

Das öffentliche Echo der Umweltaktivitäten

Das große Engagement der Firma Winter, insbesondere von Dr. Georg Winter, für die Umwelt, führte verständlicherweise zu Anerkennungen und Auszeichnungen. So erhielt die Firma Ernst Winter & Sohn 1985 den erstmals vom Bundesverband Junger Unternehmer (BJU) verliehenen Umweltpreis für »herausragende und richtungsweisende Leistungen im Umweltschutz«. Dazu sagte der Bundesvorsitzende des Bundesverbandes, Günter Jucho: »Wir wollen mit diesem Umweltpreis die Öffentlichkeit darauf hinweisen, dass es in Deutschland Unternehmen gibt, die sich schon heute aktiv für den Umweltschutz einsetzen, dies auch über die Erfüllung bestehender Auflagen hinaus.«[1]

1986 wurde die Firma Ernst Winter & Sohn von der Studien- und Fördergesellschaft der Schleswig-Holsteinischen Wirtschaft e.V. als »Umweltfreundlicher Betrieb« ausgezeichnet.

Günter Flessner, Landwirtschaftsminister von Schleswig-Holstein, überreicht Ernst Michael Winter (links) und Georg Winter (Mitte) 1987 im Namen des Bundespräsidenten das Bundesverdienstkreuz.

Die Studien- und Fördergesellschaft ehrt seit 1987 jährlich in einer Feierstunde im Kieler Schloss langjährige Mitarbeiter einzelner Firmen mit der »Umweltschutz-Nadel«. Unter ihnen waren 1987 Axel Balzereit und Johann Schmitz von der Firma Winter. Sie hatten dafür gesorgt, dass umweltschädliche Emissionen nachhaltig reduziert und der Recycling-Anteil auf ein Optimum erhöht wurde, wie es bei der Würdigung hieß. Damit hatten sie hinsichtlich der technischen und organisatorischen Belange wesentlich dazu beigetragen, das bekannte »Winter-Modell« für umweltbewusste Unternehmensführung in ihrem Arbeitsbereich zu realisieren.

Im Sinne der Verankerung des Umweltschutzes in der Industrie initiierte Dr. Georg Winter 1984 die Gründung des Umweltausschusses des Verbandes Deutscher Maschinen- und Anlagenbau VDMA e.V.

1987 erhielten Georg Winter und Ernst Michael Winter für ihre Umweltaktivitäten vom Bundespräsidenten Richard von

Links: Verleihung des »Global 500 Role of Honour Award« der Vereinten Nationen, 1991. Rechts: Dr. Theo Waigel, Bundesminister der Finanzen (rechts) überreicht Dr. Georg Winter (links) 1995 den Deutschen Umweltpreis der Deutschen Bundesstiftung Umwelt. Auch Klaus Günther (Mitte) erhielt 1995 diesen Preis.

Weizsäcker das Bundesverdienstkreuz am Bande. Die Überreichung erfolgte durch Günter Flessner, Landwirtschaftsminister von Schleswig-Holstein.

Im Juni 1991 erhielt B.A.U.M. e.V. den »Global 500 Role of Honour Award« des Umweltprogramms der Vereinten Nationen. Der Vorstandsvorsitzende Dr. Georg Winter und das geschäftsführende Vorstandsmitglied Dr. Maximilian Gege nahmen den Preis für B.A.U.M. e.V. in Stockholm aus den Händen von König Carl XVI. Gustav von Schweden entgegen. An der Preisverleihung nahm auch Dr. Mostafa Tolba, Executive Director of the United Nations Environnement Programm (UNEP), teil.

Seit 1993 ehrt die Deutsche Bundesstiftung Umwelt (DBU) einmal jährlich Persönlichkeiten für ihre herausragenden Leistungen im Umweltschutz. Der Deutsche Umweltpreis ist auch international gesehen die bedeutendste Auszeichnung im Umweltbereich. 1995 erhielt Dr. Georg Winter diesen Preis als unternehmerischer Pionier für die Entwicklung und praktische Erprobung des ersten Integrierten Systems umweltorientierten Managements sowie für dessen nationale und internationale Verbreitung durch die von ihm initiierten Verbände Bundesdeutscher Arbeitskreis für Umweltbewusstes Management (B.A.U.M. e.V.) und International Network for Environmental Management (INEM e.V.). Das Preisgeld von 500 000 DM leitete Dr. Georg Winter je zur Hälfte an B.A.U.M. e.V. und INEM e.V. weiter.

Zur Aktualität umweltbewusster Unternehmensführung

Auszug eines Interviews von InGreen Magazine mit Dr. Georg Winter, anlässlich der KÖVET Association's XXIV Conference: Postgrowth Economy, Budapest, November 2019:[1]

InGreen Magazine: Sie sind ein international bekannter Pionier der Methode umweltbewusster Unternehmensführung. Was gab Ihnen den Anstoß, diesen Weg einzuschlagen? Wie sind Sie zur Erkenntnis gelangt, dass statt der bisher üblichen Herangehensweise ein umweltorientiertes Vorgehen notwendig ist?

Dr. Georg Winter: 1972 las ich das Buch »Todeskandidat Erde« von Ernest E. Snyder. Der Inhalt ließ mich nicht los. So hielt ich an die mehreren hundert Mitarbeiter des von mir damals geleiteten mittelständischen Familien-Unternehmens eine Rede, in der ich auf die drohende Bevölkerungsexplosion, Gefährdung des Wasserhaushalts, Schadstoffüberlastung und auf sonstige Risiken für die Umwelt hinwies. Gleichzeitig kündigte ich an, dass in Zukunft Umweltschutz ein Hauptziel des Unternehmens sei und dass in allen Sektoren und Ebenen des Unternehmens auch Umweltanforderungen berücksichtigt werden müssten. Jeder Mitarbeiter bekam ein Exemplar des Buches »Todeskandidat Erde« geschenkt. Das war die Geburtsstunde des ersten Integrierten Systems umweltorientierter Unternehmensführung.

InGreen Magazine: Was sind die Hauptgebiete, des von Ihnen erarbeiteten Integrierten Systems umweltorientierter Unternehmensführung?

Dr. Georg Winter: An erster Stelle stehen alle Umweltschutz-Maßnahmen, die gesetzlich vorgeschrieben sind. Auch über die gesetzlichen Vorschriften hinaus gilt es, die Mitarbeiterinnen und Mitarbeiter vor Gesundheitsgefahren zu schützen.

Wichtig ist die ökologische Optimierung des Einsatzes von Energie, Wasser und Materialien. Rest-, Umwandlungs- und Schadstoffe bzw. Wärme sind nach Möglichkeit in den Produktionsprozess zurückzuführen und wiederzuverwenden.

Grundsätze der umweltorientierten Unternehmensführung sind vor allem Qualität, Kreativität, Humanität, Rentabilität und Kontinuität.

Qualitativ hochwertig ist ein Produkt nur dann, wenn es seine Funktion erfüllt, darüber hinaus umweltschonend hergestellt wurde und ohne Verursachung von Umweltschäden genutzt und entsorgt werden kann.

Die Kreativität der Mitarbeiter wird durch Arbeitsbedingungen gefördert, die auf die biologischen Bedürfnisse des Menschen Rücksicht nehmen, wie z. B. möglichst lärmarmer Arbeitsplatz, gesundes Raumklima, ergonomische Büromöbel und vitaminreiche Kantinenverpflegung.

An humanem Gehalt gewinnt das Betriebsklima dadurch, dass Ziele, Strategien und Maßnahmen des Unternehmens sich nicht nur am ökonomischen Erfolg sondern auch an der Verantwortung gegenüber allem Leben ausrichten.

Die Rentabilität kann durch kostensenkende Umweltschutzmaßnahmen – z. B. Rohstoff-, Energie- und Wassersparprogramme – sowie durch Ausschöpfung der Marktchancen für neu entwickelte umweltschonendere Produktalternativen erhöht werden.

Für die Kontinuität des Unternehmens wird es immer wichtiger, den Haftungsrisiken aus dem sich laufend verschärfenden Umweltrecht sowie den Marktrisiken aus einer verringerten Nachfrage nach umweltbelastenden Produkten vorzubeugen.

InGreen Magazine: Deutschland ist für seine grüne Orientierung bekannt. In welchem Umfang wurde Ihre Arbeit hierdurch erleichtert oder sogar erschwert? In welchem Maße waren die Umweltschützer offen und aufgeschlossen für die zunehmende Umweltorientierung der Unternehmensleitungen?

Dr. Georg Winter: »Grün« eingestellte Bevölkerungsgruppen prüften skeptisch, ob betriebliche Maßnahmen tatsächlich eine ökologische Verbesserung brachten, oder ob es sich lediglich um »green washing« handelte. Echte Fortschritte wurden anerkannt. Aber bei Unternehmerkollegen traf ich in den 1970-er Jahren oft noch auf Skepsis bzw. Erheiterung. Einige nannten mich den »Grünen im blauen Anzug«.

Der Durchbruch wurde erzielt, als ich 1984 den Bundesdeutschen Arbeitskreis für Umweltbewusstes Management (B.A.U.M. e.V.) als Speerspitze umweltorientierten Unternehmertums gründete und noch im gleichen Jahr den Verband des Deutschen Maschinen- und Anlagenbaus (VDMA) zur Schaffung eines sehr aktiven Umweltausschuss veranlasste.

InGreen Magazine: Wenn nun jemand ihrem umweltorientierten Management-System und dem Unternehmens-Sektor generell mit Skepsis begegnet – mit welchen Argumenten können Sie ihn überzeugen, dass der Umweltschutz für die Unternehmen ein ehrliches Anliegen sein kann?

Dr. Georg Winter: Zunächst weise ich darauf hin, dass viele betriebliche Umweltschutzmaßnahmen problemlos und relativ kurzfristig zur Vermeidung oder Senkung von Kosten führen. Oft kann zum Beispiel die Beheizung von Treppenhäusern oder Lagern reduziert werden. In den meisten Betrieben gibt es eine Fülle derartiger »low-hanging fruits« für die Rationalisierung.

Auch kann durch gezielte Umweltschutzmaßnahmen dem Eintritt größter Schäden vorgebeugt werden. Die Haftung für Grundwasserschäden kann zum Beispiel für Galvanik-Betriebe existenzbedrohend sein. Der Hinweis auf umfassende Umweltschutzmaßnahmen des Unternehmens kann Voraussetzung für den Erfolg von Kreditverhandlungen mit Banken sein.

Als Unternehmer bin ich aber auch bereit, um des Umweltschutzes willen angemessene Ertragsminderungen hinzunehmen. Dafür gibt es zwei Gründe: Erstens: Ohne umweltbewusste Unternehmen gibt es keinen öffentlichen Konsens mit dem Unternehmertum – und ohne öffentlichen Konsens mit dem Unternehmertum keine Marktwirtschaft. Zweitens: Ohne umweltbewusste Unternehmensführung gibt es keinen Bestand vor dem eigenen Gewissen – und ohne Bestand vor dem eigenen Gewissen keine volle Identifikation mit dem Beruf!

InGreen Magazine: Sie waren schon häufiger in Ungarn und haben europäische Erfahrungen. Wie aufgeschlossen sind die ungarischen Unternehmen für umweltorientiertes Management?

Dr. Georg Winter: Der ungarische Verband KÖVET wurde im Jahre 1995 gegründet. Er gehört zu den aktivsten im Rahmen des International Network for Environmental Management (INEM). Die in KÖVET zusammengeschlossenen Unternehmen nutzen kreativ Synergien. Bemerkenswert bei KÖVET ist die starke Anbindung an einschlägige Universitäten, vor allem in Budapest und Kaposvár.

Nicht nur auf betriebswirtschaftlicher sondern auch auf volkswirtschaftlicher und gesellschaftspolitischer Ebene ist KÖVET innovativ. Hier sei nur das Stichwort »Postwachstumsökonomie« hervorgehoben.

Auch findet ein konstruktiver Dialog mit dem HAUS DER ZUKUNFT in Hamburg statt. Ein zentrales Ziel des HAUS DER ZUKUNFT ist die Anerkennung und Durchsetzung von Rechten der Natur, die Anerkennung der Natur als klageberechtigtes Rechtssubjekt.

InGreen Magazine: Sind nach Ihrer Auffassung die in den letzten zwanzig Jahren in der Wirtschaft und in der Unternehmenspolitik erzielten Fortschritte groß genug, um die Ziele des Pariser Klimaabkommens zu erreichen?

Dr. Georg Winter: Im Pariser Klimaabkommen von 2015 wurde vereinbart, dass der globale Temperaturanstieg auf maximal 1,5 Grad Celsius (im Vergleich zum vorindustriellen Zeitalter) begrenzt werden soll. 195 Länder haben sich zu dieser Zielsetzung bekannt. In den letzten 20 Jahren haben die betriebsökologischen Kenntnisse in den Unternehmensleitungen und bei den zahlreichen Fachkräften, z. B. den Ingenieuren, entscheidend zugenommen. Ob die Ziele des Pariser Klimaabkommens erreicht werden, hängt jetzt vor allem von den politischen Vorgaben und ihrer praktischen Durchsetzung ab.

In der Bundesrepublik Deutschland wird ab 2021 ein CO_2-Preis für Kraft- und Brennstoffe eingeführt. Die staatlichen Einnahmen aus dem Verkauf der CO_2-Berechtigungen an Raffinerien und Öl-Importeure sollen dazu beitragen, die zahlreichen neuen Förderprogramme für Klimaschutz-Technologien zu finanzieren.

Jeder von uns muss mit gutem Beispiel vorangehen. Wir sollten weniger kaufen und wegwerfen, mehr mit dem Fahrrad fahren, manches dienstliche persönliche Treffen durch einen Skype-Kontakt ersetzen, zu Ökostrom wechseln und Geld grün und fair anlegen. Die Deutsche Gesellschaft für Ernährung (DEG) schlägt vor, den Fleischkonsum zu halbieren und dann zu dritteln. Das würde dem Übergewicht und dem Bluthochdruck vorbeugen. Außerdem würde dadurch der Klimawandel verlangsamt, das Gülle-Problem verringert und die Stickstoffbelastung des Grundwassers gesenkt.

Wir müssen weltweit aufforsten und die ökologische Entwicklung in armen Ländern fördern. Wir sollten dort die örtlichen Bildungsprogramme, vor allem auch für Mädchen und Frauen, verbessern. Darin liegt die beste Vorsorge gegen ein ungebremstes Bevölkerungswachstum, das die größte aller Gefahren für die Zukunft der Menschheit darstellt. Am 1. Januar 2016 traten mit einer Laufzeit von 15 Jahren (bis 2030) die 17 Ziele für nachhaltige Entwicklung (Sustainable Development Goals) der Vereinten Nationen in Kraft. Die ersten vier Ziele lauten: Armut beenden, Ernährung, gesundes Leben und Bildung für alle sichern.

InGreen Magazine: Welche ersten Schritte empfehlen Sie den Unternehmen, die sich mehr für den Umweltschutz engagieren wollen?

Dr. Georg Winter: Für die Einführung und Verbesserung umweltorientierten Managements in einem Unternehmen ist es besonders wichtig, den unmittelbaren Erfahrungsaustausch mit Vertretern anderer Unternehmen – zum Beispiel mit Mitgliedern des ungarischen Unternehmensverbandes für umweltbewusstes Management, KÖVET – und das Gespräch mit Umwelt-Management-Beratern zu suchen.

Es empfiehlt sich, die systematische Einführung eines Umwelt-Management-Systems. Die Planung umfasst Zieldefinition,

Bestandserfassung und -auswertung. Auf die Durchführung der Arbeiten folgt eine Ergebniskontrolle. Gut eingeführt sind die Standards DIN EN ISO 140001 sowie das Eco Management and Audit Scheme (EMAS). Eine Zertifizierung des Umwelt-Management-Systems durch einen zugelassenen Umweltgutachter sollte sich anschließen.

Ganz entscheidend für die Einführung und den laufenden Erfolg eines Umwelt-Management-Systems ist es, gleich zu Beginn und auch dauerhaft bei Mitarbeiterinnen und Mitarbeitern ein starkes emotionales Engagement für die Verbesserung der Umweltleistung zu erwecken.

Deshalb sollte Umweltschutz auch zugunsten des Mitarbeiters selbst verwirklicht werden. Seine Belastung durch Lärm, Raumklima und Schadstoffe sollte auch über das gesetzlich vorgeschriebene Maß hinaus verringert werden.

Es ist ein Prämiensystem für Verbesserungsvorschläge einzuführen, das den Mitarbeiter an den durch seinen Vorschlag ermöglichten Einsparungen finanziell beteiligt. Wenn Verbesserungsvorschläge der Energie-, Wasser- oder Rohstoffeinsparung dienen, sollte dem Mitarbeiter ein besonders hoher Prämiensatz gewährt werden.

Das Unternehmen sollte den Einkauf von Fahrrädern für die Mitarbeiterinnen und Mitarbeiter kollektiv organisieren und subventionieren und gemeinsame Fahrradausflüge veranstalten. Durch Öffentlichkeitsarbeit und Medienberichte über die Umweltaktivitäten des Unternehmens werden den Mitarbeitern Erfolgserlebnisse vermittelt. Gleichzeitig wird das »Wir-Gefühl« in Bezug auf die Umwelt gestärkt.

InGreen Magazine: Junge Leute in ihren Zwanzigern finden es heute immer wichtiger, für Unternehmen zu arbeiten, die in der Nachhaltigkeit einen zentralen Wert sehen. Sie erwarten, dass ihnen ein Arbeitsplatz angeboten wird, bei dem weder die Art noch das Ergebnis ihrer Arbeit den Anforderungen des Umweltschutzes widerspricht. Glauben Sie, dass in einer Periode des Arbeitskräftemangels – wie sie in Ungarn gegenwärtig besteht – diese jungen Leute ihre potentiellen Arbeitgeber unter Druck setzen und zu einem umweltfreundlicheren Verhalten zwingen können?

Dr. Georg Winter: Es ist richtig, dass heute die meisten jungen Leute ihre Arbeitskraft bevorzugt einem umweltorientierten Unternehmen zur Verfügung stellen. Wenn nicht ausreichend viele Arbeitskräfte auf dem Markt sind, entsteht sogar ein gewisser Druck auf die Unternehmensleitungen, durch Umweltorientierung zu einem attraktiven Arbeitgeber zu werden.

Wenn jedoch umgekehrt ein Überangebot an Arbeitskräften vorhanden ist, finden die Unternehmen auch ohne Umweltengagement ausreichend viele Mitarbeiter. Mancher Arbeitnehmer befindet sich dann in dem Gewissenskonflikt, ob er den Arbeitsplatz bei einem wenig umweltorientierten Unternehmen akzeptiert, oder aber – unter Umständen auch zu Lasten der Familie – eine Arbeitslosigkeit in Kauf nimmt. In einer solchen Situation ist es verständlich, wenn der Arbeitnehmer den Arbeitsplatz annimmt, aber sich gleichzeitig auf der politischen Ebene dafür engagiert, dass schärfere Umweltschutzgesetze beschlossen und vollstreckt werden. In einem umweltorientierten Unternehmen leisten Mitarbeiterinnen und Mitarbeiter ihre Arbeit mit gesteigertem Engagement.

Dr. h.c. Angelika Marsch, 2010.

ÜBER DIE AUTORIN DES BERICHTS, DR. H.C. ANGELIKA MARSCH

❺

Metallographin und Chronistin des Industriebetriebs

Angelika Marsch gehörte der Firma Ernst Winter & Sohn 25 Jahre an. In diesem Familienbetrieb wurden ihre vielfältigen Begabungen erkannt und gefördert. Man bot ihr alle Chancen, nicht nur Kenntnisse in ihrem Ausbildungsberuf anzuwenden, zu erweitern und zu vermitteln, sondern auch ihre Fähigkeiten als Fotografin einzusetzen und ihren historischen und kulturgeschichtlichen Neigungen nachzugehen. Als Gruppenleiterin der Metallographie im Bereich Grundlagenforschung und Entwicklung sowie als Schriftleiterin der Firmenzeitschrift »Der WINTER-Schneemann« fand sie in dem gleichermaßen innovativen wie traditionsbewussten Unternehmen ein ideales Betätigungsfeld an der Schnittstelle zwischen Technik, Wissenschaft und Kultur.

Angelika Marsch wächst als Tochter eines Berliner Konzertmeisters auf. Ihre Mutter ist Buchhändlerin, Tochter eines Fabrikanten (Nordhäuser Korn) und stammt aus einer Lübecker

Kaufmannsfamilie. Angelika Marsch erlebt ihre Kindheit zwischen ihrem Elternhaus in einer Stadtrandsiedlung aus der Zeit des Neuen Bauens im bürgerlichen Berlin-Zehlendorf und dem Rittergut Johannstorf am Dassower See, das ihren Verwandten gehörte. Geprägt hat sie nach eigenen Worten vor allem das Landleben auf dem mecklenburgischen Gut.

Auch in ihrem weiteren Leben bewegt sich Angelika Marsch im Spannungsfeld zwischen Moderne und Tradition. Da sie sehr früh ein Interesse für Fotografie und Kulturgeschichte entwickelt, möchte sie eigentlich Fotografin werden und einmal in einem Kunstverlag arbeiten. Doch als sie nach der Mittleren Reife an der Oberschule 1950 einen Lehrgang an der Technischen Fachschule des Lette-Vereins in Berlin beginnen will, empfiehlt man ihr dort eine Ausbildung als Metallographin (Technische Assistentin für Materialprüfung). Sie hat ihre Entscheidung für diesen von Frauen selten ausgeübten Beruf nie bereut, zumal er ihr viele berufliche Möglichkeiten eröffnet hat.

Als eine der Besten ihres Jahrgangs erhält sie sofort nach dem Examen ein Angebot vom Institut für Härtereitechnik Bremen-Lesum. Zwei Jahre später wird sie von der Werkstoffprüfabteilung der Siemens Schuckertwerke in Mühlheim an der Ruhr abgeworben. Da es sie aber nach Norddeutschland zieht, nimmt sie nach einem kurzen Intermezzo bei der Lufthansa in Hamburg eine Stelle als Gruppenleiterin für Metallographie und Physik bei der im Freihafen der Hansestadt gelegenen Maschinenfabrik Augsburg-Nürnberg AG (MAN) an. Hier ist sie bereits wenig später auch für die Werksfotografie und den Hamburg-Teil der Firmenzeitschrift verantwortlich.

Nach zehn Jahren wechselt sie 1967 zur Versuchsabteilung bei Ernst Winter & Sohn. Dort ist sie für die Untersuchungen der Metallbindungen bei Versuchs-Sinterungen, Reklamationen und Fertigungskontrollen zuständig. Außerdem wird sie für Beratungen zur Diaplastanwendung auf metallographischen Tagungen und Seminaren eingesetzt. 1979 übernimmt sie zusätzlich die Schriftleitung der Mitarbeiterzeitschrift »Der WINTER-Schneemann«, schreibt fortan den größten Teil der Artikel selbst und fertigt auch die Fotografien dazu an.

Indem Frau Dr. Angelika Marsch die Werkzeitschrift gleichzeitig als Firmenchronik führte, trug sie nicht nur zur Vertiefung des Selbstverständnisses des Unternehmens bei, sondern schuf quasi als Nebenprodukt am Beispiel Winter ein industriegeschichtliches Dokument.[1]

Seit dem sogenannten Ruhestand verstärkte Frau Marsch ihre wissenschaftliche Arbeit auf dem Gebiet der historischen Bildkunde. Dies führte u. a. zu ihrer sensationellen Entdeckung der Reisebilder des Pfalzgrafen Ottheinrich 1536/37 mit den ältesten Ansichten vieler Städte. 2010 erschien ihr umfangreiches Werk über den europäischen Ansichtenzeichner Friedrich Bernhard Werner (1690–1776). Für ihre Arbeiten auf dem Gebiet der historischen Bildkunde wurde ihr 2003 von der Universität Hamburg die Ehrendoktorwürde verliehen, 2006 vom Land Niedersachsen der Kulturpreis Schlesien. Am 4. Oktober 2011 verstarb Frau Dr. h.c. Angelika Marsch in Hamburg.

Leider kann sie das Erscheinen ihres Buches über die Geschichte der Familie Winter in Eimsbüttel nicht mehr erleben. Frau Dr. h.c. Angelika Marsch war eine Ausnahme-Persönlichkeit, die höchstes technisches und kulturelles

Verständnis miteinander verband. Für ihre Überzeugung und für Menschen ihres Vertrauens stand sie mutig ein. In dankbarer herzlicher Erinnerung an unsere ehemalige Mitarbeiterin bringen wir ihr Werk im Wachholtz Verlag heraus.

Dr. Georg Winter

VOM HAUS DER ZUKUNFT ZUR WINTER STIFTUNG FÜR RECHTE DER NATUR

DOKUMENTATION

Baubiologische Sanierungsarbeiten am HAUS DER ZUKUNFT, 1998.

DAS HAUS DER ZUKUNFT, KOMPETENZZENTRUM FÜR WIRTSCHAFT UND UMWELT

6

Die Gründung des HAUS DER ZUKUNFT im Jahr 1998

1998 gründete Dr. Georg Winter am ursprünglichen Stammsitz der Winter-Gruppe das HAUS DER ZUKUNFT. Bei dem Verkauf der Winter-Gruppe hatte Dr. Georg Winter dafür Sorge getragen, dass das ehemalige Firmengebäude in sein persönliches Eigentum überging.

Der aus den 1950er Jahren stammende Altbau wurde komplett entkernt und nach baubiologischen Grundsätzen neu gestaltet. 1999 erhielt das Haus von der Bauhaus-Universität Weimar den ersten Gebäudepass als Modellprojekt für ökologische Altbausanierung.

Das HAUS DER ZUKUNFT entwickelte sich zu einem international anerkannten Kompetenzzentrum für nachhaltiges Wirtschaften. Ziel der in diesem Haus arbeitenden Firmen, Institutionen, Verbände und Akteure ist der Schutz der Biosphäre durch innovative und ganzheitliche Lösungen für

Wirtschaftspraxis und Gesellschaft. Wer komplexe Umweltfragen beantworten will, ist hier an der richtigen Adresse.

1998 feierten hoch motivierte Umweltschützer
die Gründung des HAUS DER ZUKUNFT.

Eimsbüttel, Osterstraße 58 – ein Haus, das Geschichte macht! Von hier aus gingen schon 1872 Diamantwerkzeuge in die Welt. Von hier aus verbreitete sich ab 1972 weltweit das erste umweltorientierte Management-System. Hier rief Dr. Georg Winter 1998 das HAUS DER ZUKUNFT, Kompetenzzentrum für Wirtschaft und Umwelt, ins Leben. 2008 wurde hier die Initiative »Rechte der Natur/ Biokratie« gestartet.

Gespräch zwischen Prof. Dr. Jan Hensmann (Universität Münster) und Dr. Georg Winter, 12.5.2021

Prof. Dr. Jan Hensmann: Das Gebäude in der Osterstraße 58 heißt heute »HAUS DER ZUKUNFT« und beherbergt ein bekanntes Kompetenzzentrum für Wirtschaft und Umwelt. Mit diesem Ort verbindet sich eine lange Familientradition. Wann und mit welchem Ziel kamen Ihre Vorfahren nach Hamburg?

Das Stammhaus der Firma Ernst Winter & Sohn in der Osterstraße 58.
Links: eine Villa, 1872. Rechts: nach der Zerstörung im 2. Weltkrieg, 1943.

Dr. Georg Winter: Der Unternehmensgründer Ernst Winter – mein Urgroßvater – kam von Brachstedt bei Halle nach Hamburg. 1847 gründete er im Hause seines Vaters in Brachstedt eine Einmannwerkstatt, die er 1854 nach Hamburg überführte. 1872 kaufte er das Grundstück Osterstraße 58 mit der Villa, die allerdings im Zweiten Weltkrieg 1943 zerstört wurde. Hier wohnte er mit seiner Familie. Und von hier aus steuerten vier Generationen der Familie Winter das international bekannte Unternehmen für Diamantwerkzeuge. An diesem Standort wurde 1998 das HAUS DER ZUKUNFT gegründet.

Prof. Dr. Jan Hensmann: Was trieb die Familie Winter an, neue Ideen zu entwickeln, die dann von Eimsbüttel in die Welt hinausgingen?

Dr. Georg Winter: Hauptantriebe waren wohl Freude an der Innovation und Leidenschaft für Qualität. Winter gehört zu den Unternehmen, bei denen sich ein handwerkliches Qualitätsethos aus den ersten Anfängen über mehrere Meistergenerationen hinweg bis zum hochtechnisierten Betrieb fortgepflanzt hat. So konnte Winter sich in etwa 150 Jahren von einer Einmannwerkstatt zum weltweit drittgrößten High-Tech-Unternehmen für Diamantwerkzeuge mit beinahe 2000 Mitarbeiterinnen und Mitarbeitern entwickeln.

Das Stammhaus der Firma Ernst Winter & Sohn in der Osterstraße 58. Das wiederaufgebaute Verwaltungsgebäude, 1955.

Prof. Dr. Jan Hensmann: Welche Erfindung stand am Beginn der Erfolgsgeschichte des Diamantwerkzeug-Unternehmens?

Dr. Georg Winter: Die Entwicklung des Diamant-Werkzeugunternehmens begann mit der erstmaligen Verwendung von Diamanten in der Industrie. Im Alter von 24 Jahren setzte der Goldschmied Ernst Winter (1823–1896) in Brachstedt bei

Halle einen Diamanten, das härteste Naturmaterial, statt einer Stahlnadel für die Herstellung von Lithografien ein. Damit revolutionierte er die Drucktechnik, denn mit der diamantenen Nadelspitze konnten erstmals geschwungene Schreibschriften in Stein und Metall geritzt werden.

Das Stammhaus der Firma Ernst Winter & Sohn in der Osterstraße 58. Baubiologische Sanierung und Gründung des HAUS DER ZUKUNFT, Kompetenzzentrum für Wirtschaft und Umwelt, 1998.

Im Vergleich zu den sich schnell abnutzenden Metallspitzen erfüllten Diamantnadeln ihre Funktion ungleich länger. Diese Erfindung war die Basis für weitere technische Neuerungen.

Nun konnten Diamantwerkzeuge für die extrem genaue Markierung von Strichen auf den Skalen von Messwerkzeugen verwendet werden. Das setzte neue Maßstäbe in der Qualität. Von Carl Zeiss und Ernst Abbe, die an der Optimierung optisch feinmechanischer Instrumente arbeiteten, sind lobende Briefe an den Gründer erhalten.

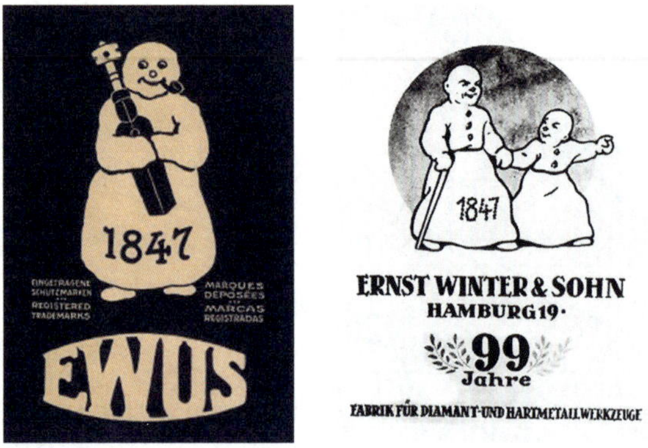

Logo und Prospekt der Firma Ernst Winter & Sohn,
ca. 1900 (links) und 1946 (rechts).

Prof. Dr. Jan Hensmann: Woher konnte Winter die Rohdiamanten beziehen?

Dr. Georg Winter: Der Einkauf von Rohdiamanten war von jeher ein schwieriges Geschäft, das viel Wissen über das Naturmaterial, gute Kontakte und eine hohe Vertrauenswürdigkeit erforderte. Während die Diamant-Einkäufer von Winter bis in die dritte Generation die wertvollen Steine u. a. noch in Belgien, Holland und Großbritannien erwarben, konnten unmittelbar nach dem Zweiten Weltkrieg deutsche Unternehmen Diamanten auf dem Weltmarkt nicht zu gleich guten Bedingungen einkaufen, wie sie nicht-deutschen Wettbewerbern angeboten wurden.

Prof. Dr. Jan Hensmann: Wie wurde Winter mit diesem Rohstoffproblem fertig?

Dr. Georg Winter: Als mein Vater, der Unternehmer Wilhelm Winter, davon erfuhr, dass der Firma General Electric & Co. in den USA die Herstellung von künstlichen Diamanten gelungen

Prospekt von Winter-Diamantscheiben.

war, reiste er sofort nach Detroit und bahnte mit Hartnäckigkeit und Geschick Geschäftsbeziehungen an. 1958 erhielt die Firma Winter als weltweit erstes Unternehmen eine Lieferung synthetischer Diamantkörnung, um deren Eignung für die Herstellung diamanthaltiger Werkzeuge zu erforschen. So wurde Wilhelm Winter in der dritten Generation Pionier bei der industriellen Produktion von Werkzeugen, u. a. von Schleifscheiben, in denen feine synthetische Diamantkörnungen als Schleifmittel dienten.

Prof. Dr. Jan Hensmann: Wann übernahm die vierte Generation die Verantwortung?

Dr. Georg Winter: Seit 1968 führten mein Bruder Ernst Michael Winter und ich das Unternehmen. Gemeinsam mit langjährigen Mitarbeitern hielten wir das Unternehmen in den folgenden Jahrzehnten auf Expansionskurs und gründeten Niederlassungen und Tochtergesellschaften im In- und Ausland. Wir forcierten Forschung und Entwicklung. Ab 1974 stellte die Firma Winter in Griechenland und seit 1978 in Norderstedt als erstes deutsches Unternehmen synthetische Industriediamanten her. 1982 konnte der damalige Bundeskanzler Helmut Schmidt bei einem Besuch im Unternehmen durch Ingangsetzung der Synthesepresse sich selbst als Diamantmacher betätigen.

Mitarbeiter der Firma Winter vor einem Diamant-Kreissägeblatt, 1990.

Prof. Dr. Jan Hensmann: Welche neuartigen Diamantwerkzeuge wurden in Ihrer Generation auf den Markt gebracht?

Dr. Georg Winter: Der Firma gelang es, für Schleifscheiben eine Spezial-Kunstharzbindung zu entwickeln, in welcher der synthetische Diamant seine volle Leistung entfalten konnte.

Ab 1969 wurde durch die Vervollkommnung der Kunstharzbindung sogar das Schleifen von Hochleistungs-Schnellstahl (KSS-Bindung) möglich. Dank solcher technischen Pionierleistungen wurde die Ernst Winter & Sohn GmbH zum größten Hersteller von kunstharzgebundenen Diamantschleifscheiben in Europa.

Prof. Dr. Jan Hensmann: Wann haben Sie damit begonnen, die Umweltorientierung in die Führung Ihres Unternehmens zu integrieren?

Dr. Georg Winter: 1972 wurde in Stockholm die erste UNO-Weltkonferenz zum Thema Umwelt abgehalten. Im gleichen Jahr – und damit 8 Jahre vor der Entstehung der Partei »Die Grünen« – begann ich in der Firma Winter das erste Integrierte System umweltorientierter Unternehmensführung (Winter-Modell) zu entwickeln und in der Praxis zu verwirklichen. Alle Unternehmensbereiche – z. B. Produkt- und Verfahrensentwicklung, Materialwirtschaft und Marketing – wurden an Umwelterfordernissen ausgerichtet. Zum Winter-Modell gehörte auch eine umweltbewusste Fortbildung aller Mitarbeiterinnen und Mitarbeiter, besonders auch der Auszubildenden. Auf dem Fertigungsgelände der Firma Winter in Norderstedt errichteten wir 1984/1985 den ersten baubiologischen Industriebau der Bundesrepublik Deutschland.

Prof. Dr. Jan Hensmann: Welche Ziele verfolgten Sie und Ihr Bruder mit der Errichtung dieses Bauwerkes?

Dr. Georg Winter: Das 12-Millionen-DM-Projekt setzte ein Signal, dass die ökologische Ausrichtung nicht nur für private Bauprojekte, sondern auch für die Errichtung von

Industriebauten vorteilhaft und empfehlenswert ist. Das vorrangige Ziel bestand jedoch darin, der Belegschaft ein gesundes Arbeitsklima zu bieten. Die Mitarbeiterinnen und Mitarbeiter in der Fertigung kamen dadurch in den Genuss eines hellen, schadstofffreien Arbeitsplatzes, der mit Büroarbeitsplätzen vergleichbar war.

Ernst Winter & Sohn GmbH, Norderstedt –
erster baubiologischer Industriebau Europas, 1985.

Prof. Dr. Jan Hensmann: Was haben Sie getan, um auch auf überbetrieblicher Ebene die umweltbewusste Unternehmensführung zu verbreiten?

Dr. Georg Winter: 1984 rief ich mit einigen Unternehmern einen Arbeitskreis ins Leben, aus dem der Bundesdeutsche Arbeitskreis für Umweltbewusstes Management, B.A.U.M. e.V., entstand. Diese früheste und größte Umweltinitiative der Wirtschaft wurde 1991 mit dem »Global 500 Roll of Honour Award«

des Umweltprogramms der Vereinten Nationen ausgezeichnet. In den Jahren 1984–2004 war ich Vorstandsvorsitzender von B.A.U.M. e.V., der sich zum größten Unternehmensnetzwerk für nachhaltiges Wirtschaften in Europa entwickelte. 2005 trat Prof. Dr. Maximilian Gege die Nachfolge an, der seit der Gründung als geschäftsführendes Vorstandsmitglied von B.A.U.M. e.V. maßgeblich an der Aufbauarbeit mitgewirkt hatte. Heute gehören dem Unternehmensnetzwerk von B.A.U.M. e.V. rund 700 Unternehmen an. Vorstandsvorsitzende ist seit 2021 Frau Yvonne Zwick.

Prof. Dr. Jan Hensmann: Inwieweit konnten andere Länder von dieser erfolgreichen Entwicklung des deutschen Netzwerks der Wirtschaft profitieren?

Dr. Georg Winter: In zahlreichen Ländern hielt ich Vorträge über die praktischen Erfahrungen mit umweltorientiertem Management. So wurden nach dem Vorbild von B.A.U.M. e.V. auch in anderen Ländern Unternehmensverbände für umweltbewusstes Management gegründet. Auf meine Initiative hin schlossen sich mehrere dieser Verbände 1991 zum International Network for Environmental Management (INEM e.V.) zusammen. Die Zahl der Mitgliedsverbände nahm rasch zu. Unter dem Titel »TOOLMAKERS for the FUTURE« schrieb der langjährige INEM-Mitarbeiter Peter Hundley über die INEM-Aufbaujahre von 1991 bis 2005 ein wirtschaftsgeschichtliches Buch, das kurz vor der Veröffentlichung steht.

Auf dem Global Forum der United Nations Conference on Environment and Development (UNCED) 1992 in Rio de Janeiro vertrat INEM die internationale Industrie. Die Arbeit von INEM sowie die Gründung bestimmter Mitgliedsverbände

(z. B. in den ehemaligen Staatshandelsländern und im Baltikum) unterstützte ich mit mehr als einer Million DM aus eigenen Mitteln. Von Gründung an war ich Chairman. 2005 trat Ludwig Karg meine Nachfolge an. Seit ihrer Gründung haben die Verbände – B.A.U.M. e.V. (1984) und INEM e.V. (1991) – ihren Hauptsitz im HAUS DER ZUKUNFT.

Die Geschäftsführer der INEM-Mitgliedsverbände aus zahlreichen Nationen bei einem regulären Jahrestreffen in Israel, 1999.

Prof. Dr. Jan Hensmann: Wie hat die Zeit der politischen Wende die Verbreitung umweltorientierten Managements beeinflusst?

Dr. Georg Winter: Es entstand sogar eine besondere Aufbruchsstimmung. Prof. Hans-Ulrich Zabel, Martin-Luther-Universität, Halle/Wittenberg, der zu DDR-Zeiten »Ökonomische Kybernetik« studiert hatte, erzählte mir kürzlich, wie meine Nachwende-Vorlesung in Leipzig über öko-soziale Marktwirtschaft einschließlich Winter-Modell ihn vollkommen elektrisierte und bei ihm eine unglaubliche Hoffnung und Vorfreude auslöste. Das rührt mich noch heute.

Jahrzehnte der Zusammenarbeit ergaben sich mit Prof. Gergely Tóth, Kaposvár University, der schon 1997 mein Buch »Das umweltbewusste Unternehmen« ins Ungarische übersetzte und später die Wirtschaftstheorie der Bionomy entwickelte. Er gründete 1995 KÖVET, den ungarischen Unternehmensverband für umweltbewusstes Management, und führte ihn – unterstützt von László Vagdalt – zu großem Erfolg. Von 2000/2002 war Prof. Tóth Projektmanager von INEMs BALTEMA-Kampagne für die Verbreitung umweltbewusster Unternehmensführung in Estland, Lettland und Litauen.

Nachdem INEM e.V. die erste ECO BALTIC Conference – Environmental Management in the Baltic Sea Region – bereits 1995 in Lübeck durchgeführt hatte, fand die zweite 1997 in Danzig statt. Dr. Angela Merkel, seinerzeit noch deutsche Umweltministerin, führte in ihren einleitenden Worten aus: »The Baltic Region is the ideal place for close co-operation. Since the fall of the Iron Curtain, which was also drawn across the Baltic Sea, relations between the Baltic neighbours have developed very quickly and positively. Furthermore, we are faced with particular ecological tasks in this area.« Aus heutiger Perspektive haben diese Worte eine zusätzliche Dimension gewonnen.

Bei INEMs Aktivitäten zur Verbreitung umweltorientierter Unternehmensführung im Ostseeraum wirkten u. a. auch russische und weißrussische Gesprächspartner erfolgreich mit. So erschien mein Buch »Das umweltbewusste Unternehmen« auch auf Russisch (Moskau 1992) und auf Weißrussisch (Minsk 2001).

Prof. Dr. Jan Hensmann: Im Jahre 1987 haben Sie das allererste Buch über umweltorientiertes Management herausgegeben. Gern habe ich damals gemeinsam mit Prof. Dr. Heribert Meffert von der Universität Münster Beiträge zu den Themen Unternehmensziele und -strategien sowie Marketing beigesteuert. Vermutlich war es die besondere Praxisnähe des Buches, die seinen internationalen Erfolg begründete.

Dr. Georg Winter: In der Tat war die Praxisnähe entscheidend. In seinem Vorwort für das Buch gibt Stanley Clinton Davis, der damalige Umweltkommissar der EU, einen klaren Hinweis: Das Buch gebe Handlungsempfehlungen für alle Unternehmensbereiche und -ebenen und bilde somit ein integriertes System. Die Empfehlungen seien praxiserprobt und präzise als Checklisten formuliert.[1]

Außerdem war das Buch seiner Zeit weit voraus. So schrieb Tom Peters, der berühmte Autor und Managementvordenker aus den USA nach einem Treffen mit mir im Jahre 1991: »... das Winter-Modell ... ist die gründlichste gebrauchsfertige Handlungsanleitung für umweltbewusstes Management, die bisher entwickelt wurde und dürfte es einige Zeit bleiben.«[2] So erklärt es sich, dass das Buch bald in 12 Sprachen vorlag.

Prof. Dr. Jan Hensmann: Wie reagierten die etablierten Wirtschaftsverbände auf Ihren ökologisch orientierten Vorstoß?

Dr. Georg Winter: Eine anfänglich unter Unternehmern verbreitete Skepsis überwand ich mit vielen praktischen Empfehlungen, wie sich ökologische Fortschritte unter gleichzeitiger Ertragssteigerung erzielen lassen.

Bereits 1972 – zum 125-jährigen Jubiläum der Firma Ernst Winter & Sohn – hielt ich eine programmatische Rede zur Notwendigkeit umweltbewusster Unternehmensführung. Zahlreiche Vorträge und Netzwerkaktivitäten schlossen sich an. Unter dem Titel »Umweltschutz als unternehmerische Aufgabe« schrieb ich 1979 in unserer Betriebszeitung »Der Winter-Schneemann« u. a.: »Winter trägt zum Schutze der Umwelt u. a. durch Förderung von Organisationen des Umwelt- und Naturschutzes sowie durch Förderung des Umweltbewusstseins bei Wirtschaftsverbänden bei«. Die Partei Die Grünen war zu diesem Zeitpunkt noch nicht einmal gegründet.

Im Jahre 1984, als ich mit einigen Unternehmern den Bundesdeutschen Arbeitskreis für Umweltbewusstes Management (B.A.U.M. e.V.) ins Leben rief, veranlasste ich den bedeutenden und innovativen Verein des Deutschen Maschinen- und Anlagenbaus (VDMA) einen Umweltausschuss zu gründen, dessen Ziele und Aktivitäten ich dann als Mitglied viele Jahre hindurch maßgeblich beeinflusst habe.

Prof. Dr. Jan Hensmann: Zeigte sich der Bundesverband der Deutschen Industrie (BDI) ähnlich aufgeschlossen?

Dr. Georg Winter: Es war vor allem die junge Unternehmergeneration, die in ökologische Aufbruchstimmung geriet. Im Jahre 1985 verlieh der Bundesverband Junger Unternehmer

(BJU, heute »Die Jungen Unternehmer«) seinen »1. Umweltpreis« der Firma Ernst Winter & Sohn. Bei der Feier war der Bundesverband der Deutschen Industrie (BDI) durch seinen damaligen Referenten Prof. Dr. Andreas Troge – den späteren Präsident des Umweltbundesamtes – vertreten. Der ab 1987 langjährige Präsident des Bundesverbandes der Deutschen Industrie, Tyll Necker, identifizierte sich in einer Rede mit meinem Konzept, den Umweltschutz »zur Chefsache« zu machen und in die Unternehmenspolitik zu integrieren.

Zu einem besonders starken Schwungrad für umweltorientierte Unternehmensführung entwickelte sich national und international das einschlägige Normungs- und Zertifizierungswesen. Im Jahre 2000 wurde der Verband für Nachhaltigkeits- und Umweltmanagement e.V. (VNU) gegründet. Dessen Zielgruppen sind bekanntlich u.a. Unternehmer und Auditoren, die die standardisierten Management-Systeme (ISO 14001) anwenden und fortentwickeln. Seit Gründung des Verbandes brachte ich als langjähriger Vorsitzender des Beirates meine praktischen Erfahrungen mit dem Winter-Modell in die Entwicklungsarbeit ein.

Prof. Dr. Jan Hensmann: Immerhin arbeiten verantwortungsbewusste Unternehmer bereits seit 1972 – d.h. seit einem halben Jahrhundert – daran, ein Unternehmensmodell zu optimieren, das alle Unternehmensbereiche und –ebenen gleichzeitig am Unternehmenserfolg und an den ökologischen Anforderungen ausrichtet. Wie bewerten Sie die bisherigen staatlichen Bemühungen um ein »Integriertes System umweltorientierter Staatsführung«?

Dr. Georg Winter: Während das »Integrierte System umweltorientierter Unternehmensführung« erfolgreich verbreitet und durch anspruchsvolle Standards und Prüfverfahren gesichert wurde, wird auf ein »Integriertes System umweltorientierter Staatsführung« bis heute vergeblich gewartet. Fertige Konzepte lagen vor. In der 1993 erschienenen 5. Auflage des von mir herausgegebenen Buches »Das Umweltbewusste Unternehmen« wird in dem Kapitel »Von der umweltorientierten Unternehmensführung zur umweltorientierten Staatsführung« die mögliche Gestaltung letzterer praxisnah beschrieben. Detailliert dargestellt werden die Motive für die Implementierung der umweltorientierten Staatsführung, die Prinzipien der Organisation, die Durchsetzung bei allen Organen und Ressorts und die internationale Zusammenarbeit.

Bereits in meiner Keynote bei der »International Conference on ECO-MANAGEMENT« in Tokio am 9.9.1993 hatte ich als Zielvorstellung formuliert: »Staatsführungen werden Maßnahmen eingeleitet haben, um den Umweltschutz in allen ministeriellen Ressorts auf allen Ebenen zu verwirklichen«.

Prof. Dr. Jan Hensmann: Unternehmen sollten sich dahin entwickeln, dass sie von den Bürgern nicht als ökologische Bedrohung, sondern geradezu als Bundesgenossen bei der Herstellung umweltschonender Lebensbedingungen empfunden werden. Dafür haben Sie selbst ein Beispiel gegeben: In Abstimmung mit der überparteilichen Aktion von Bürgerinitiativen »Bessere Luft für Hamburg« ließ die Firma Winter eine Enquête zum letzten Stand der Technik bei Anlagen zur Rauchgasentschwefelung durchführen. Im Ergebnis musste die Hansestadt Hamburg ihren Plan aufgeben, beim Haferweg in der Innenstadt ein Kohlekraftwerk zu errichten.

Dr. Georg Winter: Das war eines der vielen Projekte, bei denen ich mit meinem langjährigen Freund und Weggefährten Dr. Peter C. Mohr, Rechtsanwalt und Mitglied im Vorstand des NABU, zusammenarbeitete. Auch Sie, lieber Prof. Hensmann, haben Ihr berufliches Können – z. B. als Virtuose des Marketing und der Öffentlichkeitsarbeit – erfolgreich für Bürgerinitiativen eingesetzt. Ihnen ist es z. B. zu verdanken, dass das große Wedeler Kohlekraftwerk direkt vor der Westgrenze von Hamburg seine SO_2 Abgase um 90 % reduzieren musste.

Prof. Dr. Jan Hensmann: Wie konnten Sie Ihren Einsatz für die laufende Optimierung und internationale Verbreitung umweltorientierten Managements mit Ihren Aufgaben in der Leitung Ihres Unternehmens verbinden?

Dr. Georg Winter: Jahrzehnte hindurch gelang das. Dann fassten mein Bruder und ich nach gründlichen Überlegungen den Entschluss, das erfolgreiche Unternehmen ab 1996 in andere – ebenfalls vertrauenswürdige – Hände zu übergeben. Dabei wurde die Fortsetzung der Umweltorientierung des Unternehmens vertraglich abgesichert. So konnte ich mich auf die internationale Verbreitung umweltorientierten Managements konzentrieren. Mein Bruder Ernst Michael Winter widmete sich seitdem der Erschließung mehrerer Anwendungen eines neuen Flüssigkeitstrennverfahrens, mit dem er und sein Team den Schmidt-Römhild-Technologie-Preis und den Commerzbank/Impulse/Umweltpreis gewannen. Parallel betrieb er unternehmerisch die Fortentwicklung einer neuen Sägetechnik. Die »Twinsaw« wurde vor allem als Rettungssäge bei der Ausrüstung von Feuerwehrfahrzeugen eingeführt.

Mein Bruder dankte seinen früheren Mitarbeiterinnen und Mitarbeitern durch die Errichtung einer sozial orientierten Stiftung. Meine Dankesgeste gegenüber meinen ehemaligen Mitarbeiterinnen und Mitarbeitern bestand darin, dass ich Ihnen die Möglichkeit einräumte sich an einem ökologischen Gut zu beteiligen.

Damals schenkte ich mehreren hundert interessierten Mitarbeiterinnen und Mitarbeitern Anteile an einer GmbH (Biologischer Arbeitnehmerhof Wulksfelde GmbH, BAW), die heute mit 26 % an der Gut Wulksfelde Landwirtschaft GmbH beteiligt ist. Die aus der Industrie stammenden BAW-Anteilseigner gehören seitdem zu den besten Kunden des Gutes Wulksfelde mit seinem Bio-Hofladen, seiner Bio-Bäckerei und seinem Bio-Lieferservice. Sie erhalten einen Rabatt auf die Waren des Gutes.

Prof. Dr. Jan Hensmann: Wie hat sich die Gut Wulksfelde Landwirtschaft GmbH zwischenzeitlich entwickelt?

Dr. Georg Winter: Die Mitarbeiterinnen und Mitarbeiter des Gutes Wulksfelde, nördlich von Hamburg, kümmern sich mit viel Liebe zum Detail um die Böden, die Tiere, die Verarbeitung und die Vermarktung der Bio-Produkte – seit 1989 konsequent ökologisch. Im Jahre 2005 erhielt das Gut den Förderpreis ökologischer Landbau des Bundesministeriums für Verbraucherschutz. Heute sind die Gut Wulksfelde GmbH, die Gutsbäckerei und der Lieferservice »Bioland« zertifiziert. Das Gut hat unter Beweis gestellt, dass die frühzeitige ökologische Orientierung eines landwirtschaftlichen Unternehmens seinen wirtschaftlichen Erfolg steigern kann. Inzwischen ist das Gut darüber hinaus zu einem beliebten landwirtschaftlichen Erlebnispark mit vielen Angeboten, auch für Kinder, erweitert worden.

Prof. Dr. Jan Hensmann: Welche Zielvorstellung hatten Sie bei den von Ihnen initiierten Bauwerken?

Dr. Georg Winter: An Bauprojekten hat mich vor allem der umweltorientierte Modellcharakter interessiert. Ich möchte Anstöße für die Bauindustrie geben. Der schon erwähnte erste baubiologische Industriebau Europas aus dem Jahre 1985 in Norderstedt, in den die größte Diamantschleifscheibenfertigung Europas einzog, fand das gewünschte Echo.

2014 errichtete ich in Hamburg-Eimsbüttel, Wiesenstraße 7, mit dem HAUS WINTER den ersten deutschen Passivhaus-Neubau mit Gründerzeit-Architektur. Der Bau fügt sich äußerlich nahtlos in die um 1900 errichtete Nachbarbebauung ein. Darüber hinaus ist das architektonisch »öko-kaisertreue« Haus mit acht Wohnungen und zwei Gewerbeeinheiten innen überwiegend nach baubiologischen Kriterien gestaltet und verfügt über modernste energiesparende Passivhaustechnik. Das HAUS WINTER trägt das Zertifikat des Passivhaus-Instituts, Dortmund.

Mit dem Bau habe ich modellhaft bewiesen, dass anspruchsvolle und geschichtsbewusste Architektur und Passivhaustechnik sich nicht ausschließen. Ich freue mich über die gute Presse, zufriedene Mieter sowie die rege Nachfrage von Bauherren und Architekten. Der auch in vielen Medien zustimmend besprochene Bau gilt inzwischen als Referenzprojekt einer neuen Architektur-Richtung, nämlich der »Neuen Geborgenheit«.

Prof. Dr. Jan Hensmann: Wie sind Sie bei dem Gebäude Osterstraße 58, dem historischen Sitz der Firma Winter, heute Standort des HAUS DER ZUKUNFT, vorgegangen?

HAUS WINTER Passivhaus, Foto: Hustedt network

Dr. Georg Winter: Das ehemalige Firmengebäude hatte ich 1995 in mein Privateigentum übernommen, um seine Räume an umweltorientierte Firmen und Organisationen zu vermieten. Das im letzten Weltkrieg großteils zerstörte und in den 1950er Jahren wieder errichtete Gebäude ließ ich 1998 entkernen und trotz erhöhter Kosten vor allem nach baubiologischen Kriterien neu gestalten. Im gleichen Jahr feierte ich mit meinen Mietern und Ehrengästen die offizielle Gründung des HAUS DER ZUKUNFT.

Das Gebäude des HAUS DER ZUKUNFT erhielt 1999 unter den ökologisch modernisierten Altbauten in Deutschland als erstes den Gebäudepass der Bauhaus-Universität Weimar.

Dr. Georg Winter und seine Kinder (v.l.) Johannes, Evamaria, Elisa Maraike und Benjamin gründen am 3. Februar 2016 gemeinsam die Trägergesellschaft für das erste Passivhaus im Stil des 19. Jahrhunderts.

Zum 20-jährigen Jubiläum des HAUS DER ZUKUNFT im Jahre 2018 konnte ich auf eine erfreuliche Entwicklung zurückblicken. Die Vollvermietung des Gewerbehauses an etwa 20 bis 30 nachhaltig orientierte Mieter belegt den Erfolg dieses Modellprojektes. Die Mieter schätzen das gesunde Büroklima. Dieses beruht auf der Verwirklichung baubiologischer Aspekte sowie den nachhaltigen Standards für die Reinigung und Instandhaltung des Gebäudes. Die anspruchsvolle Gestaltung der Innenarchitektur und die vielen Kunstwerke mit Naturbezug tragen dazu bei, dass alle, die hier tätig sind, sich wie zu Hause fühlen und sogar in ihrer Freizeit gerne hier arbeiten.

Prof. Dr. Jan Hensmann: Das HAUS DER ZUKUNFT gilt als »Kompetenzzentrum für Wirtschaft und Umwelt«. Wie sichert das HAUS DER ZUKUNFT diesen Ruf?

Dr. Georg Winter: Das HAUS DER ZUKUNFT wirbt gezielt Verbände, Firmen und sonstige Akteure an, die sich auf ihrem jeweiligen Fachgebiet durch hohe ökologische Kompetenz auszeichnen. Die Handlungsfelder der hier versammelten Verbände, Firmen und Einzelfachleute reichen von Industrie, Energieerzeugung, Handel und Dienstleistung über Kommunen, Bauwirtschaft, Verkehr und private Haushalte bis hin zu Landwirtschaft, Ernährung und Gesundheit. Hinzu kommen Natur-, Landschafts- und Tierschutz sowie nachhaltige Lösungen für Bildung, Schulwesen, Recht, Ethik und Kultur.

Prof. Dr. Jan Hensmann: Diese Aktionsfelder sind sehr breit gestreut. Besteht da nicht die Gefahr, dass der Zusammenhalt verloren geht?

Dr. Georg Winter: Umweltprojekte sind ihrer Natur nach bereichsübergreifend und so komplex, dass unterschiedlichste Akteure zusammenarbeiten müssen. Das HAUS DER ZUKUNFT bietet sehr gute Voraussetzungen für die organisatorisch vernetzte Zusammenarbeit.

Im HAUS DER ZUKUNFT herrscht ein durch Information, Dialog und Partnerschaftlichkeit gekennzeichnetes Klima. Die Kultur des Hauses ist offen, inspirierend und regt zu innovativen Entwicklungen an. Die Kommunikations-Kultur im HAUS DER ZUKUNFT trägt dazu bei, dass es sich auch nach außen als Kompetenzzentrum profilieren kann.

Akteure aus dem HAUS DER ZUKUNFT
vor dem Haupteingang, Osterstraße 58 im Jahre 2017.

In Hamburg gibt es keine vergleichbare Einrichtung, bei der an der Schnittstelle zwischen Wirtschaft und Umwelt so viele spezialisierte und renommierte Akteure unter einem Dach und auf Basis gemeinsamer Grundsätze zusammengefunden haben. Die Grundsätze lauten: Kreativität, Qualität, Kontinuität, Integrität und Humanität.

Prof. Dr. Jan Hensmann: Bleiben wir bei dem Begriff der Humanität. Was bedeutet er für Sie in unserem Zusammenhang?

Dr. Georg Winter: Die Akteure des HAUS DER ZUKUNFT sollten danach streben, nicht nur ihre Mitmenschen human zu behandeln, sondern die Humanität auf alle Formen des Lebens – d. h. auch auf Tiere, Pflanzen und Biotopgemeinschaften – zu erstrecken. Ich folge insoweit Albert Schweitzer, der die wichtigste ethische Forderung darin sieht, Leben zu erhalten, Leben zu fördern und entwickelbares Leben auf seinen höchsten Wert zu bringen und der es gleichzeitig für unzulässig hält, dabei zwischen wertvollerem und weniger wertvollem Leben zu unterscheiden.

Prof. Dr. Jan Hensmann: Wer derart strenge Anforderungen an ethisch verantwortliches Handeln stellt, dürfte bei der Ausübung seines Berufes, besonders als Unternehmer, immer wieder in Gewissenskonflikte und schwierige Abwägungsprozesse geraten. Wie sind Sie zu dieser ethischen Grundüberzeugung gelangt?

Dr. Georg Winter: Das entscheidende Erlebnis hatte ich schon als Kind. Während des Zweiten Weltkriegs in Hamburg geboren, erinnere ich mich noch an die Zeit der Bombenangriffe. Am meisten unter die Haut ging mir ein Erlebnis im

Luftschutzkeller. Ein Luftschutzhelfer hatte eine Fußmatte gefunden, in der sich ein Nest mit kleinen Mäusen befand. Ruckzuck öffnete er vor meinen Augen die Klappe eines brennenden Ofens und warf die Matte samt der Mäuse in das Feuer. Noch heute erinnere ich mich an ihr verzweifeltes Fiepen. Von da an blieb ich mein ganzes Leben lang auf Seiten der Mäuse.

Prof. Dr. Jan Hensmann: Wie hat sich Ihre Naturliebe denn in der Schulzeit entwickelt?

Dr. Georg Winter: Ich hatte das außergewöhnliche Glück, dass meine erste Lehrerin in der Grundschule Loki Schmidt, die Frau des späteren Bundeskanzlers Helmut Schmidt, war. Sie ließ uns Kräuter suchen, eintopfen und großziehen. Der Wegerich den ich fand, hatte etwas von einem Wegweiser. Schon wenige Monate ihres Unterrichts genügten, um die Freude an genauer Naturbeobachtung, die Liebe zur Natur und die Achtung vor allen Formen des Lebens in den Herzen von uns Schülern zu verankern. Gelingt einer Lehrkraft das, so hat sie die vordringlichste Bildungsaufgabe erfüllt. Alle weiteren Lehrinhalte erlangen durch diesen Fundamentalinhalt ihre ethische Grundausrichtung.

Prof. Dr. Jan Hensmann: Können Sie das mit einigen Beispielen konkretisieren?

Dr. Georg Winter: Die Inhalte des schulischen Unterrichts, z.B. in Biologie, Physik, Chemie, Mathematik, Erdkunde, Geschichte, Gemeinschaftskunde, Religion, Wirtschaftskunde und Informatik, können von den Schülern in ihrem späteren Leben als Mittel egoistischer, umweltzerstörerischer Nutzenerzielung verstanden und eingesetzt werden oder aber als

»Werkzeugkasten« für verantwortliches Handeln gegenüber allem Leben.

Das habe ich selbst erfahren. Die Schulstunden bei Loki Schmidt waren mit entscheidend dafür, dass ich während meines Berufslebens daran gearbeitet habe, die Unternehmensführung mit den Umweltanforderungen in Einklang zu bringen und die neu entwickelten Methoden weltweit bekannt zu machen. Auch meine Kinder Benjamin, Elisa Maraike, Lorenz, Johannes und Evamaria sind in Naturverbundenheit aufgewachsen.

Prof. Dr. Jan Hensmann: Wie standen Ihre Mitschüler in höheren Klassen zu Ihrer ausgeprägten Naturliebe?

Dr. Georg Winter: Meine Klassenkameraden fanden es meist etwas übertrieben, wenn ich verirrte Fliegen, angespülte Quallen oder gefährdete Nacktschnecken rettete, aber im Grunde erkannten sie diese Haltung an. Mit 11 Jahren sollte ich mich im Klassenaufsatz zu dem Thema äußern: »Was ich werden möchte«. Ich schrieb, ich wolle in das Familienunternehmen eintreten und es fortführen. Dann folgt jedoch der lapidare Satz: »Aber mein Hauptziel liegt doch darin, die Natur, wo es möglich ist, zu erhalten.« Diese Rangfolge – erst die Natur, dann die Wirtschaft – hat sich auch später in meinem Herzen nie verändert. Ich freue mich, dass meine Frau mir in diesem Fühlen und Denken immer verbunden ist.

Nach dem Jurastudium schrieb ich meine Dissertation zu dem Thema »Die Haftung der Gesellschafter im Konkurs der unterkapitalisierten Gesellschaft mit beschränkter Haftung«. Heute würde mich mehr eine Arbeit mit folgendem Titel interessieren:

»Die unbeschränkte Haftung der Menschheit im Konkurs der unökologischen Gesellschaft«.

Prof. Dr. Jan Hensmann: Ökologisch wichtige Zwecke sind es, für die Sie einen Großteil der jährlichen Mieteinnahmen aus dem HAUS DER ZUKUNFT verwenden. Welche Prioritäten setzen Sie dabei?

Dr. Georg Winter: Wenn jährlich ein bestimmter Betrag zur Verfolgung des Nachhaltigkeitsziels zur Verfügung steht, so sollte dieser Betrag möglichst so eingesetzt werden, dass das Verhältnis zwischen den eingesetzten Geldmitteln und ihrer ökologischen Wirkung so günstig wie möglich ist. Dieser »Hebeleffekt« erscheint mir besonders groß, wenn es gelingt, die Voraussetzungen für eine nachhaltigkeitsorientierte Gesetzgebung und Rechtsprechung zu verbessern.

Wenn die Rechtsfortbildung zu einer geänderten Rechtsprechung führt, insbesondere wenn diese Rechtsprechung von höheren Instanzen bestätigt wird, so kann das für die Lebenswirklichkeit eine äußerst große Bedeutung haben, obwohl die Rechtsprechung häufig mehr »im Verborgenen« wirkt und es meistens nicht auf die Seite 1 der Tageszeitungen schafft. Wenn die Zeit reif ist, lässt sich mit überzeugenden Argumenten unter Umständen ein »juristischer Erdrutsch« zugunsten der Naturbelange auslösen. Diesen Reifungsprozess möchte ich unterstützen und beschleunigen.

Prof. Dr. Jan Hensmann: Wo müssen wir nach Ihrer Meinung ansetzen, um die Stellung der Natur in unserer Rechtsordnung und in unserer betriebswirtschaftlichen und volkswirtschaftlichen Praxis auszubauen?

Dr. Georg Winter: Unsere gesamte Rechtsordnung hat Schlagseite, indem sie allein dem Menschen und keinem anderen Lebewesen Rechtspersönlichkeit und einklagbare Rechte zugesteht. Diese anthropozentrische Fixierung ist historisch erklärbar, aber geradezu gefährlich, wenn es um das Schicksal künftiger Generationen geht, für die wir Verantwortung tragen. Entscheidend für das gebotene Ausbalancieren unserer Rechtsordnung und für die Sicherung der natürlichen Lebensgrundlagen auch des Menschen ist, dass alle Lebewesen – d. h. Tiere, Pflanzen und Lebensgemeinschaften in Biotopen – mit Rechtspersönlichkeit, d. h. mit einklagbaren Rechten, ausgestattet werden. Auch ist dafür zu sorgen, dass diese Rechte zugunsten der jeweiligen Lebewesen vertretungsweise durch Menschen mit geeigneter Qualifikation durchgesetzt werden.

Die Natur verdient bereits um ihrer selbst willen Schutz. Indem der Mensch der Natur eigene Rechte »zugesteht« und sie damit in seiner Rechtsordnung auf seine Augenhöhe stellt, dient er jedoch auch gleichzeitig sich selbst. Der Mensch kann sich selbst am besten schützen, indem er die Natur vor sich schützt. Wenn der Mensch für alle Lebewesen ein grundsätzliches Existenzrecht anerkennt und durchsetzt, so liegt darin eine Überlebensstrategie auch für den Menschen. Zumindest langfristig sind die Menschenrechte ohne Anerkennung von Rechten der Natur nicht durchsetzbar. »Menschenrechte« brauchen »Rechte der Natur«.

Viele der Rechte, die dem Menschen in der »Allgemeinen Erklärung der Menschenrechte« zugesprochen werden, verlieren im Falle fortschreitender Umweltzerstörung ihren Sinn. Wer aufgrund der Umweltzerstörung kein Trinkwasser mehr hat, kann mit dem Menschenrecht der Meinungsfreiheit allein nichts anfangen. Das Menschenrecht auf Eigentum wird eine Farce, wenn ein durch den Klimawandel hervorgerufener Tsunami über die Ortschaften einer Insel hinwegrollt.

Prof. Dr. Jan Hensmann: Sie wünschen sich als Weiterentwicklung der Demokratie sogar eine neue Staatsform, die »Biokratie«. Was verstehen Sie unter dem Begriff?

Dr. Georg Winter: Die Staatsform »Biokratie« ist eine erweiterte Demokratie, in der nicht allein die Menschen, sondern sämtliche Lebewesen als Staatsvolk anerkannt, mit Grundrechten ausgestattet und – mittels geeigneter Repräsentationsformen – parlamentarisch vertreten sind. Im Ergebnis bedeutet Biokratie: Die Menschenwürde achten, sämtliches Leben in seiner Vielfalt würdigen, Leben erhalten und fördern, Wertkonflikte in gewissenhafter Abwägung entscheiden und bedrohtes Leben entschlossen verteidigen.

Prof. Dr. Jan Hensmann: In Ihrem Lebensweg lassen sich vier folgerichtige Phasen erkennen:

Von umwelttechnischen Verbesserungen im Betrieb zu einem Integrierten System umweltorientierter Unternehmensführung, von der einzelbetrieblichen Optimierung zur Organisation eines bundesweiten Verbandes für umweltorientiertes Management (B.A.U.M. e.V.), von der Gründung entsprechender Verbände in mehreren Ländern zur Schaffung eines internationalen Dachverbandes (INEM e.V.), von der umweltorientierten Optimierung der Wirtschaft zum ethischen und rechtswissenschaftlichen Einsatz für die Rechte der Natur. Inzwischen verlangt die Klimakrise immer dringender nach wirksamen Gegenmaßnahmen. Was ist Ihr nächster Schritt?

Dr. Georg Winter: Ich werde das HAUS DER ZUKUNFT in eine gemeinnützige Stiftung einbringen, die entschlossen an der Durchsetzung der Rechte der Natur arbeitet. Sie trägt den Namen »Winter Stiftung für Rechte der Natur«. Mit dieser Namensgebung verbinde ich Dankbarkeit für die Aufbauarbeit der früheren Winter-Generationen und für das Bewusstsein, dass auch meine Kinder sich für den Umweltschutz einsetzen und das Stiftungsprojekt voll unterstützen. Voraussichtlich wird die Klimakrise an Dramatik zunehmen. So fühle ich mich vor allem auch im Hinblick auf die Generation meiner Enkel zum Handeln gedrängt.

Die Zielsetzung der Stiftung, dass die Natur – in ihren unterschiedlichen Erscheinungsformen – Rechtspersönlichkeit erhält, deren Rechte im Klagewege durchgesetzt werden können, wird von einer breiten Öffentlichkeit leider noch für eine Utopie gehalten. Die Menschheitsgeschichte lässt jedoch hoffen. Manches, was zunächst als Utopie galt, wurde bald als diskussionswürdig, wichtig und schließlich existenznotwendig erkannt. Die Natur wird sich ihre Rechte holen, wenn die Menschheit weiterhin wagt, der Natur ihre Rechte streitig zu machen.

Prof. Dr. Jan Hensmann: Ich danke Ihnen, Herr Dr. Winter, für das Interview und wünsche Ihnen viel Erfolg für Ihr Engagement.

Prof. Eberhard Seidel gibt 2011 die Festschrift zum 70. Geburtstag von Dr. Georg Winter im Metropolis Verlag heraus: »Georg Winter – Pionier umweltbewusster Unternehmungsführung«.

Im Jahre 1998 gestaltete die Künstlerin Renate Kirchhof-Stahlmann ein großformatiges Wandbild für die Eingangshalle des HAUS DER ZUKUNFT. Über die Kreisfläche verteilen sich vernetzt – in Symbolen dargestellt – fünf Sinne, fünf Elemente, fünf Seinsstufen, fünf Erdteile sowie fünf Wirtschaftsbereiche.

Zu seinem 70. Geburtstag im Dezember 2011 wird Dr. Georg Winter mit der Festschrift »Georg Winter – Pionier der umweltbewussten Unternehmungsführung« überrascht. Einige Autoren und Projektbeteiligte überreichen Georg Winter (rechts) das von Prof. Dr. Eberhard Seidel herausgegebene Werk. (v.l.n.r.: Dr. Peter C. Mohr, Prof. Volker Stahlmann, Marion Lührs-Winter, Gesa Heinrich, Prof. Eberhard Seidel, Prof. Klaus Michael Meyer-Abich).

Firmen, Verbände und Einzelakteure im HAUS DER ZUKUNFT

Kompetenzzentrum für Wirtschaft und Umwelt seit 1998, Standortgemeinschaft in Hamburg-Eimsbüttel, Osterstraße 58

Das HAUS DER ZUKUNFT in Hamburg ist ein Pionier-Modell und international anerkanntes Kompetenzzentrum für nachhaltiges Wirtschaften. Seit 1998 dient die Standortgemeinschaft dem Schutz der Biosphäre durch innovative und ganzheitliche Lösungen für Wirtschaftspraxis und Gesellschaft. Ziel aller in diesem Haus arbeitenden Firmen, Institutionen, Verbände und Akteure ist die Förderung umweltbewussten, ganzheitlichen und nachhaltigen Wirtschaftens und Handelns. Die hier tätigen Unternehmen und Vereine sind nicht nur Mieter, sie sind Akteure im HAUS DER ZUKUNFT und damit Schrittmacher für nachhaltige Innovationen.

Einige Mieter haben ihren Standort im HAUS DER ZUKUNFT seit dessen Gründung 1998. Dazu zählt der Bundesdeutsche Arbeitskreis für Umweltbewusstes Management (B.A.U.M. e.V). Von 1998 bis 2004 setzte sich der Naturschutzbund Deutschland NABU, Landesverband Hamburg e.V., von hier aus für den Schutz der Pflanzen und Tiere ein.

Die gemeinnützigen Verbände:

Baltic Environmental Forum Deutschland e.V. Das internationale Netzwerk arbeitet seit 1995 zu den Themen Chemikalienmanagement, Wasserqualität, Natur- und Meeresschutz,

Energieeffizienz, nachhaltige Mobilität und Klimawandel – und entwickelt in Zusammenarbeit mit Wissenschaft, Politik, Verwaltung und Zivilgesellschaft nachhaltige Lebens- und Wirtschaftsweisen.

B.A.U.M. e.V. Der Bundesdeutsche Arbeitskreis für Umweltbewusstes Management hat seit Gründung des HAUS DER ZUKUNFT hier seinen Sitz. Mit über 500 Mitgliedsunternehmen ist das Netzwerk die Stimme nachhaltig wirtschaftender Unternehmen in Deutschland. Der 1984 von Unternehmern gegründete Bundesdeutsche Arbeitskreis für Umweltbewusstes Management vernetzt Akteure aus Wirtschaft, Politik, Wissenschaft, Medien und Verbänden zu Nachhaltigkeitsthemen und bietet eine Plattform für praxisorientierten Informations- und Erfahrungsaustausch.

ENGAGEMENT GLOBAL gGmbH Der Service für Entwicklungsinitiativen informiert und berät Einzelpersonen, Zivilgesellschaft, Kommunen, Schulen, Wirtschaft und Stiftungen zu entwicklungspolitischen Vorhaben und fördert diese finanziell. Die Fachkräfte für Entwicklungshilfe qualifizieren bedarfsgerecht, verbinden Menschen und Institutionen miteinander und unterstützen zivilgesellschaftliches sowie kommunales Engagement.

Environmental Justice Foundation (EJF) ist eine internationale Non-Profit-Organisation, die sich weltweit dafür einsetzt, Umweltverbrechen und damit einhergehende Verletzungen der Menschenrechte aufzudecken und zu verhindern. Für EJF ist Umweltsicherheit ein Menschenrecht. Mit Hilfe von Recherchen, Untersuchungen vor Ort und öffentlichkeitswirksamen Kampagnen, die konkrete Zielgruppen – einschließlich höchster Regierungsebenen – ansprechen, kämpft EJF für Umweltgerechtigkeit und den Schutz der natürlichen Umwelt, sowie für die Menschen und Tiere, die auf sie angewiesen sind.

hamburg.global Das Netzwerk für weltweite Gerechtigkeit betreibt Aktivitäten und eine Webmap als Plattform für alle, die sich für »Eine-Welt-Themen« interessieren.

INEM e.V., International Network for Environmental Management, ist der 1991 gegründete weltweite Zusammenschluss von nationalen Unternehmensverbänden für umweltbewusstes Management. Der deutsche Mitgliedsverband ist B.A.U.M. e.V. z.B., der ungarische KÖVET.

Ökomarkt Verbraucher- und Agrarberatung e.V. ist ein 1986 gegründeter gemeinnütziger Verein, der auf dem Gebiet der Bildungs- und Öffentlichkeitsarbeit für eine ressourcenschonende Ernährung mit dem Schwerpunkt »Ökolandbau« im Großraum Hamburg, bundesweit und auf EU-Ebene tätig ist. Der Ökomarkt e.V. berät Verbraucherinnen und Verbraucher zu einer genussvollen, gesundheitsbewussten und umweltverträglichen Ernährungsweise mit Bio-Produkten und gibt Impulse für die Förderung des ökologischen Landbaus entlang der gesamten Wertschöpfungskette.

Die gewerblichen Unternehmen:

B.A.U.M. Consult GmbH ist eines der führenden Ingenieur- und Beratungsbüros für Energietechnik, Fördermittelberatung, Managementsysteme und Nachhaltigkeitsthemen in Deutschland.

Brotbüro Elke zu Münster widmet sich als Großhändlerin der Belieferung der Lebensmittelbranche mit weißen Qualitätslupinen aus biologischem Anbau. Sie fördert den Ökolandbau mit Beratung und Seminaren u. a. zum Thema Brot und weiße Lupine.

bildhaft tv Hannes Agena bietet die komplette Produktion bis zum sendefertigen Film an, d. h. Themensuche, Recherche, Casting und Umsetzung einschließlich Dreh, Schnitt, Text, Abnahme, Mischung.

Biologischer Arbeitnehmerhof Wulksfelde GmbH (BAW) vertritt die Interessen ihrer Gesellschafter an der ökologisch wirtschaftenden Gut Wulksfelde Landwirtschafts GmbH.

Felix Schäfer Marktforschung bietet Beratungen in den Bereichen Produktentwicklung, Kundenzufriedenheit und Qualitäts-Management.

granny aupair wurde 2010 von Michaela Hansen gegründet und ist ein mehrfach preisgekröntes und international bekanntes Online-Portal, über das lebenserfahrene Frauen als Aupair-Omas ins In- und Ausland vermittelt werden.

jetztzeit Verlag Hamburg Bettina Schäfer gibt in ihrer Edition Latimeria als Autorin und Herausgeberin professionell recherchierte und mit Zeitzeugenaussagen angereicherte biografische Bücher heraus.

cuekk GmbH Das Büro des Energieberaters Andreas Kötter bietet kreative Umwelt-, Energie und Klimakonzepte für Bäckereien, Fleischereien, Lebensmitteleinzelhandel und Landwirtschaft.

Markus Spengler Technology Consulting bietet saubere Lösungen für Wasser mit Technologie- und Strategieberatungen, war Akteur im HAUS DER ZUKUNFT bis 2021.

Myrtel Verlag GmbH & Co KG Lehrer entwickelten aus der Praxis Unterrichtsmaterialien für die Grundschule mit Musik und Bewegung, die allen Kindern motiviertes und nachhaltiges Lernen ermöglichen.

ÖKO-Pro Ingenieurbüro Dipl. Ing. Wilfried Bobles plant die energetische Sanierung von Gebäuden und technischen Anlagen. Er erbringt energetische Nachweise für Neubauten.

Praxis für Osteopathie Rainer Hoch Osteopathie und Applied Kinesiology sind Diagnostik- & Therapieverfahren aus der manuellen Medizin, die einem ganzheitlichen Ansatz folgen. Sie fokussieren nicht allein das Symptom, sondern berücksichtigen das Gesamtsystem des Körpers. Osteopathen und Kinesiologen ergründen die spezifische Symptomatik eines Menschen vor dem Hintergrund seiner Lebensgeschichte und Individualität.

projects energy GmbH Marco Wagner bietet Beratungen in allen Bereichen der Energieeffizienz.

Analysenservice Innenraum Umwelt-Dipl. Ing. Stefan Bollow führt im erweiterten Umfeld der Baubiologie seit 20 Jahren das Sachverständigenbüro mit dem Schwerpunkt Schadendiagnostik und Beweiserhebung im Bereich der Bau-, Feuchte-, Wasser- und Brandschäden und der damit verbundenen biologischen und chemischen Schadstoffproblematik.

SOKRATHERM GmbH Energie- und Wärmetechnik Das 1977 gegründete Spezialunternehmen für wirtschaftliche und umweltschonende Energieerzeugung baut und wartet Blockheizkraftwerke (BHKW) im Leistungsbereich 50 kW bis 1 MW. Diese schaffen als dezentrale Strom- und Wärmeerzeuger den Ausgleich für die volatilen Stromerzeuger Wind und Sonne und sind zugleich Bausteine der Wärmewende – wie z. B. im Wilhelmsburger »Energiebunker«. Das Vertriebsbüro Nord ist Ansprechpartner für die Kunden in Hamburg und Schleswig-Holstein.

Deutsches SprechSport Zentrum Mit dem innovativen Ansatz eines sportiven Sprechtrainings vermittelt ein Team von Fachleuten für Sprecherziehung, Stimmtherapie und Schauspiel unter Leitung von Dagmar Puchalla seit 2006 u. a. Kindern, Eltern, Schülern, Lehrkräften, Künstlern und Unternehmern Spaß an gutem Sprechen. Ausbildungsziel ist die Fähigkeit zu einer natürlichen und überzeugenden sprachlichen Kommunikation. Die Sprechsport-Bewegung hat bereits mehrere Bücher veröffentlicht und bietet regelmäßig Kurse mit professionellem Sprechtraining an. Gründer ist Dr. Georg Winter, der durch die Übertragung von Methoden des Leistungssports auf das Sprechen unter anderem auch Fähigkeiten entwickelte, die ihn zum schnellsten deutschen Sprecher machten.

Winfried Berger, Immobilien

HAUS WINTER Verwaltungs-GmbH & Co. KG Diese Gesellschaft ist Eigentümer des HAUS WINTER, dessen Grundstück (Wiesenstraße 7) unmittelbar an das Grundstück des HAUS DER ZUKUNFT (Osterstraße 58) grenzt. Das HAUS WINTER ist der erste deutsche Passivhaus-Neubau in gründerzeitlichem Stil.

Wer sich über die einzelnen Unternehmen, Verbände, Akteure und ihre Projekte im HAUS DER ZUKUNFT informieren bzw. direkt Kontakt aufnehmen möchte, ist dazu unter www.haus-der-zukunft-hamburg.de eingeladen.

DAS HAUS DER ZUKUNFT UND AKTIONEN DER »INITIATIVE RECHTE DER NATUR«

7

Kerngedanken der Initiative »Rechte der Natur/Biokratie«

Dr. Georg Winter auf Basis seines Grundlagentextes für die 20-bändige Reihe »Betriebswirtschaftliche Schriften über Rechte der Natur/Biokratie«, herausgegeben vom HAUS DER ZUKUNFT.

(1) Zur aktuellen Lage und ihrem Anspruch

Durch den Raubbau an begrenzten Ressourcen und die Überlastung der Umwelt mit Schadstoffen entfernt sich die technische Zivilisation des Menschen vom Ökosystem in einem solchen Maß, dass langfristig die Selbstvernichtung des Menschen möglich, ja zunehmend wahrscheinlich wird. Nun mehr ist unsere wichtigste Zukunftsaufgabe die Wiedervereinigung unserer technischen Zivilisation mit unserer natürlichen Umwelt.

Die Mauer zwischen unserer technischen Zivilisation und der Natur muss fallen!

Es geht um einen Aufbruch zur Wiedervereinigung zwischen technischer Zivilisation und Natur!

Das Grunderfordernis für diese Wiedervereinigung ist die grundsätzliche Entscheidung der menschlichen Gesellschaft für einen nachhaltigen Entwicklungspfad. Dessen Kernvoraussetzung wiederum ist die allgemeine Anerkennung von »Rechten der Natur«.

(2) Bisherige Entwicklungsphasen des Verhältnisses zwischen Zivilisation und Natur

Vier Entwicklungsphasen des Verhältnisses zwischen Zivilisation und Natur sind bisher zu verzeichnen:

1. Primäre Gleichgewichtsphase – Homo integratus
In der Frühgeschichte der Menschheit gab es eine primäre Gleichgewichtsphase, in der die Aktivitäten des Menschen das Ökosystem kaum berührten. Wir können von einem in die Natur integrierten Menschen, dem Homo integratus, sprechen.

2. Relative Gleichgewichtsphase – Homo occupans
Es folgte eine relative Gleichgewichtsphase, in der ein planmäßiger Ressourcenabbau begann, jedoch das Ökosystem nicht überforderte. Der Mensch okkupierte zunehmend Lebensräume, bis er in der folgenden Phase eine dominante Stellung erlangte.

3. Ungleichgewichtsphase – Homo dominans
Massive Übertreibungen der technischen Aktivitäten des

Menschen schlugen qualitativ um in eine Gefahr für die langfristige Fortexistenz des menschlichen Lebens auf der Erde.

4. Kritische Phase – Homo isolatus
Gegenwärtig befinden wir uns in einer 4., der kritischen Phase, in der der Mensch sich in vielen Ländern der Erde physisch und geistig von der Natur isoliert hat und zum Homo isolatus denaturiert ist. In der Industrie arbeitende Menschen werden vielfach nur als Produktionsmittel wahrgenommen, Verbraucher als Umsatzbringer, Pflanzen und Tiere als Konsumgüter.

Zwei alternative Entwicklungsachsen mit je drei Entwicklungsphasen sind zu prognostizieren.

(3) »Business-as-usual-Szenario« ab der kritischen Phase

1. Konfrontationsphase – Homo egocentricus
Gemäß dem Business-as-usual-Szenario gerät der Mensch in eine Konfrontations-Phase, in der er als Homo egocentricus nur für seinen kurzfristigen Vorteil lebt. Dafür riskiert er mittel- und langfristig größte Zerstörungen und Schäden: u.a. einen beschleunigten Klimawandel, Hungerkatastrophen in anderen Ländern sowie kriegerische Auseinandersetzungen um begrenzte Ressourcen und ökologisch noch funktionsfähige Gebiete.

2. Zerstörungsphase – Homo anarchicus
Der Übergang zur nächsten, der Zerstörungsphase, ist fließend. Sie ist von Übervölkerung, Massensterben, Migrations- und Rohstoffkriegen, Selbstverteidigungs-Terrorismus und dem Zusammenbruch gesellschaftlicher, kultureller und

wirtschaftlicher Ordnungen bestimmt. Es ist die Stunde des Homo anarchicus mit seiner Rette-sich-wer-kann-Aggression.

3. Sekundäre Gleichgewichtsphase unter Ausschluss des Menschen – Homo extinctus
Die letzte Phase dieses Szenarios ist die sekundäre Gleichgewichtsphase, die sich einstellt, wenn die Überlastung des globalen Ökosystems mit Emissionen, die totale Ausbeutung der Ressourcen und die Existenzkriege zwischen restlichen Bevölkerungsgruppen zur weitgehenden Ausrottung des Menschen und infolgedessen zum Schutz der Natur vor weiteren Eingriffen durch den Menschen geführt haben. Am Ende des Business-as-usual-Szenarios steht damit der ausgestorbene Mensch, der Homo extinctus, der sich einmal für den Homo sapiens hielt.

(4) Kurswechselszenario ab der kritischen Phase

Hoffnung und Ansporn für uns ist, dass ab der kritischen Phase auch ein Kurswechsel-Szenario möglich ist.

1. Reorientierungsphase – Homo solidarius
Eine Reorientierungsphase führt zur Herausbildung des Homo solidarius, der Verantwortung für benachteiligte Bevölkerungsgruppen entwickelt, für hilfsbedürftige Entwicklungsländer, für zukünftige Generationen sowie für den Naturschutz und Artenreichtum. Die Erkenntnis der dramatischen Selbstgefährdung der Menschheit führt zu nationalen Gesetzen und internationalen Verträgen, die ökologischen Kahlschlag verhindern.

2. Anpassungsphase – Homo fraternus
Es folgt eine umweltorientierte Anpassungsphase, in der Verantwortungsbewusstsein und solidarisches Handeln sich zu einer Kultur der Brüderlichkeit fortentwickeln. Der brüderliche Mensch, der Homo fraternus, handelt als Mitglied einer Familie, die alles Leben umfasst: die gegenwärtigen und die zukünftigen Generationen von Menschen, Pflanzen und Tieren auf dem gesamten Planeten. Er fügt sein Wirtschaftssystem dem Ökosystem ein, das schrittweise gesundet.

3. Sekundäre Gleichgewichtsphase unter Beteiligung des Menschen – Homo reintegratus
Während am Ende des Business-as-usual-Szenarios die Natur in eine sekundäre Gleichgewichtsphase ohne Beteiligung des Menschen eintritt, gelangt die Natur nach dem Kurswechsel-Szenario zu einer sekundären Gleichgewichtsphase unter Beteiligung des Menschen. Gewachsenes Umweltbewusstsein, bittere Erfahrungen und wissenschaftliche Erkenntnisse entfalten Wirkung. Der Mensch integriert sich wieder in das Ökosystem, er wird zum Homo reintegratus. Die technische Zivilisation des Menschen hat einen Zustand dauerhafter Harmonie mit der Natur erreicht.

(5) Lage und Bewusstsein am Scheidepunkt der beiden Entwicklungsalternativen

Fast tragischerweise wissen zahlreiche, wahrhaft umweltbewusste, um das ökologische Optimum ringende Unternehmer, dass sich ihr Unternehmen – direkt oder indirekt, mehr oder weniger – an dem Aufbrauchen der endlichen Rohstoffressourcen der Erde beteiligt und durch Schadstoff-Emissionen, auch wenn diese innerhalb der gesetzlichen Grenzwerte bleiben, zur fortschreitenden Umweltzerstörung beiträgt.

Tausende von Unternehmern sind auf dem Wege, diese Verstrickung in das weltweite Zerstörungswerk zu lockern. Viele führen ein Managementsystem ein, das alle Unternehmensbereiche – von der Mitarbeiterausbildung über Marketing, Logistik, Produktentwicklung und Produktion bis hin zur Architektur der Produktionsgebäude – nicht nur am Unternehmenserfolg, sondern auch am Umweltschutz ausrichtet (»Umweltorientierte Unternehmensführung«) oder auch zusätzliche soziale Faktoren einbezieht (»Corporate Social Responsibility«, CSR). Diese Unternehmer machen die Erfahrung, dass es in vielen Fällen möglich ist, den Ressourcenverbrauch und die Schadstoffbelastung zu verringern und gerade dadurch den Unternehmenserfolg und die Wettbewerbsfähigkeit zu verbessern.

Andererseits bleibt weitsichtigen Unternehmern bewusst, dass sie mit solchen Methoden die Beteiligung ihres Unternehmens an dem weltweiten Zerstörungswerk lediglich abmildern aber nicht aufheben können. Die gegenwärtigen gesamtwirtschaftlichen Rahmenbedingungen machen es dem Unternehmer unmöglich, wahrhaft zukunftsfähig zu handeln. Seine Produktion würde so teuer werden, dass Wettbewerber, die sich nicht zukunftsfähig verhalten und entsprechend geringere Kosten tragen, ihn aus dem Markt drängen würden.

Mutige Unternehmer stellen sich dem Zwiespalt, indem sie über betriebliche Optimierungen hinausgehen und auch auf der makroökonomischen Ebene tätig werden, d. h. auf der Ebene der staatsbürgerlichen Stimmabgabe, der Verbände und gegebenenfalls der Wirtschaftspolitik.

Es besteht Handlungsbedarf für die Schaffung von nachhaltigkeitsorientierten Rahmenbedingungen des Wirtschaftens. Benötigt wird eine einschlägige ökologische Rahmenordnung. Kernpunkt ist hierbei – wie schon wiederholt gesagt – die Anerkennung von »Rechten der Natur«.

(6) »Menschenrechte« und »Rechte der Natur«

Grundsätzlich ist die Natur nicht darauf angewiesen, dass der Mensch ihr Rechte einräumt. Der Mensch ist sogar davon abhängig, dass die Natur ihm Lebensbedingungen bietet, die sein Überleben ermöglichen. Die Natur interessiert es nicht, ob klimatische Veränderungen, Vulkanausbrüche oder Seuchen in ein verfassungsmäßiges Recht des Menschen auf körperliche Unversehrtheit eingreifen. Die Natur ist über die Belange jeder von ihr hervorgebrachten Spezies und auch über die Spezies Mensch und seine Rechtsordnung erhaben.

Indem der Mensch der Natur eigene Rechte »zugesteht« und sie damit in seiner Rechtsordnung auf seine Augenhöhe stellt, dient er gleichzeitig sich selbst. Der Mensch kann sich selbst am besten schützen, indem er die Natur vor sich schützt. Wenn der Mensch für alle Lebewesen ein grundsätzliches Existenzrecht anerkennt und durchsetzt, so liegt darin eine Überlebensstrategie auch für den Menschen. Zumindest langfristig sind die Menschenrechte ohne Anerkennung von Rechten der Natur nicht durchsetzbar.

»Menschenrechte« brauchen »Rechte der Natur«. Viele der Rechte, die den Menschen in der »Allgemeinen Erklärung der Menschenrechte« zugesprochen werden, verlieren im Falle fortschreitender Umweltzerstörung ihren Sinn. Wer aufgrund der Umweltzerstörung kein Trinkwasser mehr hat, kann mit dem Menschenrecht der Meinungsfreiheit allein nichts anfangen. Das Menschenrecht auf Eigentum wird eine Farce, wenn ein durch den Klimawandel hervorgerufener Tsunami über die Ortschaften einer Insel hinwegrollt.

Menschenrechte brauchen die Rechte der Natur aber nicht nur, um sich langfristig durchzusetzen und mit realem Inhalt zu füllen. Sie benötigen sie auch, um sich selbst ethisch stichhaltig begründen zu können.

Menschenrechte sind vorwiegend als Freiheitsrechte konzipiert. Freiheit heißt aber nicht, alles tun zu dürfen, was man möchte. Freiheit ist keine Willkürfreiheit, sondern die Freiheit, zu tun, was anderen nicht schadet. Freiheit ist dieserart durch die Grenzen der Rechte anderer definiert, das gilt im Sinne von bestimmt und begrenzt. Wenn man die Natur als Trägerin eigener Rechte und damit als Rechtssubjekt (und nicht nur als Rechtsobjekt) anspricht, so tut man nicht mehr und nicht weniger, als sie in den Kreis der »anderen« auf Augenhöhe aufzunehmen.

Rechte der Natur stehen dann im gleichen Rang wie die Menschenrechte, und das ist der entscheidende Gesichtspunkt für ihre Anerkennung, der sie durchsetzungsfähig macht. Dass auf die Belange der Natur in bestimmt definierter Weise Rücksicht zu nehmen ist, sehen die Rechtssysteme vieler Staaten auch schon gegenwärtig vor. Eine Anerkennung von eigenen Rechten der Natur geht darüber jedoch klar hinaus!

»Rechte der Natur« sind nicht zu verwechseln mit den naturgegebenen Rechten des Menschen im Sinne der Naturrechtslehre.

Nach der Naturrechtslehre erlangt der Mensch gewisse Grundrechte nicht erst dank Verleihung dieser Rechte durch den Staat sondern bereits kraft seines Menschseins als natürliches vernunftbegabtes Wesen. Bei den eingeforderten »Rechten der Natur« handelt es sich dagegen um die den anderen Lebewesen durch die staatliche Rechtsordnung zu garantierenden Rechte.

Ob man – entsprechend unserer gegenwärtigen Rechtsordnung – dem Menschen Pflichten gegenüber der Natur auferlegt oder ob der Natur eigene Rechte mit Grundrechtscharakter eingeräumt werden, macht einen großen Unterschied für das öffentliche Bewusstsein, die spätere Rechtsentwicklung und die politischen Weichenstellungen.

Auch zu Zeiten der Sklaverei und der Leibeigenschaft gab es mehr oder weniger bindende Verhaltensregeln für den Umgang mit Sklaven und Leibeigenen. Zur Beendigung der Sklaverei und der Leibeigenschaft kam es jedoch erst, als den Menschen durch die Rechtsordnung – unabhängig von ihrer sozialen Stellung – eigene Grundrechte, besonders Freiheitsrechte zugesprochen wurden.

Dasselbe gilt und wird gelten für die »Rechte der Natur«!
Der Gleichrang, die gleiche Augenhöhe ist der Hebel für ihre tatsächliche Durchsetzbarkeit und Durchsetzung.

(7) »Rechte der Natur« und »Biokratie«

Die Menschen müssen erkennen, dass alle Staaten der Welt überwölbt sind von einem Staat höherer Ordnung. Dieser Staat ist die Natur. Das Staatsgebiet ist die Biosphäre, das Staatsvolk die Gesamtheit aller Lebewesen, die Staatsgewalt ist die Evolution allen Lebens. Die Staatsform dieses Staates ist die Biokratie, die Herrschaft des Lebens.

Will der Mensch überleben, so muss er die biokratische Ordnung, unter der alle Menschen neben ihren Mitlebewesen leben, in der Ordnung seines jeweiligen Nationalstaates abbilden. Das schließt die gleichzeitige Erfüllung ethischer und kultureller Ansprüche des Menschen nicht aus, sondern im Gegenteil konstitutiv mit ein.

Im Fortschreiten der Geschichte wurde der Kreis der an der staatlichen Willensbildung beteiligten Gruppen – vorbehaltlich einzelner Rückentwicklungen – immer weiter ausgedehnt:

- von der Alleinherrschaft (Monarchie, Tyrannis) über die Herrschaft der Wenigen (Aristokratie, Oligarchie) zur Herrschaft der Mehrheit (Politie, Demokratie)

- innerhalb der Demokratie setzte sich das fort: vom Mehrklassenwahlrecht zum allgemeinen Wahlrecht; dazu trat die fortgesetzte Ausweitung des Kreises der Wahlberechtigten (Einführung des Frauenwahlrechts, des Ausländerwahlrechts, Absenkung des Wahlalters).[1]

Der nächste konsequente Schritt ist eine Ausweitung der Beteiligung zu den Mitgeschöpfen des Menschen. Er führt von der Demokratie zur Biokratie. Durch sie stellt das Staatswesen des Menschen sicher, dass das Überlebensinteresse aller lebenden Arten so in der staatlichen Ordnung verankert, im Parlament repräsentiert und in der praktischen Politik durchgesetzt wird als hätten die lebenden Arten im Parlament Sitz und Stimme.

Eine Reihe grundsätzlich zielführender rechtlicher Instrumente wurde von der Rechtswissenschaft bereits entwickelt. Was als Utopie erscheint, ist in Wahrheit eine Überlebensstrategie auch für den Menschen.

Die Evolution verschaffte dem Menschen den Verstand und damit einen Quantensprung an Macht. Die Natur wird den Menschen auslöschen, wenn er diesen Quantensprung an Macht nicht ausgleicht durch einen Quantensprung an ethischem Bewusstsein. Diese Ethik verlangt, dass wir Leben erhalten, Leben fördern und entwickelbarem Leben bewusst Entfaltungsraum schaffen.

Noch einmal kurz zusammengefasst

Die Staatsform Biokratie ist eine erweiterte Demokratie, in der nicht allein die Menschen, sondern sämtliche Lebewesen als Staatsvolk anerkannt, mit Grundrechten ausgestattet und – mittels geeigneter Repräsentationsformen – parlamentarisch vertreten sind. Im Ergebnis bedeutet die Staatsform Biokratie: Die Menschenwürde achten, sämtliches Leben in seiner Vielfalt würdigen, Leben erhalten und fördern, Wertkonflikte in gewissenhafter Abwägung entscheiden und bedrohtes Leben entschlossen verteidigen.

Zum begrifflichen Zusammenhang von »Rechten der Natur« und »Biokratie« kann abschließend – durchaus im Sinne einer begriffssetzenden Definition festgehalten werden:

- Die hinreichend vollständige Kodifizierung der Rechte der Natur steht für die Soll-Konzeption der Biokratie.

- Die hinreichend vollständige Durchsetzung und Wahrung der Rechte der Natur steht für die Ist-Realisation der Biokratie.

- Die volle Anerkennung und Respektierung (Wahrung) der »Rechte der Natur« bedeutet die *Verwirklichung von Biokratie.*

Chronologie der Initiative »Rechte der Natur«

Aktivitäten von 2008 bis 2022

Mit dem Ziel einer gesteigerten Verantwortung für die natürlichen Lebensgrundlagen verbindet sich die Forderung nach einer Stärkung der Natur im Recht. 2008 startet Dr. Georg Winter, HAUS DER ZUKUNFT, Kompetenzzentrum für Wirtschaft und Umwelt in Hamburg, die Initiative »Rechte der Natur«.

> Wer spricht den Eisbären auf ihren schmelzenden Eisschollen Recht? Wann haften Umweltsünder aus Wirtschaft und Gesellschaft als Straftäter? Wie kommen Fauna, Flora und Biotope angesichts gravierender Zukunftsbedrohungen zu ihrem Recht?
>
> Unsere Demokratie sollte zu einer Biokratie fortentwickelt werden, die die parlamentarische Vertretung der belebten Natur und zukünftiger Generationen wirksam organisiert.

Im Ergebnis bedeutet die Staatsform Biokratie: Die Menschenwürde achten, sämtliches Leben in seiner Vielfalt würdigen, Leben erhalten und fördern, Wertkonflikte in gewissenhafter Abwägung entscheiden und bedrohtes Leben entschlossen verteidigen.

Dr. Georg Winter prägte den Begriff bereits 1993 auf der International Conference for Eco Management in Tokio.

2008
Rechte der Natur – Menschenrechte reichen nicht
60 Jahre Erklärung der Menschenrechte – eine Erklärung der Rechte der Natur ist überfällig. 2008 veranstaltet Dr. Georg Winter eine Expertentagung im HAUS DER ZUKUNFT, Hamburg. Er verlangt, daß nicht nur Naturschutzverbände sondern zukünftig auch Tierschutzverbände ihre Forderungen mit der sogenannten Verbandsklage verfolgen können.

2008
Fünf vor Zwölf: Flag of United Nature – Das Gesicht der Vereinten Natur
Als Symbol für die Dringlichkeit einer Ergänzung der Menschenrechte um die Rechte der Natur wurde in einer konzertierten Aktion von vier norddeutschen Umweltzentren am 10.12.2008, zum 60. Jahrestag der Erklärung der Menschenrechte – zeitgleich um fünf Minuten vor zwölf – die neue Fahne der Vereinten Natur gehisst. Beteiligt an der Aktion waren das HAUS DER ZUKUNFT in Hamburg, das an diesem Tage zehn Jahre bestand, der Wildpark Eekholt in Schleswig-Holstein sowie das Zukunftszentrum Mensch-Natur-Technik-Wissenschaft (ZMTW) und die Botschaft der Wildtiere der

Jacqueline Aloisi de Larderel (ehemals Directrice Département Industie et Environnement, Programme des Nations unies pour l'Environnement) erhält 2008 eine Ehrung mit der Flag of United Nature aus den Händen von Dr. Georg Winter

Deutschen Wildtier Stiftung in Mecklenburg-Vorpommern – alles Institutionen, die bei der Verbreitung umweltorientierten Wissens in Deutschland eine Pionierstellung bewiesen hatten.

Die »Flag of United Nature«, wie sie im Gegensatz zur »Flag of United Nations« heißt, symbolisiert mit einer blauen Kreisfläche auf weißem Grund den Frieden mit unserer Erde. Zahlreiche weiße Sterne auf der Kreisfläche stellen die Lebewesen in ihrer Artenvielfalt dar. Der Mensch, symbolisiert durch einen gelben Stern, fügt sich in die Gemeinschaft aller Lebewesen gleichberechtigt ein. Entworfen wurde die Fahne von Dr. Georg Winter.

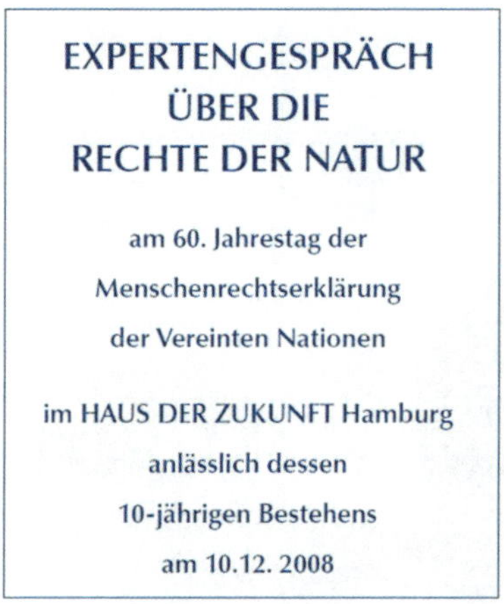
EXPERTENGESPRÄCH
ÜBER DIE
RECHTE DER NATUR

am 60. Jahrestag der
Menschenrechtserklärung
der Vereinten Nationen

im HAUS DER ZUKUNFT Hamburg
anlässlich dessen
10-jährigen Bestehens
am 10.12. 2008

Links: Dokumentation Expertengespräch Rechte der Natur, 2008.
Rechts: Die von Dr. Georg Winter entwickelte Fahne der Vereinten Natur – Flag of United Nature.

Bereits am 21. Juni 2006 hatte Dr. Georg Winter auf dem »World Life Culture Forum« in Gyeonggi/Südkorea einen Vortrag zum Thema: »From United Nations to United Nature – Harmonization between Human Civilisation and Nature by Environmental Management and Biomimicry« gehalten. Am Schluss der Tagung wurde die von Dr. Georg Winter gestiftete »Flag of United Nature« in einem Umzug der Studenten durch das begeisterte Plenum getragen. 2014 hisst Prof. Volker Stahlmann die Fahne der Vereinten Natur vor dem Kulturbahnhof Ottensoos anlässlich der »Woche der Sonne«. Bis heute weht die Flagge im Wechsel in Hamburg am Standort der Initiative Rechte der Natur.

Die Fahne der Vereinten Natur wird von vier Umweltzentren zeitgleich fünf Minuten vor zwölf Uhr gehisst.

Links: Vor dem HAUS DER ZUKUNFT hissen im Jahre 2008 Kinder die Fahne der vereinten Natur. Rechts: Prof. Volker Stahlmann hisst 2017 die Flag of United Nature vor dem Kulturbahnhof Ottensoos, Nürnberg.

2010

Auslobung des Biokratie-Preises für juristische Dissertationen über die Mitwirkungsrechte der Natur durch Dr. Georg Winter, HAUS DER ZUKUNFT

Anlässlich des 20jährigen Bestehens der Forschungsstelle Umweltrecht an der Universität Hamburg im Jahr 2008 stiftete Dr. Georg Winter, Gründer des HAUS DER ZUKUNFT in Hamburg und Vorstandsmitglied des Vereins zur Förderung umweltrechtlicher Forschung e.V., den hoch dotierten »Biokratie-Preis«.

Er wird vergeben für die besten wissenschaftlichen Arbeiten auf dem Gebiet des Natur- und Umweltschutzes. Mit dem Biokratie-Preis werden Leistungen ausgezeichnet, die in besonders wirksamer Weise zu einer stärkeren Ausrichtung der Rechtsordnung an der Verantwortung gegenüber allem Leben beitragen. Preiswürdig sind neben rechtswissenschaftlichen Arbeiten auch naturwissenschaftliche, umweltpädagogische oder politische Leistungen.

Die Träger des ersten Biokratie-Preises: Dr. Angela Schwerdtfeger (links) und Dr. Jan-Hendrik Dietrich (rechts) mit dem Stifter Dr. Georg Winter, HAUS DER ZUKUNFT, Hamburg (Mitte).

2012

Verleihung des ersten Biokratie-Preises und Tagung »Natur im Recht – Rechte der Natur« an der Universität Hamburg

Die Biokratie-Preisträgerin Dr. Angela Schwerdtfeger untersucht in ihrer Dissertation den Einfluss der völkerrechtlichen Vorgaben der Aarhus-Konvention auf das Klagerecht von Umweltverbänden und Einzelpersonen im deutschen Verwaltungsrechtsschutz. In seiner Dissertation analysiert Dr. Jan-Hendrik

Dietrich den Zielkonflikt zwischen Umweltschutz und Landesverteidigung mit militärisch bedingten Umweltbelastungen.

Die Träger des zweiten Biokratie-Preises 2013,
Dr. Cathrin Zengerling (oben) und Prof. Berndt Heydemann (unten).

2013
Verleihung des zweiten Biokratie-Preises und Tagung in der Universität Hamburg

Den Biokratie-Preis 2013 erhalten Dr. Cathrin Zengerling aus Hamburg für ihre Doktorarbeit zum Thema »Greening International Jurisprudence – Environmental NGOs before

International Courts, Tribunals, and Compliance Committees« und Prof. Dr. Dr. h.c. Berndt Heydemann für sein Lebenswerk.

2014
Das Portal Rechte der Natur/Biokratie www.rechte-der-natur.de geht online.
Ein neues Logo in Anlehnung an das Symbol HAUS DER ZUKUNFT wird 2016 entwickelt.

RECHTE DER NATUR *Biokratie*

HAUS DER ZUKUNFT

Das Logo der Initiative »Rechte der Natur« (links) symbolisiert die Nähe zum HAUS DER ZUKUNFT (rechts).

2015
Wissenschaftliche Tagung »Rechte der Natur – in der Dimension der Ökonomie« in der Universität Hamburg
Mit der Tagung »Rechte der Natur – in der Dimension der Ökonomie« mobilisiert das HAUS DER ZUKUNFT, Kompetenzzentrum für Wirtschaft und Umwelt, das juristische Konzept »Rechte der Natur« für die Wirtschaftswissenschaft.

Prof. Dr. Klaus Töpfer, früherer Bundesminister für Umwelt, danach Direktor des Umweltprogramms der Vereinten Nationen, heute u.a. Vorsitzender des UN Sustainable Development Solutions Network, beurteilt in seinem Eröffnungsvortrag die globale Klima-Situation und die Chancen der drei Tage später startenden UN-Klimakonferenz in Paris.

15 Experten zeigen – auch anhand von Beispielen – mit welchen betriebswirtschaftlichen Methoden einer Zerstörung der natürlichen Ressourcen vorgebeugt werden kann. Als unentbehrlich erweist sich auch eine nachhaltigkeitsorientierte Gesellschafts-, Wirtschafts- und Unternehmensethik.

Dr. Georg Winter, HAUS DER ZUKUNFT, erhebt die Forderung, die Natur mit eigenen verfassungsmäßigen Rechten auszustatten.

Einige Mitglieder des Netzwerkes und Autoren der betriebswirtschaftlichen Schriftenreihe Rechte der Natur.

2016

Gründung ELGA – International Ecological Law and Governance Association

Das Netzwerk von Juristen und Umweltrechts-Aktivisten an dem sich die Initiative Rechte der Natur des HAUS DER ZUKUNFT beteiligt, versteht sich als Stimme für die Rechte der Natur.

Gründungsversammlung von ELGA 2016 in Siena.

2017

Schriftenreihe »Rechte der Natur/Biokratie«

Prof. Dr. Dr. h.c. Eberhard Seidel konzipiert die betriebswirtschaftliche Schriftenreihe »Rechte der Natur/Biokratie«. Über 35 Autoren wirken mit an der vom HAUS DER ZUKUNFT herausgegebenen Reihe, die mit 20 Bänden im Metropolis-Verlag erscheint. Die Grundlagentexte von Georg Winter und Eberhard Seidel können heruntergeladen werden unter www.rechte-der-natur.de.

Die 20bändige Schriftenreihe Rechte der Natur (links), initiiert von Prof. Dr. Dr. h.c. Eberhard Seidel, Universität Siegen (rechts).

2016

Tagung »Rechte der Natur/Biokratie in Ökonomie und Organisation« an der Universität Siegen

Gemeinsam diskutiert eine wachsende Zahl von nachhaltigkeitsorientierten Unternehmern, Betriebswirtschaftlern und Wissenschaftlern eine Neuausrichtung der Betriebswirtschaftslehre. Sie bereichern die erstarkte Grundsatzkritik an der neoliberalen Wirtschaftstheorie um die ganz konkrete Forderung, Eigenrechte der Natur in der Verfassung zu verankern.

Das Symposium 2016 wurde zu Ehren und anlässlich des 80. Geburtstages von Prof. Dr. Dr. h.c. Eberhard Seidel in Siegen ausgerichtet.

2017

Tagung Rechte der Natur – Menschenrechte – Biokratie in Ottensoos/Nürnberg

Prof. Volker Stahlmann, Stiftung Kulturbahnhof Ottensoos (www.kulturbahnhof-ottensoos.de), organisiert zusammen mit der Stadt Nürnberg am 9./10. November ein zweitägiges Symposium mit dem Ziel, das Eigenrecht der Natur als zentralen Wert und Voraussetzung einer menschenwürdigen Existenz in Rechtsordnung, Wirtschaft und Gesellschaft zu verankern.

Prof. Volker Stahlmann mit seiner Frau, der Malerin Renate Kirchhof-Stahlmann, am Stehpult – im Kreis von Referenten. Von links: Dr. Georg Winter, Prof. Jürgen Freimann, Dr. Jörg Leimbacher, Prof. Thomas Heupel, Prof. Ulrich Ramsauer.

Dazu findet am ersten Tag im Kulturbahnhof Ottensoos ein Expertengespräch über die rechtliche, ökonomische und kulturelle Dimension statt.

Am zweiten Tag liegt der Schwerpunkt auf der Nachhaltigkeitsstrategie der Stadt Nürnberg in Verbindung mit den natürlichen Ressourcen und den Rechten der Natur. In Vorträgen und Workshops werden vor allem die Erfolgsbedingungen, die Anschlussfähigkeit und pragmatische Ansätze einer zukunftsfähigen Verbindung zwischen Recht, Ökologie, Sozialem und einer Ökonomie des guten Lebens dargestellt und diskutiert.

2018
Earth Trusteeship Forum in Den Haag

Das HAUS DER ZUKUNFT unterstützt mit seiner Initiative Rechte der Natur/Biokratie das Earth Trusteeship Forum am 10. Dezember 2018 in Den Haag. Hier wird an die Erklärung der Menschenrechte durch die Vereinten Nationen (UN-Menschenrechtscharta) erinnert, die an die 70 Jahre früher erfolgte. Die Earth Trusteeship Initiative stellt an diesem Tag ihre Haager Prinzipien vor und präsentiert eine internationale Allianz für die Rechte der Natur.

Diese Bewegung will darauf aufmerksam machen, dass Menschenrechte in Zukunft nur dann eine tragfähige Grundlage

Earth Trusteeship Forum 2018, Den Haag.

haben, wenn auch die Rechte der Natur respektiert werden und die Menschheit sich als Treuhänderin der Natur versteht. Die Earth Trusteeship Initiative ist ein Zusammenschluss von Umweltjuristen und Umweltorganisationen. Diese setzen sich ein für die weltweite Respektierung und Verwirklichung der Rechte der Natur durch Regierungen, Unternehmen und Einzelpersonen auf lokaler, nationaler und internationaler Ebene.

2019

Ungarn – Interview Dr. Georg Winter mit dem InGreen Magazin

Dr. Georg Winter hält auf der 24. Jahreskonferenz des ungarischen Verbands für umweltbewusstes Management (KÖVET) in Budapest einen Vortrag zum Thema Postwachstums-Ökonomie. In einem Interview mit dem InGreen Magazine (Übersetzung s. S. 239) beantwortet er u. a. Fragen zu den Rechten der Natur.

seit 2020

Netzwerk Rechte der Natur mit umweltorientierten Akteuren in Deutschland

Gemeinsam mit dem World Future Council initiiert das HAUS DER ZUKUNFT das überparteilich ausgerichtete Netzwerk Rechte der Natur. Darin engagieren sich Organisationen, Wissenschaftlerinnen und Wissenschaftler, für die Verankerung der Rechte der Natur im Grundgesetz und im Bürgerlichen Gesetzbuch BGB.

2022

Pressekonferenz zur Grundgesetzreform des Netzwerkes Rechte der Natur

Biokratie (Biocracy) erstmals auf internationalem Forum, Tokio, 9.9.1993

Dr. Georg Winter auf der International Conference on ECO Management, Vortragsauszug

Bereits am 9.9.1993 stellte Dr. Georg Winter als Chairman des International Network for Environmental Management, INEM e.V., seinen Biokratie-Gedanken der Öffentlichkeit vor. Er wählte dafür die International Conference on ECO-Management in Tokio, auf der er neben dem Präsidenten des Science Council of Japan, Dr. Jiro Kondo, den zweiten Keynote-Vortrag hielt. Das Generalthema des Forums lautete: »Towards an Industrial Agenda for Sustainable Development«. Winter fügte dem Titel seines Vortrags hinzu: »A Vision for the new Millenium«.

Veranstalter der Konferenz waren INEM e.V., das Eco-Life-Center (der japanische Mitgliedsverband von INEM e.V.) und die United Nations University. Unterstützt wurde die Konferenz auf japanischer Seite von dem Ministry of International Trade and Industry (MITI), der Japan Environment Agency und der Federation of Economic Organizations (Keidanren). Internationalen Rückhalt hatte die Konferenz durch den International Council for Local Environment Initiatives, die International Organization for Standardization, die United Nations Industrial Development Organization, the Foundation of Earth Environment und das Global Environment Forum.

Vor der Konferenz in Tokio waren auf dem Weg zu einer umweltbewussten Gesellschaft und Wirtschaft bereits wichtige

Meilensteine gesetzt worden: die Stockholmer Konferenz von 1972, welche die Umweltprobleme in das Bewusstsein der Weltöffentlichkeit brachte, der Bericht der World Commission on Environment and Development (Brundtland Commission) aus dem Jahr 1987, der das Konzept des Sustainable Development (Nachhaltige Entwicklung) in das öffentliche Bewusstsein trug, die World Industry Conference on Environment Management, WICEM II, 1991 in Rotterdam, der WICEM I in Versaille vorausging, und schließlich 1992 in Rio de Janeiro die International Industry Conference on Sustainable Development mit der Verabschiedung der Agenda 21, die im Kapitel 30 die Industrie dazu aufruft, voll engagierter Partner bei der Verwirklichung der nachhaltigen Entwicklung zu sein.

Veranstaltet wurde International Industry Conference on Sustainable Development, die 1992 im Rahmen des Global Forum von UNCED in Rio de Janeiro stattfand, von INEM e.V. gemeinsam mit seiner brasilianischen Mitgliedsorganisation SIGA. Diese Industry Conference war der Hauptbeitrag der Weltindustrie zu dem Global Forum, auf dem ein sektorübergreifender Meinungsaustausch zwischen den verschiedenen gesellschaftlichen Gruppen der Welt stattfand, u. a. mit den Gewerkschaften, Umweltinitiativen, Frauenverbänden, Jugendverbänden, Religionsgemeinschaften, Wissenschaftsverbänden und indigenen Völkern.

In diesem wirtschaftsgeschichtlichen Zusammenhang steht auch die eingangs hervorgehobene International Conference on Eco-Management, die 1993 in Tokio stattfand. Es war die erste auf das Global Forum von UNCED 1992 folgende internationale Konferenz, in der Bilanz gezogen werden konnte, wie weit die Industrie in den einzelnen Ländern die Agenda 21 umsetzte bzw. umzusetzen bereit war. Während Dr. Jiro Kondo als Exponent der Wissenschaft im weitesten Sinne geladen war, hatte Dr. Georg Winter die Einladung zum Vortrag als Vertreter der internationalen Bewegung für umweltorientierte Unternehmensführung erhalten.

Winter leitete seinen Vortrag 1993 in Tokio mit einer positiven Vision für das damals bevorstehende neue Jahrtausend ein. Er zeigte vier gleichzeitig anzustrebende Entwicklungslinien der weltweiten Bewegung für umweltbewusstes Management auf. Im Bereich aller vier Entwicklungslinien sind von umweltorientierten Akteuren seit 1993 Fortschritte erzielt worden. Diese sind jedoch weit hinter den damaligen Erwartungen und ökologischen Notwendigkeiten zurückgeblieben. Erst in den letzten Jahren ist die Dramatik der Klimakrise voll ins öffentliche Bewusstsein vorgedrungen. Die öffentliche Meinung und Entwicklung der Rechtsprechung haben den Handlungsdruck auf die Unternehmensleitungen massiv erhöht.

Wörtlich führte Winter in seinem Vortrag programmatisch aus:

»Erstens: Die Zahl der umweltorientierten Unternehmen wird eine kritische Masse erreichen. Große und mittelständische Unternehmen werden umweltorientiertes Management nach integriertem System praktizieren. Die Unternehmen werden durch ihr erfolgreiches Beispiel Nachahmer in ihren jeweiligen Branchen finden. In einer Art Kettenreaktion wird sich umweltbewusste Unternehmensführung weltweit bei weiteren Unternehmen ausbreiten.

Zweitens: In der Qualität umweltorientier Unternehmensführung wird ein Quantensprung erzielt werden. Vorreiterunternehmen werden in verschiedenen Ländern und Branchen in Zusammenarbeit mit der Wissenschaft ein neues Modell umweltbewusster Unternehmensführung entwickeln und erfolgreich erproben. Die neue Generation umweltorientierter Unternehmensführung erlaubt eine Erhöhung der Wertschöpfung unter gleichzeitiger drastischer Verringerung des absoluten Ressourcenverbrauchs und der absoluten Umweltbelastung.

Drittens: In zahlreichen Ländern werden umweltorientierte Unternehmen ihre Wettbewerber an Ertragskraft und Marktanteil weit überflügeln. Staatsführungen werden Maßnahmen eingeleitet haben, um den Umweltschutz in allen ministeriellen Ressorts auf allen Ebenen zu verwirklichen. In diesen Staaten werden wirtschaftliche Rahmenbedingungen in Kraft oder in Entstehung sein, die ein ausgeprägtes unternehmerisches Eigeninteresse an umweltorientierter Unternehmensführung hervorrufen. Aufgrund der Besteuerung von Energie und knappen Rohstoffen und aufgrund extrem hoher Entsorgungskosten werden energiesparende und abfallvermeidende Unternehmen einen starken Kostenvorteil haben. Wegen der gleichzeitigen Entlastung der menschlichen Arbeit von Abgaben wird der Druck auf die Unternehmen, Arbeitsplätze wegzurationalisieren, geringer geworden sein.

Viertens: An der Mehrzahl der Managementschulen wird eine Ethik der Fairness nicht nur gegenüber dem Menschen, sondern gegenüber allen Formen des Lebens Verbreitung finden. Die Forderung verantwortungsbewussten Verhaltens gegenüber allem Leben der Biosphäre wird gleichzeitig als eine Forderung der praktischen Vernunft für das Überleben der Menschheit verstanden werden. Leben erhalten, Leben fördern, entwickelbares Leben auf seinen höchsten Wert bringen

(Albert Schweitzer) – diese dreifache Forderung wird als Richtschnur und Wertmaßstab unternehmerischen Denkens und Handelns von weiten Unternehmerkreisen anerkannt werden. Umweltbewusste Unternehmensführung und umweltbewusste Staatsführung werden verstärkt als Ausfluss innenweltbewusster Lebensführung begriffen werden (innenweltbewusstes Umweltbewusstsein).«

In einem zweiten Teil seines Vortrages entwickelte Winter unter dem Titel »Vision einer neuen Staatsform im neuen Jahrtausend« den Biokratie-Gedanken mit folgendem Wortlaut:

»In vielen Ländern ist die heutige Staatsform die Demokratie. Das Volk ist der Souverän, der seinen Willen durch die freie Wahl der politischen Repräsentanten zur Geltung bringt. Die Demokratie nimmt jeden Menschen als Bürger ernst, auch wenn er arm, einfach, gebrechlich oder bescheiden ist. Denn jedem Bürger gibt sie die gleiche Stimmrechtsmacht.

Die Fortentwicklung der Demokratie

Auch die Demokratie ist eine Staatsform, die der Fortentwicklung bedarf. Sie muss nicht nur jeden Menschen, sondern jedes Lebewesen ernst nehmen, die Brennnessel wie den Kirschbaum, den Frosch wie das Pferd. Denn jedes Lebewesen hat seine Würde und seine Aufgabe und trägt letztlich zur Erhaltung des Gleichgewichts der Natur bei. Pflanzen und Tiere können nicht bei Wahlen ihre Stimme abgeben. Deshalb muss der Staat dafür Sorge tragen, dass die Existenzinteressen auch dieser Lebewesen politische Wirksamkeit erlangen.

Hierfür müssen wir verschiedene staatsrechtliche und zivilrechtliche Instrumente einsetzen: Zum Beispiel muss die Sicherung der natürlichen Lebensgrundlagen von Menschen, Tieren und Pflanzen Verfassungsrang erhalten. Der Umweltminister muss ähnlich wie der Finanzminister bei Regierungsentscheidungen ein Vetorecht haben. Umweltverbände müssen das Recht erhalten, gegen Umweltschädiger auf Unterlassung oder Schadenersatz zu klagen. Auf diese und andere Weise muss der Staat sicherstellen, dass die Existenzinteressen aller Lebewesen bei Regierungsentscheidungen, in der Rechtspflege und im täglichen Wirtschaftsleben repräsentiert sind.

Der Durchbruch zur Biokratie

Die Demokratie der Menschen ist in Wahrheit die Oligarchie der »nackten Affen«. Gemessen an der Biomasse ist der Mensch unter den Lebewesen eine Minderheit, und diese Minderheit majorisiert die entrechtete Mehrheit. Wahre Demokratie ist erst dann verwirklicht, wenn wir anerkennen, dass das ›Erdenvolk‹ nicht allein aus Menschen, sondern auch aus Pflanzen und Tieren, kurz aus der Gesamtheit aller Lebewesen besteht.

Sollten wir nicht die Gesamtheit aller Lebewesen zum Souverän des Staates machen? Sollten die Regierungen sich nicht als Mandatsträger aller Lebewesen begreifen und verhalten? Sollten wir die Demokratie der Menschen nicht zur Demokratie aller Lebewesen fortentwickeln? Wir müssen den Durchbruch zu einer neuen Staatsform schaffen, zur Biokratie. Die Menschheitsgeschichte hat Monarchie, Aristokratie, Oligarchie und Demokratie kennengelernt. Sollte unsere Zeit der hohen Bedrohung allen Lebens nicht reif sein für die Biokratie?

Im biokratischen Parlament – so lässt sich bildlich sagen – haben auch die Bäume Sitz und Stimme. Wir sollten den Bäumen gut zuhören. Vielleicht werden wir erkennen, dass sie unsere wahren Interessen besser vertreten als wir selbst. Entweder wir Menschen errichten eine Demokratie allen Lebens, nämlich die Biokratie, oder unsere Art endet eines Tages unter der Diktatur des Todes.

Wenn wir uns nach unseren Visionen strecken, werden wir das Mögliche verwirklichen. Wenn wir nur das Mögliche anpeilen, werden wir in der Routine stecken bleiben und dann hat unsere Zivilisation keine Chance, langfristig zu überleben!«

Earth Trusteeship Forum, Friedenspalast, Den Haag, 10.12.2018

Tagungsbericht von Dr. Jörg Leimbacher, Schweiz

»O great King, the birds of the air and the beasts have as equal a right to live and move about in any part of the land as thou. The land belongs to the people and all living beings; thou art only the guardian of it.«[1]

(Arahat Mahinda, buddhistischer Mönch auf Sri Lanka,
Sohn des Kaisers Asoka von Indien)

Frieden mit der Natur durch Verantwortung und Rechte für die Natur[2]

Am Montag, 10. Dezember 2018, wurden im »Friedenspalast«[3] in Den Haag im Rahmen des Earth Trusteeship Forums die Den-Haag-Prinzipien, »The Hague Principles for a Universal Declaration on Responsibilities for Human Rights and Earth Trusteeship«,[4] vorgestellt und lanciert (siehe Seite 322).

Die Veranstaltung wurde von sechs Expertinnen und Experten eröffnet, die darlegten, wie der fortschreitenden Zerstörung der Natur Einhalt geboten werden könnte, wenn auf individueller, vor allem aber auch auf staatlicher und überstaatlicher Ebene endlich Verantwortung für die Natur übernommen würde und wenn wir als »Trustees«, als »Treuhänder«, der Natur walteten.

Der Ort der Lancierung der Den-Haag-Prinzipien wie auch das Datum waren mit Bedacht gewählt:

Earth Trusteeship Forum, Den Haag 2018

Haager Prinzipien für eine Allgemeine Erklärung zu menschlicher Verantwortlichkeit und Treuhandschaft für die Erde

Wir, als Bürger von Nationalstaaten, Akteure der Weltwirtschaft und Mitglieder der globalen Zivilgesellschaft ...
ERKLÄREN HIERMIT, dass wir uns auf folgende Grundsätze als Leitfaden für die Ausarbeitung einer Allgemeinen Erklärung zu den Verantwortlichkeiten der Menschen und zur Treuhand für die Erde geeinigt haben:

Grundsatz 1
Verantwortlichkeiten für die Erde

1.1. Alle Menschen tragen, sowohl individuell als auch gemeinschaftlich, die Verantwortung für den Schutz der Natur, von der wir ein integraler Bestandteil sind, für die Integrität der Ökosysteme und für die gesamte Erde als Heimat aller Lebewesen.

1.2. Jeder Einzelstaat für sich und die internationale Staatengemeinschaft als Kollektiv erkennen an, dass sie Verantwortlichkeiten für die Natur tragen und sich gemeinsam mit ihren Staatsbürgern als Treuhänder für die Erde und für die Integrität der Ökosysteme der Erde einsetzen werden.

Grundsatz 2
Verantwortlichkeiten in der Gemeinschaft des Lebens

2.1. Die Menschenrechte basieren auf unserer Mitgliedschaft in der Gemeinschaft des Lebens, der Erdgemeinschaft, die festlegt, welche Rechte wir einhalten müssen und welche Verantwortung wir füreinander und für die Natur haben.

2.2. Verantwortung für die Natur, die Erdgemeinschaft und die Rechte der Natur basieren auf den inhärenten Werten der Natur und denen aller Lebewesen.

Grundsatz 3
Verantwortlichkeiten für die Menschenrechte

3.1. Alle Menschen sind für den Schutz der Menschenrechte und für die Bestätigung der Menschenrechte in ihren Denk- und Handlungsweisen verantwortlich.

3.2. Jeder Staat hat die primäre Verantwortung für den Schutz der Menschenrechte als Treuhänder für dessen Staatsbürger und für alle Menschen.

Der Friedenspalast ist Sitz des Internationalen Gerichtshofs,[5] des einzigen Hauptorgans der Vereinten Nationen außerhalb New Yorks, Sitz des Ständigen Schiedshofes[6] und Sitz der Haager Akademie für Völkerrecht.[7] Und neben dem Tor des Friedenspalastes brennt die erste Friedensflamme in den Niederlanden, versehen mit der auch für diese Veranstaltung programmatischen Inschrift: »May all beings find peace«.

Der 10. Dezember wiederum ist bekanntlich der Tag der Menschenrechte, und an diesem 10. Dezember 2018 waren es genau 70 Jahre seit dem 10. Dezember 1948, als die Generalversammlung der Vereinten Nationen die »Allgemeine Erklärung der Menschenrechte«[8] verabschiedete.

Vom Friedenspalast aus wären es zudem nur gut zwei Stunden Fußmarsch bis nach Delft, wo im Jahre 1583 der berühmte niederländische Völkerrechtler Hugo Grotius geboren wurde, der bereits 1609 in seiner Schrift »Mare Liberum« (»Das freie Meer«) den revolutionären neuen Grundsatz formulierte, an den Meeren könne niemand Eigentum begründen – einen Gedanken, der zwar wohl die »Tragedy of the Commons«[9] noch nicht im Blick hatte, der aber doch ein Vorläufer jenes Gedankens war, der sich in der Präambel der »Erd-Charta« findet, einer der Inspirationsquellen der heute lancierten Den-Haag-Prinzipien. In der Präambel der »Erd-Charta« wird festgehalten:

»Die globale Umwelt mit ihren endlichen Ressourcen ist der *gemeinsamen* Sorge aller Völker anvertraut. Die Lebensfähigkeit, Vielfalt und Schönheit der Erde zu schützen, ist eine heilige Pflicht«[10] – »a sacred *trust*«, wie es in der englischen Fassung heißt.

»Trust«, »Trustee« und »Trusteeship« sowie »Verantwortung« und »Rechte« für die Natur, das waren denn auch die Themen, denen sich die sechs Expertinnen und Experten in ihren einleitenden Voten widmeten.

Klaus Bosselmann

Für die *gemeinsame* Sorge und die *gemeinsame* Verantwortung für unsere eine Erde machte sich als erster Klaus Bosselmann[11] von der Universität Auckland stark, einer der Initianten und Organisatoren des Forums zu den Den-Haag-Prinzipien. Dieser für die Erhaltung unserer Erde unverzichtbaren gemeinsamen Verantwortung hätten wir Menschen uns, wie Bosselmann beklagte, bislang noch nicht wirklich würdig erwiesen. Die 70 Jahre seit der Verabschiedung der Allgemeinen Erklärung der Menschenrechte zeigten leider vielmehr, dass noch sehr vieles im Argen liege.

»What on Earth are we doing?«, fragte Bosselmann die Anwesenden: »For 70 years now we have human rights, yet more people are deprived of their most basic needs (material security, freedom of movement, freedom of expression etc.) than ever before. Treating all human beings as equal and in dignity remains an unfulfilled dream. And for 50 or so years, states produce policies and laws to protect the natural environment, yet these have not in any way stopped run-away climate change, biodiversity loss or growth madness. They have not changed practices and power structures that could bring us down as a species.«

Ursache für die Zerstörung unserer gemeinsamen Erde sei, so Bosselmann, primär das fehlende Gefühl der *Verantwortung* für die Erde und unser gemeinsames Schicksal – womit er gleich beim Thema der Tagung war: »We urgently need a universal declaration (in whatever form) of responsibilities for human rights and Earth trusteeship.«

Zu diesem Zweck warb Bosselmann für eine Politik, in der unsere Verantwortung im Vordergrund stehe und nicht unsere Rechte: »The core message of the Hague Principles[12] is that humans are members of the community of life, the ›Earth community‹, that defines what responsibilities we as members have. Human rights are a prerequisite for any form of social organisation and totally indispensable. In fact, they require trusteeship responsibilities of each of us and of the sovereign state. But human rights are not as fundamental as human responsibilities.«[13]

Allerdings beschränkt sich diese Verantwortung gemäß Bosselmann nicht auf das Individuum: Voraussetzung dafür, dass jede und jeder von uns ihre/seine Rechte wahrnehmen könne, sei vielmehr eine entsprechende *Verantwortung des Staates*: »Logically, rights are useless without legal responsibilities to protect them. To this end, states have a fundamental trusteeship responsibility towards their citizens and all people«[14] – eine »Trusteeship«, der im Rahmen dieses Forums im Friedenspalast auf die Beine geholfen werden soll.

Georg Winter

Der zweite Sprecher des Morgens, Georg Winter, HAUS DER ZUKUNFT, Hamburg, knüpfte an die Ausführungen von Bosselmann an. Sein Schwerpunkt lag bei den *Rechten der Natur*, die zu schützen die Staaten die Verantwortung hätten. Winter warb zum Einstieg für eine Vereinigung unserer technologischen Zivilisation mit unserer natürlichen Umwelt: »The wall between nature and our technological civilization must fall!«

Denn, so Winter, umweltbewusste Unternehmer müssten heute schmerzhaft erkennen, dass bloß gesetzeskonformes Wirtschaften nicht ausreiche, um der Zerstörung der Natur Einhalt zu gebieten. Viele Unternehmerinnen und Unternehmer würden daher nach Wegen suchen, aus dem systemimmanenten zerstörerischen Kreislauf auszubrechen, indem sie in ihren Unternehmen nicht nur ein umweltbewusstes Management implementierten,[15] sondern noch darüber hinaus gingen: »The current general economic framework makes it impossible for entrepreneurs to truly act sustainably. Courageous entrepreneurs face this dilemma by going beyond entrepreneurial optimization and also becoming active on a macroeconomic level, i.e. in areas such as civil voting, associations and economic politics.«

Was wir, im Gegensatz zum heutigen zerstörerischen ökonomischen Rahmen daher brauchten, das sei, so Georg Winter, »a pertinent ecological framework arrangement. ... The core point here is the recognition of ›rights of nature‹.«

Zwar brauche die Natur selbst keine vom Menschen garantierten Rechte – umgekehrt sehe dies jedoch ganz anders aus: »The best way for humans to protect themselves is by protecting nature from themselves. If humans recognize and enforce the basic rights of all living beings to exist, this represents a survival strategy for humans as well. In the long run, it will not be possible to enforce human rights without recognizing the rights of nature. ›Human rights‹ require ›rights of nature‹.«

Winters Betonung der Rechte (der Natur) und Bosselmanns Betonung unserer Verantwortung (für die Natur) passen – obwohl das auf den ersten Blick vielleicht nicht so aussehen mag – sehr gut zusammen: Denn Rechte, ohne einen Staat, der für ihre Wahrung und Durchsetzung die Verantwortung übernimmt, sind ebenso zahnlos wie eine Verantwortung, die nicht mit Rechten bewehrt ist und praktisch werden kann.

Für Georg Winter war es denn auch wichtig hervorzuheben, dass es nicht bloß darum gehen könne – wie wir das schon heute aus vielen umweltrechtlichen Erlassen kennen –, mit der Natur von oben herab auf eine gewisse »pflegliche« Art und Weise umzugehen und sie nur ein »bisschen« zu zerstören. Vielmehr müssten wir mit der Natur endlich von Gleich zu Gleich verkehren, etwa dadurch, dass wir (von Staats wegen) der Natur eigene Rechte übertragen. Denn durch die Verleihung eigener Rechte würde die Natur zu einem Gegenüber, an dessen Rechten unsere – die menschlichen – Rechte und Freiheiten künftig eine Grenze fänden. Eine Grenze, die bloße (unsanktionierte) Pflichten gegenüber der Natur bekanntlich nicht setzen können:[16] »There is a big difference between charging humans with certain duties towards nature – as in current jurisprudence – and giving nature its own basic rights. This difference will manifest itself in public consciousness, future judicial developments, and political agendas.«

Auch Sklaverei und Knechtschaft hätten erst ein Ende gefunden, als den Betroffenen Rechte zuerkannt und sie so als Gleiche anerkannt worden seien. Entsprechend könne die Naturzerstörung erst dann wirkungsvoll verhindert werden, wenn der Mensch die Rechte der Natur auf die gleiche Stufe wie seine eigenen Rechte stelle.

Dementsprechend schloss Winter: »Putting the Rights of Nature on an equal footing is the lever for actual implementation and enforcement« des Schutzes und der Bewahrung der Natur.

Eyal Benvenisti

Der nächste Redner, Eyal Benvenisti,[17] Völkerrechtler an den Universitäten Cambridge und Tel Aviv, lenkte in seinen Ausführungen, »Global Trust: Sovereigns as Trustees of Humanity« die Aufmerksamkeit der Anwesenden auf den Staat als zentralen Akteur jeglichen gesellschaftlichen Verhaltens.

Zuerst skizzierte er die traditionelle, konservative Vorstellung von staatlicher Souveränität, d. h. an die »monadische«,[18] »liberale«, an Immanuel Kant angelehnte Konzeption, wonach die Freiheit des einen (Staates) seine Grenzen an der Freiheit des anderen finde bzw. wonach die Freiheit des einen (Staates) nur so weit gehen könne, dass sie die Freiheit des anderen nicht beschränke.

Benvenistis Forschung zum »Global Trust«[19] hat jedoch gezeigt, dass – um dieses geflügelte Wort zu gebrauchen – auch hinsichtlich der tradierten Vorstellung von staatlicher Souveränität der von Kant diskutierte »Gemeinspruch«, »Das mag in der Theorie richtig sein, taugt aber nicht für die Praxis«,[20] mehr als nur zutreffend ist:

»But today's reality is significantly different. Sovereigns are hardly the owners of isolated mansions. They are more analogous to owners of small apartments in one densely packed high-rise in which about two hundred families live. Sovereigns routinely regulate resources that are linked in many ways with resources that formally belong to others. By their daily decisions on economic development, on conservation, or on health regulation, some states regularly shape the life opportunities of foreigners in faraway countries who are unable to participate meaningfully in shaping these measures either directly or by relying on their own governments to effectively protect them. The glaring misfit between the scope of the sovereign's authority and the sphere of the affected stakeholders leads to negative externalities as well as the loss of potential positive externalities imposed on the un- or under-represented stakeholders, namely outcomes that are often unsustainable, undemocratic and unjust.

In our global condominium, the ›technology‹ of global governance that operates through discrete sovereign entities no longer fits. What had previously been the solution to global collective action problems has now become part of the problem of global governance.«[21]

Mit Blick auf die skizzierte Veränderung des Souveränitätsbegriffs hob Benvenisti hervor: »Instead, sovereignty should be regarded as embedded in a more encompassing global order, which is a source not only of powers and rights, but also of obligations that essentially require sovereigns to exercise their authority in ways that promote global welfare while taking the interests of all affected individuals into account. In short, sovereigns must be regarded as trustees of humanity.«

Dass die Staaten selbst in die Pflicht gerufen sind, dass sie es sind, die Verantwortung übernehmen müssen, ergibt sich – obwohl dort so nicht explizit festgehalten – bereits zwingend etwa aus der Allgemeinen Erklärung der Menschenrechte: Denn die Garantie von Menschenrechten verlangt nach jemandem, der die Garantenstellung für diese Rechte übernehmen kann. Und das ist nun mal der Staat: »the entire system of state sovereignty is subject to the duty to respect human rights«, wie Benvenisti betonte: »Given the precedence of human rights, sovereigns can and should be viewed as organs of a global system that allocates competences and responsibilities for promoting the rights of all human beings and their interest in sustainable utilization of global resources.«

Da die Staaten sich bzw. wir Menschen uns nur eine einzige Erde teilen, folge, wie schon der Neuenburger Natur- und Völkerrechtler Emmerich de Vattel (1758) festhielt: »The earth belongs to mankind in general«.[22] Daher gelte, so Benvenisti: »As trustees of humanity, national decision-makers can and in fact must regard themselves as partaking in a collective effort to promote global welfare. By exercising their individual sovereignty, they promote global welfare for all to benefit from, and they ensure that the global resources under their control are utilized in ways which promote global welfare.«

Besonders interessant waren die praktischen Folgerungen, die Benvenisti in seinem Vortrag aus dem Status eines Staates als eines »trustee of humanity« zog: »Trusteeship has an institutional aspect: the legislative process must provide opportunity for foreign stakeholders to intervene in the process and shape its outcomes. And there is also a substantive aspect: the adopted policy must accommodate the legitimate interests of others, especially the interests of developing countries whose economies and capacities require them to modify their order of priorities.«

Das bedeutet nicht, wie Benvenisti betonte, dass die Interessen »der Anderen«, jene von anderen Staaten und deren Angehörigen – und wenn man diesen Gedanken ernst nimmt, auch die

Interessen der Natur –, in jedem Fall Vorrang hätten. Aber es bedeutet im Minimum, »that sovereigns must give due respect to foreign stakeholders both procedurally and substantively«.

Benvenisti könnte sich sogar eine Art von Schädigungsverbot vorstellen, das auch das eigene Staatsgebiet umfasst: »Harm would be defined not by the damage caused to a neighboring state or to specific foreign individuals, but by the diminution of the resources available or potentially available to all.«

Abschließend verwies Benvenisti darauf, dass das Verbot, andere zu schädigen und sie – zumindest innerhalb bestimmter Grenzen – im eigenen Haus mitreden zu lassen, nach institutioneller Verankerung verlange: »The concept of sovereignty as trusteeship suggests that sovereigns have an obligation to mutually explore and develop the most effective domestic and supranational institutions that can meet the challenges to efficiency, equity, and democracy that result from the system of sovereign states.«

Polly Higgins[23]

Mit tiefer Betroffenheit erfuhren wir, dass Polly Higgins im April des Jahres 2019 im Alter von 50 Jahren einer Krankheit erlag. Wir sind dankbar, dieser warmherzigen und mitreißenden Streiterin für die belebte Welt noch begegnet zu sein. Unser ehrendes Andenken verbindet sich mit der noch stärkeren Einsatzbereitschaft für unsere gemeinsamen Ziele.

Die bekannte Anwältin und Umweltschützerin Polly Higgins[24] setzt in ihrem Projekt »Mission Lifeforce«[25] einen »Trust« bereits als Instrument ein, um die von ihr seit längerem verfolgte internationale Ächtung des »Ecocide«[26] voranzubringen: »With an international crime of ecocide in place at the International Criminal Court (ICC), persons of senior responsibility – for example CEOs and government ministers – shall become individually criminally responsible for ecological, climate and cultural ecocide that they recklessly cause or contribute to.«[27]

Diesen Kampf gegen den Ökozid führt Higgins nicht allein, sondern sie wird dabei dank ihres Trusts durch »Earth Protectors« unterstützt, d. h. durch Personen, die sich als »Trustees« ihres »Earth Protectors Trust Fund« engagieren. So heißt es in Artikel 4 des Trusts:

»Becoming a trustee of this document is to become an Earth Protector and Trustee of the Earth. It is a declaration of love and acknowledgement that the Earth, the ecosystems of Earth and inhabitants of Earth whether human or otherwise have the right to peaceful enjoyment. It is a declaration of belief that this peaceful enjoyment is both a moral and legal right, and that any human act or omission which severely diminishes such peaceful enjoyment is a crime.

Becoming a Trustee of the Earth is to become a protector of a law which is in alignment with a universally recognised moral code of respect, peace and a duty of care for all life. It is a direct expression of intent to create peace between all beings.«

Der Trust hat gemäß Artikel 3 zum Zweck:

»To support, through the emergence of a new form of trusteeship that transcends borders, whatever will for the best enable the rapid adoption of ecocide law as international law, including but not limited to:

i) funding Small Island Developing States and/or other climate vulnerable States who are resolved to activate the International

Criminal Court's jurisdiction over the crime of ecocide as early as possible, by covering their costs, …

ii) funding the subscription fees of such States to the International Criminal Court (plus joining fees for those who have yet to become members); and/or

iii) funding any other lawful activity enabling the Trust Purpose.«[28]

Polly Higgins' Initiative zur Ächtung und Bestrafung des Ökozides ist ein inspirierendes Beispiel für jenen Wunsch, der durch die neben dem Tor des Friedenspalastes brennende Friedensflamme symbolisiert wird: »May all beings find peace«.

Neshan Gunasekera

Der Jurist Neshan Gunasekera, World Future Council, Hamburg,[29] plädierte in seinem Votum, »Earth Trusteeship: An Urgent Call to Action through the Wisdom of International Law!«, dafür, den immensen Reichtum an Wissen aus indigenen, traditionellen oder religiösen (Rechts-)Systemen für das internationale Recht fruchtbar zu machen.

Was auf den ersten Blick eine etwas außergewöhnliche Forderung zu sein scheint, ist es keineswegs. Das Völkerrecht orientiert sich schon seit Langem an diesem Wissen. So heißt es in Artikel 38, Absatz 1, Buchstabe d des Statuts des im Friedenspalast ansässigen Internationalen Gerichtshofes, dieser wende, um »die ihm unterbreiteten Streitigkeiten nach Völkerrecht zu entscheiden«, u. a. »die Lehren der anerkanntesten Autoren der verschiedenen Nationen als Hilfsmittel zur Feststellung der Rechtsnormen« an.[30]

Vorbild war Neshan Gunasekera insbesondere sein srilankischer Landsmann Christopher Weeramantry, der ehemalige Vize-Präsidenten des Internationalen Gerichtshof.[31] Dieser hielt in »Tread Lightly On The Earth: Religion, the Environment and the Human Future«, fest: »We are on the verge of destroying the environment and the human future. This study distils the wisdom of Hinduism, Judaism, Buddhism, Christianity and Islam. The common core of teachings of all religions regarding our duties to the environment and to future generations is a reservoir of enriching wisdom.«[32]

Für Gunasekera war daher klar: »it is through the use of traditional wisdom, encapsulated within principles of International Law that a balance needs to be reached between Human Rights and Responsibilities to current and future generations of life«.

Sehr schön zeigt sich die Zeitlosigkeit solch tradierter Weisheit in dieser über 2000 Jahre alten, von Gunasekera zitierten Belehrung: »O great King, the birds of the air and the beasts have as equal a right to live and move about in any part of the land as thou. The land belongs to the people and all living beings; thou art only the guardian of it.«[33]

Debbie Tripley

Die Juristin Debbie Tripley[34] rundete die vorausgegangenen Reden mit einer Tour d'Horizon jener Problemfelder ab, in denen unser (gesellschaftliches) Verhältnis zur Natur schlicht ein zerstörerisches ist: Wo immer wir Menschen unseren Fuß hinsetzen, wächst im wahrsten Sinne des Wortes kein Gras mehr: weniger Biodiversität, weniger «ursprüngliche» Ökosysteme, weniger Tierarten, weniger Pflanzenarten, weniger Süßwasser, weniger unberührte Gebiete, weniger Urwälder, weniger … – und stattdessen immer mehr Menschen, mehr Konsum, mehr Verbrauch, mehr Zerstörung.[35]

Daher rief Tripley dazu auf, dass wir – sofort, jetzt und dringend – unsere Verantwortung für die Natur übernehmen, als Trustees, als Treuhänder, als Bewahrer. Sie schlug dazu unter anderem die Revitalisierung des »Treuhandrats der Vereinten Nationen« vor, einem zurzeit inaktiven Hauptorgan der Vereinten Nationen,[36] und sie erinnerte daran, dass schon die Commission on Global Governance[37] der UN in ihrem Bericht »Our Global Neighborhood« aus dem Jahre 1995 vorgeschlagen hatte, diesem Organ, eine neue Aufgabe zu übertragen: »The Trusteeship Council should be given a new mandate over the global commons in the context of concern for the security of the planet.«[38]

Lancierung

Der Vormittag wurde abgeschlossen durch die feierliche Lancierung der Den-Haag-Prinzipien, die, beflügelt von einem poetischen Schwarm von Papierfliegern – oder besser: Papiervögeln – mit den Wünschen der Anwesenden in eine hoffentlich verheißungsvolle Zukunft entlassen wurden.

Workshop

Der Nachmittag des 10. Dezember war einem Workshop im »Elisabeth Vreedehuis« gewidmet. Ziel war es, sich Gedanken zu machen über die nächsten Schritte, denn die Den-Haag-Prinzipien sollen ja nicht nur in der Theorie, sondern auch in der Praxis taugen.

Eine erste Gesprächsrunde betraf die Motivation für das Engagement der Teilnehmenden. Die zweite Runde galt Fragen der politischen und rechtlichen Umsetzung. Die angeregte und animierende Diskussion kann im Rahmen dieses Berichts leider nicht wiedergegeben werden.

Aber ein wichtiger Diskussionspunkt des Nachmittags soll doch beleuchtet werden: Wie können die für die Den-Haag-Prinzipien zentralen Konzepte »Trust«, »Trustee« und »Trusteeship« außerhalb des »Common Law«, d. h. zum Beispiel hier in unseren (kontinental-)europäischen Rechtsordnungen, zum Schutze der Natur fruchtbar gemacht werden?

»Trust«, »Trustee« und »Trusteeship«
Die Begriffe »Trust«, »Trustee« und »Trusteeship« sind uns allen mehr oder weniger bekannt. Wir alle stellen uns darunter das eine oder andere vor; wir assoziieren sie mit Begriffen wie Vertrauen, Treuhand und Treuhänder, Vormund, Beschützer, Beistand und Beirat etc. – mit Begriffen, die um die mehr oder weniger klare Idee kreisen, dass es zum Schutze der Natur Akteure geben sollte – seien dies Private, Organisationen, Staaten oder (über-)staatliche Einrichtungen – die sich uneigennützig um die Natur kümmern und sie beschützen. Wir alle wünschen, dass es zum Wohle der Natur Akteure geben müsste, die nicht nur über einen Schutzauftrag verfügen, sondern auch über die erforderlichen rechtlichen und finanziellen Mittel, um sich gegen Eingriffe in die ihrem Schutz anvertraute Natur zur Wehr zu setzen. Zum Beispiel Akteure, die Klage führen

könnten und Strafanzeigen einreichen, Akteure also, die nicht nur für »ihre« Natur (einen Wald, einen See, ein Biotop, das Klima, die Luft, den Boden usw.) Verantwortung übernehmen, sondern auch über die dafür nötigen (rechtlichen) Kompetenzen verfügen.

»Trust«, »Trustee« und »Trusteeship« sind jedoch Begriffe, Institutionen, die dort, wo sie herkommen – aus dem angloamerikanischen Rechtsraum, dem Common Law – bereits eine mehr oder weniger bestimmte Bedeutung haben. Das setzt der rechtlichen Verwendung dieser Begriffe und Konzepte zum Schutz der Natur in unseren Rechtsordnungen ebenso Grenzen wie der beliebigen Übersetzung aus dem Englischen in andere Sprachen bzw. der Verwendung von Begriffen zu deren Benennung, die sich zwar in unseren Rechtsordnungen finden lassen, die den Begriffen »Trust«, »Trustee« und »Trusteeship« jedoch nicht wirklich gerecht werden.

Damit die Den-Haag-Prinzipien in unseren kontinentaleuropäischen Rechtsordnungen (und anderswo) Wirkung entfalten können, muss geklärt werden, was wir uns unter »Trust«, »Trustee« und »Trusteeship« vorzustellen haben und wie wir diese Rechtsinstitute in unseren Rechtsordnungen implementieren bzw. auf welche uns bereits vertrauten Rechtsinstitute wir zurückgreifen könnten, um eine »Trusteeship« für die Natur wahr werden zu lassen.

Das ist schon alleine deshalb nicht ganz einfach, als dass beispielsweise der »Trust« in vielfältiger Gestalt daherkommt und es daher schon »von Hause aus« schwierig ist, ihn in den Griff zu bekommen: »Like an elephant, a trust is difficult to describe but easy to recognise.«

Vor allem aber gibt es »Trust«, »Trustee« und »Trusteeship« in unseren kontinentaleuropäischen Rechtsordnungen nicht wirklich bzw. ist das wenige, das wir von ihnen kennen, Import, wie zum Beispiel der »Trust«, den einem die Bank zur Investition anpreist.

In unseren Rechtsordnungen gibt es zwar Institute, die dem Trust nahekommen, aber die Unterschiede sind beträchtlich: So hat ein Trust beispielsweise gewisse Ähnlichkeiten mit der uns vertrauten Stiftung oder mit der Treuhand – aber er ist mit beiden nicht deckungsgleich.

Zwar geht es beim Trust wie bei der Stiftung um die Widmung bestimmter Vermögenswerte, die in der Folge ein verselbstständigtes Zweckvermögen bilden. Aber im Gegensatz zur Stiftung hat der Trust keine eigene Rechtspersönlichkeit. Und im Gegensatz zur Treuhand beruht der Trust auf einem einseitigen Rechtsgeschäft und nicht auf einem Vertrag.

Klaus Bosselmann, der das Earth Trusteeship Forum eröffnet hatte, befasste sich in einer Vielzahl von Publikationen mit dieser Thematik. Bei ihm findet sich zum Beispiel folgende Umschreibung des »Trust«: »The essence of a trust is that a trustee has full legal responsibility and usually a large degree of discretion to affect the best interests of the beneficiary or beneficiaries, subject to a fiduciary duty to them, and a duty to act in good faith.«[40]

Das bedeutet in der Praxis, wie Bosselmann darlegt: »The legal concept of the trust in the common law is predicated on a relationship between the settlor (donor) and the trustee with regard to the administration by the latter of property or assets for the benefit of other persons, the beneficiaries or in respect of a particular charitable purpose. Note that the settlor, trustee and beneficiary are not necessarily different people. But once the trust is created, the settlor's interests in respect of the property cease – only the beneficiaries can enforce a trust. When the trustee is appointed, the trust instrument, as well as the common law, the law of equity, or statute, regulate the rights and duties of the trustee and set the standards against which management of the trust property is assessed. The power trustees have through their trusteeship is subject to the requirement that it be used for the benefit of others, not for their own benefit.«[41]

Im Bewusstsein, dass der »Trust« »ein einzigartiges Rechtsinstitut« sei, wie es in der Präambel heißt, mit dem sich auch Rechtsordnungen außerhalb des »Common Law« befassen müssen, wurde bereits im Jahre 1985 – und zwar in Den Haag – das »Übereinkommen über das auf Trusts anzuwendende Recht und über ihre Anerkennung«[42] verabschiedet. Dort findet sich in Artikel 2 eine Legaldefinition des »Trust«:

»Im Sinn dieses Übereinkommens bedeutet der Ausdruck ›Trust‹ die von einer Person, dem Begründer, – durch Rechtsgeschäft unter Lebenden oder für den Todesfall – geschaffenen Rechtsbeziehungen, wenn Vermögen zugunsten eines Begünstigten oder für einen bestimmten Zweck der Aufsicht eines Trustees unterstellt worden ist.

Ein Trust hat folgende Eigenschaften:

a) Das Vermögen des Trusts stellt ein getrenntes Sondervermögen dar und ist nicht Bestandteil des persönlichen Vermögens des Trustees;

b) Die Rechte in Bezug auf das Vermögen des Trusts lauten auf den Namen des Trustees oder auf den einer anderen Person in Vertretung des Trustees;

c) Der Trustee hat die Befugnis und die Verpflichtung, über die er Rechenschaft abzulegen hat, das Vermögen in Übereinstimmung mit den Trustbestimmungen und den ihm durch das Recht auferlegten besonderen Verpflichtungen zu verwalten, zu verwenden oder darüber zu verfügen.

Die Tatsache, dass sich der Begründer bestimmte Rechte und Befugnisse vorbehält oder dass der Trustee selbst Rechte als Begünstigter hat, steht dem Bestehen eines Trusts nicht notwendigerweise entgegen.«

Aber dieses Übereinkommen alleine – das zudem bisher weniger als zwanzig Mitglieder aufweist – wird nicht ausreichen, den »Trust«, den »Trustee« oder die »Trusteeship« zu Instituten zu machen, die problemlos in kontinentaleuropäischen Rechtssphären überleben können.

Für die Entfaltung und Verbreitung der am Earth Trusteeship Forum im Friedenspalast propagierten Den-Haag-Prinzipien wird es daher vor allem wichtig sein, sich daran zu orientieren, welchem Zweck sie dienen sollen bzw. wofür man sich dieses (Rechts-)Instruments bedienen möchte. Dazu sei an die einleitenden Worten von Klaus Bosselmann erinnert: »The core message of the Hague Principles is that humans are members of the community of life, the ›Earth community‹, that defines what responsibilities we as members have. Human rights are a prerequisite for any form of social organisation and totally indispensable. In fact, they require trusteeship responsibilities of each of us and of the sovereign state.«

Es geht also nicht primär um das Rechtsinstitut des »Trust« per se, so wie es das Common Law kennt, sondern es geht darum, dass unsere individuelle und kollektive Verantwortung für die Natur einen rechtlichen und institutionellen Rahmen erhält, der in der Praxis *einen Unterschied macht*: Der Natur sollte es mit »Trust«, »Trustee« und »Trusteeship« besser gehen als ohne diese.

Das heißt, weil wir Menschen, weil die menschlichen Gemeinschaften eine derart herausragende Stellung auf diesem Planeten einnehmen – im Guten, wie im Schlechten – haben wir Verantwortung für die Natur.[43] Und weil wir verantwortlich sind, »we occupy the role of stewards«, was sich, wie Bosselmann sagt, in unseren Rechtsordnungen niederschlagen muss: »The law needs to reflect a fundamental principle of responsibility«.[44] Und zu diesem Zwecke können »Trust«, »Trustee« und »Trusteeship« oder – so muss mit Blick auf unsere Rechtsordnungen ergänzt werden – Ähnliches, ähnliche bzw. verwandte Rechtsinstitute einen wertvollen Beitrag leisten.

Bosselmann versteht die Verantwortungsübernahme mittels »Trust«, »Trustee« und »Trusteeship«, eine Verantwortungübernahme, die sich in den Rechtsordnungen niederschlägt, als Weg zu dem, was er »Earth Governance« nennt und anstrebt: »Earth governance gives priority to the protection of what all humanity has in common, in particular the global commons and the interest in preserving them. This implies an ethic of stewardship or trusteeship, an ethic that expresses itself in the attitude of decision-makers and in the way institutions are being changed or created.«[45]

Ja, für Bosselmann ist »Trusteeship« sogar »the logical form of governance for the global commons«, »a system of governance imbued with an ethic fundamental to the human-nature relationship« und »Trusteeship« sei daher »vitally necessary if we are going to maintain the basis of all life«.[46]

Was man sich darunter vorzustellen hat, skizziert Klaus Bosselmann in seinem Beitrag »Global Governance in the Anthropocene« für die »Encyclopedia of the Anthropocene«:[47] Mit Eyal Benvenisti geht es Bosselmann darum, die tradierte Vorstellung staatlicher Souveränität, dieses John-Wayne-Konzept eines Macho-Staates, zu transformieren und für den Schutz der Commons bzw. der Natur fruchtbar zu machen: »Living safely within the boundaries of our planet cannot be achieved by merely relying on traditional forms of governance around the traditional concept of sovereign nation-states. (...) Essentially, the focus for governing the global commons – such as the polar regions, the oceans, the atmosphere, and the outer space – needs to shift from states (and their often competing national interests) to earth as a whole describing what can be called ›earth governance‹.«[48]

Am Beispiel des »Global Commons« »Atmosphäre«, die heute noch von jedermann als kostenlose »Senke«, als Emissions-Müllhalde missbraucht wird, da sie als Nonvaleur (res nullius) ohne jeglichen rechtlichen Status betrachtet wird, zeigt Bosselmann, dass dem nicht so sein müsste: »By asserting that all humanity, living now and in the future, own the atmosphere, we begin to use the institutions of law working in our favor. As legal owners we can charge for individual damage of our common property, provide rewards to those who protect it (e.g., producers and users of renewable energy), and in this way eliminate greenhouse gases. All we have to do is to declare the atmosphere a public common good, owned by all humanity and protected by law. (…) The concepts of private property and state sovereignty would stay unchanged,[49] but they would end were common property begins. The new rule for the Anthropocene is that common ownership prevails over private property.«

Nach Ansicht von Bosselmann wäre das »a fairly simple legal construct«, zu dessen Umsetzung man sich an »the well-established public trust doctrine« orientieren könnte: »The public trust doctrine says that natural commons should be held in trust as assets serve the public good. It is the responsibility of the government, as trustee, to protect these assets from harm and ensure their use for the public and future generations. So nationally, the government would act as an environmental trustee. Internationally, states would jointly act as trustees for the global commons such as the atmosphere.«[50]

Bosselmann ist – unter Bezugnahme auf Benvenisti – also überzeugt, dass sich staatliche Souveränität und »Trusteeship« durchaus miteinander versöhnen ließen. Eine Überzeugung, die keineswegs weit hergeholt ist. Man braucht beispielsweise bloß einen Blick in das Grundgesetz zu werfen, wo es in Art. 20a heißt: »Der Staat schützt auch in Verantwortung für die künftigen Generationen die natürlichen Lebensgrundlagen und die Tiere im Rahmen der verfassungsmäßigen Ordnung durch die

Gesetzgebung und nach Maßgabe von Gesetz und Recht durch die vollziehende Gewalt und die Rechtsprechung.«[51]

Aber Bosselmann möchte einen Schritt weitergehen, nämlich »to redefine states as trusteeship organizations«. Das heißt für ihn: »Sovereignty and trusteeship must be seen as complementary and not mutually exclusive.«

Diese neue oder erweiterte Rolle und Konzeption der Souveränität betrifft u. a. die Reichweite bzw. das »Zielpublikum«, wie er unter Bezug auf Benvenisti ausführt: »Benvenisti refers to a conception of sovereign states as agents of humanity as a whole. He bases this conception largely on the equal moral worth of all human beings and the corresponding foundation of international law in human rights. He argues that it is humanity at large that assigns to certain groups of citizens the power to form national governments. Accordingly, states can and should be viewed as agents of a global system that allocates competences and responsibilities for the promotion of the rights of all human beings and their interest in the sustainable utilization of global resources. As such, the corollary of states' authority to manage public affairs within their domestic jurisdictions is an obligation to take account of external interests and balance internal against external interests.«[52]

Diese Ausweitung des Kreises der Betroffenen, jener, die nicht bloß »mitgemeint«, sondern wirklich angesprochen sind, d. h. jener, für die der Staat als »Trustee« Verantwortung zu übernehmen hat, betrifft jedoch nicht nur den Menschen, sondern, wie dies in den Den-Haag-Prinzipien klar zum Ausdruck kommt, eben auch die Natur: »Benvenisti also refers to a conception of sovereignty as the power to exclude portions of global resources. He notes that both ownership and sovereignty are claims for the intervention in the state of nature by carving out valuable space for exclusive use. Such a perception of states as power-wielding property owners provides a solid normative foundation for the imposition of a positive obligation on states to take other-regarding considerations into account when managing the resources assigned to them. Property law theory can thus provide us a framework within which we can translate these moral grounds into legal obligations. Thus, we can and should conceptualize ownership of global resources as originating from a collective regulatory decision at the global level, rather than as an entitlement of sovereign states. (…)«

»More than ever before«, so Bosselmann, »we need to revive and develop environmental trusteeship.« Denn: »If we see ourselves as stewards of the earth and states as trustees of the global commons, then this is a crucial step toward effective global governance.«[54]

Ob wir zu diesem Zweck auf einen »Trust«, auf eine Stiftung, eine Treuhand, einen Verein oder einen Verband zurückgreifen, ob der Staat seine Verantwortung in Gesetze gießt oder in Verordnungen etc., ob wir uns als »Trustees« verstehen und unsere Rolle als »Trusteeship«, oder ob wir zur Erreichung unseres gemeinsamen Ziels Werkzeuge und Institute verwenden, die unseren Rechtsordnungen vertrauter sind – nicht so wichtig: Wichtig ist, dass wir – individuelle und kollektiv – Verantwortung übernehmen, uns als »Trustees« einer »Trusteeship« für die Natur verstehen, und dass diese Verantwortung Zähne hat, Zähne, die unsere Rechtsordnungen bereit stellen müssen.

Rechte der Natur und die Vision einer erweiterten Demokratie

Dr. Georg Winter auf dem International Earth Trusteeship Forum, Vortrag, 10.12.2018 (Deutsche Kurzfassung der Rede)

I. Planetarische Leitplanken als Wegweiser für unser Überleben

Der wissenschaftliche Beirat der Bundesregierung – Globale Umweltveränderungen – kam in seinem Hauptgutachten bereits 2011 zu alarmierenden Ergebnissen:

Wenn die Menschheit ihrer Selbstauslöschung vorbeugen will, so muss sie auf Einhaltung bestimmter Toleranzgrenzen achten. Sie darf die planetarischen Leitplanken für die Erwärmung der Erde, die Abnahme der Biodiversität, die Verfügbarkeit fruchtbaren Bodens und trinkbaren Wassers und die Absorbierbarkeit von Schadstoffen nicht überschreiten.

Werden solche Leitplanken ignoriert, so gehen immer mehr Gebiete für menschliches Leben verloren. Schließlich kündigt sich eine gefährliche Eskalation an, wenn »Kippelemente« kritische Werte überschreiten. Zu ihnen gehören der arktische und antarktische Meer- und Landeispanzer, der Amazonaswald, die Methanlager der Permafrostgebiete, die Atlantische thermohaline Zirkulation, die Bewegungsmuster der planetaren Atmosphäre und die marine Kohlenstoffpumpe.

Als Therapie empfiehlt das Gutachten »eine große Transformation«, einen weltweiten »umweltpolitischen Gesellschaftsvertrag«, der auf einer Umsetzung des Weltbürgergedankens fußt, und ein Menschenrecht auf höchstmögliche Erdsystem-Stabilität.

II. Schutz des Menschen durch Schutz der Natur vor dem Menschen

Ob der notwendige Umschwung zu einem nachhaltigen Gemeinwesen gelingt, hängt letztlich von dem Denken, Fühlen und Handeln der vielen einzelnen Bürgerinnen und Bürger ab. Ich glaube, sehr viele Menschen sind heute reif für die Überzeugung, dass Tiere und Pflanzen keine Sachen sind und dass die Menschheit sich selbst schadet, wenn sie die belebte Natur nur als Sache behandelt.

Grundsätzlich verdient die Natur als Schöpfung um ihrer selbst willen Achtung und Schutz. Umso überzeugter schützen wir sie, wenn wir wissen, dass wir dadurch auch uns selbst schützen. Indem der Mensch der Natur eigene Rechte »zugesteht« und sie damit in seiner Rechtsordnung auf seine Augenhöhe stellt, dient er gleichzeitig sich selbst. Der Mensch kann sich selbst am besten schützen, indem er auf diese Weise die Natur vor dem Menschen schützt.

III. Ethische Begründung von Rechten der Natur

Als Mensch mache ich die Erfahrung und habe ich das Bewusstsein: Ich bin Leben, das leben will inmitten von Leben, das leben will. Albert Schweitzer hat diese Grunderfahrung als die für die Herausbildung einer Ethik entscheidende hervorgehoben. Gut sei, so Schweitzer weiter, Leben zu erhalten, Leben zu fördern, entwickelbares Leben auf seinen höchsten Wert zu bringen. Böse sei, Leben zu zerstören oder seine Förderung zu versäumen.

Ich teile auch die Auffassung von Albert Schweitzer, dass grundsätzlich nicht zwischen höherwertigem und weniger wertvollem Leben unterschieden werden darf. Das gilt im Verhältnis zwischen menschlichen Individuen, zwischen jungen und alten, gesunden und kranken Menschen, zwischen Völkern und Volksgruppen, aber auch im Verhältnis zwischen dem Menschen und den sonstigen Lebewesen der Schöpfung. Diese ethische Grundüberzeugung sollte die Basis für Forderungen an unsere Rechtsordnung sein.

In einigen frühen geschichtlichen Epochen war es üblich, Sklaven rechtlich ähnlich wie bewegliche Sachen zu behandeln. Erst als sich die Überzeugung durchsetzte, dass alle Menschen grundsätzlich gleichberechtigt seien und damit auch Sklaven, gelang es, die Sklaverei zu beseitigen. Entsprechend wird die Menschheit ihr Handeln gegenüber der belebten Natur erst dann grundlegend ändern, wenn die Rechte der Natur – einschließlich der Rechte der Arten, der individuellen Lebewesen und der Biotope – von den Vereinten Nationen und den nationalen Verfassungen offiziell anerkannt werden. Erst mit einer solchen Einstellungsänderung wird es gelingen, der Menschheit jene Rücksichtnahme gegenüber der belebten Natur abzuverlangen, welche die Natur um ihrer selbst willen verdient und die eine Voraussetzung für das Überleben der Menschheit selbst ist.

IV. Geltendmachung von Rechten der Natur

Einen gewissen Schutz erhalten Pflanzen und Tiere bereits durch das Bundesnaturschutzgesetz, das jeweilige Landesnaturschutzgesetz und das Tierschutzgesetz.

Im Einklang mit Artikel 20 a Grundgesetz (Umweltschutz als Staatsziel und Gesetzgebungsauftrag) könnte den Umwelt-, Naturschutz-, Tierschutz- und weiteren Verbänden in noch größerem Umfang als bisher das Recht eingeräumt werden, Nachhaltigkeitsbelange im Wege der Verbandsklage so durchzusetzen, als hätte die Natur bereits eigene Rechte.

Mit welchem Instrumentarium darüber hinaus die Berücksichtigung des berechtigten Lebensinteresses aller lebenden Arten sichergestellt wird, ist eine Frage des Verfassungsrechts, des Verwaltungsrechts und weiterer Rechtsgebiete.

Eine Möglichkeit läge darin, dass der Umweltminister bei ökologierelevanten Kabinettsentscheidungen ein Vetorecht erhält. Zu bedenken ist allerdings, dass der Umweltminister im Kabinett meist keine ausreichend unabhängige Stellung bekleidet.

Besser wäre folgende Lösung: Dem Bundespräsidenten, ohne dessen Unterschrift Gesetze nicht zustande kommen, könnte ein ökologisches Fachgremium beigeordnet werden, dessen Rat er bei seiner materiellen Gesetzesprüfung berücksichtigen muss.

Schließlich ließe sich darüber hinaus der Bundestag in einem Zwei-Kammer-System organisieren, bei dem die Abgeordneten sich entsprechend ihrer politischen Aufgabe auf eine bioökologische erste Kammer und eine sozioökonomische zweite Kammer aufteilen, wobei dem Stimmenverhältnis zwischen beiden Kammern eine entscheidende Bedeutung zukäme. Dies wäre ein wichtiger Schritt zur Erweiterung der Demokratie in Richtung einer Biokratie, in der nicht nur der Mensch, sondern die Gesamtheit der Natur parlamentarisch vertreten ist.

V. Erweiterung der Demokratie zur Biokratie

Die Biokratie wäre eine erweiterte Form der Demokratie. In vielen, besonders westeuropäischen Ländern, hat sich die Staatsform von der Monarchie (Königtum oder Tyrannei) über die Oligarchie (Herrschaft der Fürsten, des Adels) und die gestufte Demokratie (z. B. preußisches Dreiklassenwahlrecht) bis hin zur Demokratie entwickelt. Durch die Schaffung des Frauenwahlrechts und die Senkung des Mindestalters für die Wahlberechtigung wurde die Demokratie weiter ausgedehnt. Der Kreis der an der staatlichen Willensbildung beteiligten Gruppen wurde also beim Fortschreiten der Geschichte (z. T. unter Rückschlägen) stets erweitert.

Das Ziel der Nachhaltigkeit erfordert, dass in Zukunft auch die Gesamtheit der von der Evolution geschaffenen lebenden Arten an der Willensbildung des Staates bzw. der Staaten beteiligt wird. Nur wenn die Demokratie auf diese Weise zu einer Biokratie erweitert wird, kann das ökologische Gleichgewicht dauerhaft erhalten werden.

Es ist ein Unterschied, ob wir in dem Umweltschutz lediglich ein Korrektiv für die freie Entfaltung der Aktivitäten des Menschen sehen, oder ob wir aus der Überzeugung handeln, dass die Lebewesen in ihrer Gesamtheit gegen uns einen Rechtsanspruch auf Durchsetzung ihres Überlebensinteresses bei der demokratischen Willensbildung haben, der vom Menschen vertretungsweise wahrgenommen werden muss. Nur im zweiten Falle werden wir die für die Verwirklichung der Nachhaltigkeit erforderliche gesellschaftliche Dynamik entwickeln.

VI. Abwägung zwischen den Rechten des Menschen und den Rechten der Natur

Ich gebe einige Beispiele: Sollten Tierversuche für die Entwicklung lebensrettender Medikamente notwendig sein, so halte ich sie – bei artgerechter Haltung der für die Versuche vorgesehenen Tiere – für akzeptabel. Die Optimierung von Kosmetika ist jedoch als Versuchszweck nicht ausreichend gewichtig, um die Tötung von Tieren in Versuchsreihen zu rechtfertigen.

Für Ernährungszwecke vertretbar ist die – möglichst schmerzfreie – Tötung von Tieren, die in artgerechter Tierhaltung mit Artgenossen eine passable Zeit zusammen lebten. Der Zweck der menschlichen Ernährung ist jedoch keine ausreichende Rechtfertigung dafür, dass Tiere in der Massentierhaltung in qualvoller Enge in einem kurzen Leben – das keines ist – ihrem Tode entgegengemästet werden. Ich vermeide das Wort »Schlachttiere«, da es von entlarvender Herzlosigkeit ist, Lebewesen durch den Tötungszweck zu definieren.

Das Fangen von Haien zur Ganzkörperverwertung im Rahmen verantwortlicher Fangquoten ist zu bejahen, dagegen nicht die Tötung von Haien zur bloßen Gewinnung der als Delikatesse geltenden Flossen.

Je mehr der Mensch bei der Abwägung dem aktuellen Naturinteresse entgegenkommt, desto mehr dient er in langfristiger Sicht auch seinem eigenen Interesse. Das ist vielen Landwirten bewusst, die durch bewährte Fruchtfolgen die Vitalität ihrer Böden bewahren, anstatt aus kurzfristigem Gewinninteresse durch pestizidreiche Monokulturen ihre Böden zu ruinieren.

VII. Bedrohung von Menschenrechten und Rechten der Natur durch Verfehlung der Klimaziele

Im Dezember 2015 verabschiedeten die Vertreter von 195 Staaten in Paris den weltweiten Klimavertrag. Darin vereinbarte die Weltgemeinschaft, die Erwärmung der Erde – bezogen auf das Temperatur-Niveau der vorindustriellen Zeit – dauerhaft unter zwei Grad, möglichst aber unter 1,5 Grad halten zu wollen. Um dieses Ziel zu erreichen, müssen die Vorgaben stetig verschärft werden. Dazu dienen die Richtlinien, die auf der Klimakonferenz in Bonn vom 3. bis 14. November 2017 vorbereitet wurden.

Durch die Verbrennung von Kohle, Öl und Gas wird aus Heizungen, Industrieschloten und Auspuffen von Autos immer mehr klimaschädliches Kohlendioxid frei. Um den maximalen Erwärmungswert von 2 Grad dauerhaft zu unterschreiten, müsste die Weltgemeinschaft bis zum Jahre 2050 eine Kehrtwende vollzogen und weitgehend aus dem Verbrauch fossiler Energien ausgestiegen sein.

Die Bundesregierung hatte sich das weit über die internationalen Vereinbarungen hinausgehende Ziel gesetzt, die deutschen Treibhausgas-Emissionen bis zum Jahre 2020 um 40%

gegenüber denen des Jahres 1990 zu senken. Anfang 2018 musste die Bundesregierung einräumen, dass Deutschland dieses Ziel verfehlt. Deutschland erreicht nicht einmal die weniger ambitionierten, aber verbindlichen Vorgaben der EU, nämlich eine Senkung um 14%.

Die Verfehlung der Klimaziele ist besonders dramatisch angesichts der jüngst in den USA publizierten Prognosen (»Proceedings« der Nationalen Akademie der Wissenschaften) zum Anstieg des Meeresspiegels. Sie belegen wissenschaftlich, dass der Pegel der Ozeane bis zum Ende des Jahres 2100 um 65 Zentimeter ansteigt. Der Anstieg ist rund doppelt so hoch wie bislang angenommen.

VIII. Das HAUS DER ZUKUNFT und die Initiative Rechte der Natur/Biokratie

Erstmals international vorgestellt habe ich das Konzept Rechte der Natur/Biokratie 1993 auf der International Conference on Eco-Management in Tokyo. Seitdem wurde dieser Ansatz auf verschiedenen internationalen Konferenzen diskutiert.

Im Jahre 1998 gründete ich das HAUS DER ZUKUNFT in Hamburg als Standortgemeinschaft für etwa 30 umweltorientierte Firmen und gemeinnützige Verbände. Dort rief ich im Jahre 2008 die Initiative »Rechte der Natur/Biokratie« ins Leben. Die Finanzierung der Initiative erfolgt aus Mieteinnahmen des HAUS DER ZUKUNFT.

Im Jahre 2010 stiftete ich den Biokratie-Preis mit Mitteln aus dem HAUS DER ZUKUNFT. Mit dem Biokratie-Preis werden

Leistungen ausgezeichnet, die in besonders wirksamer Weise zu einer stärkeren Ausrichtung der Rechtsordnung an der Verantwortung gegenüber allem Leben beitragen. Bei der Auswahl preiswürdiger Arbeiten wurden wir unterstützt von der Forschungsstelle für Umweltrecht an der Universität Hamburg.

Auf verschiedenen prominent besetzten Tagungen wurde das Thema Rechte der Natur/Biokratie unter den Blickwinkeln der Rechtswissenschaft, Betriebswirtschaft und Volkswirtschaft behandelt.

Im Jahre 2014 ging das Portal Rechte der Natur/Biokratie (www.rechte-der-natur.de) ins Netz.

In den Jahren 2017 und 2018 gab das HAUS DER ZUKUNFT im Metropolis-Verlag die 20-bändige Schriftenreihe »Betriebswirtschaftliche Schriften über Rechte der Natur/Biokratie« heraus. An der von Prof. Dr. Dr. h.c. Eberhard Seidel konzipierten Reihe wirkten über 35 namhafte Autoren mit.

Vom HAUS DER ZUKUNFT werden auch in den nächsten Jahren starke Handlungsimpulse ausgehen. Es werden jährlich finanzielle Mittel für die Initiative »Rechte der Natur/Biokratie« zur Verfügung gestellt.

IX. Möglichkeiten internationaler Zusammenarbeit zur Durchsetzung der Rechte der Natur

Im September 2015 wurde auf dem UNO-Nachhaltigkeitsgipfel der Staats- und Regierungschefs die Agenda 2030 beschlossen, die verbindliche Nachhaltigkeitsziele (Sustainable Development

Goals) für alle Regierungen formuliert. Die Erreichung dieser Ziele ist aus heutiger Sicht eher unwahrscheinlich. Von dieser Erkenntnis wird sich das HAUS DER ZUKUNFT bei seinem Einsatz für die Rechte der Natur aber nicht entmutigen lassen.

Im Oktober 2017 unterstützte ich mit dem HAUS DER ZUKUNFT die Versammlung zur Gründung von ELGA, die in Siena stattfand. Die Initiative zur Gründung von ELGA (Ecological Law and Governance Association) ging aus von Prof. Dr. Klaus Bosselmann vom New Zealand Centre for Environmental Law, der bereits im Jahre 1992 das grundlegende Buch »Im Namen der Natur« veröffentlicht hatte. Das HAUS DER ZUKUNFT wurde vertreten durch Dr. Jörg Leimbacher, dem Autor der schon im Jahre 1989 erschienenen Publikation »Rechte der Natur«.

X. Innere und außenpolitische Sicherheit und Rechte der Natur

Wer umweltpolitische Ziele erreichen will, muss auch die innere und die außenpolitische Sicherheit im Auge behalten.

Ist die innere Sicherheit akut bedroht, so wird es immer schwieriger, die ökologischen Ziele politisch durchzusetzen. Überall dort, wo sich der Bürger selbst nicht mehr sicher fühlen kann, wird er für die Bedrohung bestimmter Tierarten kaum noch Interesse aufbringen.

Und was nützt es einem Volk, dass es durch mustergültige Umweltschutzprogramme in jahrzehntelanger Arbeit beste ökologische Bedingungen schafft, wenn dann ein ökologisch rücksichtsloser, aber militärisch starker Staat einmarschiert, um die ökologischen Früchte zu ernten und die bisher verschonten fossilen Bodenschätze zu verwerten. Die Verantwortung für ökologische Sicherheit darf den Staat nicht zur Vernachlässigung der außenpolitischen, einschließlich der militärischen Sicherheit verleiten.

[Der in Den Haag auf Englisch gehaltene Vortrag umfasste nicht Teil XI.]

XI. Umweltbewusstes Handeln und innenweltbewusste Lebensführung

Anspruchsvolle Umweltschutzziele werden sich ohne eine innenweltbewusste Lebensführung kaum erreichen lassen. Wir alle müssen stets auch an uns selbst arbeiten. Mahatma Ghandi hat in einem Aphorismus »die sieben Todsünden an der Zukunft« beschrieben und Möglichkeiten benannt, wie diese Sünden vermieden werden können. Ich habe diesen Aphorismus in ein Strophengedicht umgeschrieben, das ich an den Schluss meines Vortrages stellen möchte:

Die sieben Sünden an der Zukunft
(von Georg Winter nach einem
Aphorismus von Mahatma Ghandi)

»Streift Eigennutz wie Ketten ab«,
sprach Ghandi, »geht befreit
mit uns den Überlebensweg
in eine Friedenszeit.«

Und während er am Webstuhl saß,
begann er zu erklär'n,
welch' sieben Sünden auf dem Weg
noch zu besiegen wär'n:

»Die erste Sünde: Politik,
die ohne Grundsatz schwankt.
Zum Staatsmann taugt, wer Richtung hält,
ganz gleich, ob man's ihm dankt.

Die zweite Sünde: Luxusgut,
genossen ohne Fleiß.
Berechtigt ist Besitz als Frucht
von Lauterkeit und Schweiß.

Die dritte Sünde: Lustgewinn,
dem das Gewissen fehlt.
Die echte Freude ist stets auch
von Mitgefühl beseelt.

Die vierte Sünde: Wissensmacht,
die auf Charakter pfeift.
Wer Wissen hat, verkauf's nicht dem,
der sich am Volk vergreift.

Die fünfte Sünde: ein Kommerz,
der die Moral verrät.
Das Land blüht auf, wenn Wirtschaftskraft
mit Volkswohl einig geht.

Die sechste Sünde: Wissenschaft,
die Menschlichkeit vergisst.
Ihr Dienst am Menschen ist das Maß,
an dem ihr Wert sich misst.

Die siebte Sünde: ein Gebet,
das zwar nach Güte klingt,
für dessen Ziel der Betende
jedoch kein Opfer bringt.«

Kaum hat sich Ghandi für den Herbst
ein warmes Tuch gewebt,
da legt er's in die Bettlerhand,
die sich am Weg erhebt.

Initiative des Netzwerkes Rechte der Natur für eine Grundgesetzreform

Material zur Pressekonferenz, 22.4.2022

Vorschlag zur Überarbeitung des Grundgesetzes

Im Netzwerk Rechte der Natur haben sich Juristen und Organisationen zusammengeschlossen und gemeinsam folgenden konkreten Vorschlag für eine Grundgesetzreform erarbeitet.

Artikel 1 Grundgesetz

Abs. 1 unverändert:

(1) Die Würde des Menschen ist unantastbar. Sie zu achten und zu schützen ist Verpflichtung aller staatlichen Gewalt.

Abs. 2 neu:

(2) **Die Würde der Natur gebietet, die natürlichen Lebensgrundlagen zu schützen, zu pflegen und zu wahren und den Eigenwert der natürlichen Mitwelt im Ganzen der Natur zu achten.**

Abs. 2 wird Abs. 3, fett = neu:

(3) Das deutsche Volk bekennt sich darum zu unverletzlichen und unveräußerlichen Menschenrechten **und Rechten der Natur** als Grundlage jeder menschlichen Gemeinschaft, des Friedens und der Gerechtigkeit in der Welt.

Abs. 3 wird Abs. 4:

(4) Die nachfolgenden Grundrechte binden Gesetzgebung, vollziehende Gewalt und Rechtsprechung als unmittelbar geltendes Recht.

Artikel 2 Grundgesetz

Abs. 1, fett = neu:

(1) Jeder hat das Recht auf die freie Entfaltung seiner Persönlichkeit, soweit er nicht die Rechte anderer, **einschließlich der natürlichen Mitwelt,** verletzt und nicht gegen die verfassungsmäßige Ordnung oder das Sittengesetz verstößt.

Abs. 2 unverändert:

(2) Jeder hat das Recht auf Leben und körperliche Unversehrtheit. Die Freiheit der Person ist unverletzlich. In diese Rechte darf nur auf Grund eines Gesetzes eingegriffen werden.

Artikel 14 Grundgesetz

(1) Das Eigentum und das Erbrecht werden gewährleistet. Inhalt und Schranken werden durch die Gesetze bestimmt.

Abs. 2, fett = neu:

(2) Eigentum verpflichtet. Sein Gebrauch soll zugleich dem Wohl der Allgemeinheit **und der natürlichen Mitwelt** dienen.

(3) Eine Enteignung ist nur zum Wohle der Allgemeinheit zulässig. Sie darf nur durch Gesetz oder auf Grund eines Gesetzes erfolgen, das Art und Ausmaß der Entschädigung regelt. Die Entschädigung ist unter gerechter Abwägung der Interessen der Allgemeinheit und der Beteiligten zu bestimmen. Wegen der Höhe der Entschädigung steht im Streitfalle der Rechtsweg vor den ordentlichen Gerichten offen.

Artikel 19 Grundgesetz

(1) Soweit nach diesem Grundgesetz ein Grundrecht durch Gesetz oder auf Grund eines Gesetzes eingeschränkt werden kann, muss das Gesetz allgemein und nicht nur für den Einzelfall gelten. Außerdem muss das Gesetz das Grundrecht unter Angabe des Artikels nennen.

(2) In keinem Falle darf ein Grundrecht in seinem Wesensgehalt angetastet werden.

(3) Die Grundrechte gelten auch für inländische juristische Personen, soweit sie ihrem Wesen nach auf diese anwendbar sind.

Abs. 4 neu:

(4) Die Grundrechte gelten auch für die Natur, soweit sie ihrem Wesen nach auf diese anwendbar sind. Die Natur ist rechtsfähig. Sie ist durch die Gesetzgebung, durch die vollziehende Gewalt und die Rechtsprechung maßgeblich zu achten und zu schützen.

Abs. 4 wird Abs. 5:

(5) Wird jemand durch die öffentliche Gewalt in seinen Rechten verletzt, so steht ihm der Rechtsweg offen. Soweit eine andere Zuständigkeit nicht begründet ist, ist der ordentliche Rechtsweg gegeben. Artikel 10 Abs. 2 Satz 2 bleibt unberührt.

Artikel 20 a Grundgesetz

fett = neu:

Jedes Lebewesen hat seine naturgegebene Würde und das Recht – im Rahmen natürlicher Kreisläufe, Nahrungsketten und Biotope –, seiner Natur nach zu leben.

Der Staat schützt auch in Verantwortung für die künftigen Generationen **die Rechte der Natur,** die natürlichen Lebensgrundlagen, **die Pflanzen** und die Tiere im Rahmen der verfassungsmäßigen Ordnung durch die Gesetzgebung und nach Maßgabe von Gesetz und Recht durch die vollziehende Gewalt und die Rechtsprechung.

Artikel 56 Grundgesetz

Der Bundespräsident leistet bei seinem Amtsantritt vor den versammelten Mitgliedern des Bundestages und des Bundesrates folgenden Eid:

fett = neu:

»Ich schwöre, daß ich meine Kraft dem Wohle des deutschen Volkes widmen, seinen Nutzen mehren, Schaden von ihm wenden, **die natürliche Mitwelt schützen,** das Grundgesetz und die Gesetze des Bundes wahren und verteidigen, meine Pflichten gewissenhaft erfüllen und Gerechtigkeit gegen jedermann üben werde. So wahr mir Gott helfe.«

Der Eid kann auch ohne religiöse Beteuerung geleistet werden

Artikel 64 Grundgesetz

Abs. 1 und 2 unverändert:

(1) Die Bundesminister werden auf Vorschlag des Bundeskanzlers vom Bundespräsidenten ernannt und entlassen.

(2) Der Bundeskanzler und die Bundesminister leisten bei der Amtsübernahme vor dem Bundestag den in Artikel 56 vorgesehenen Eid.

Begründung

Die Ausgangssituation

In den letzten Jahrzehnten ist es nicht gelungen, den Raubbau an den ökologischen Ressourcen zu stoppen. Die planetaren Grenzen, wie sie das Stockholm Resilience-Center publizierte, zeigen eindrücklich, wo die großen Herausforderungen liegen. Bedroht ist die funktionale Vielfalt aller terrestrischen und aquatischen Ökosysteme, indem die Landschaftsräume, Wälder, Steppen und Moore, aber auch die Ozeane durch Übernutzungen – Abholzung, industrielle Landwirtschaft, Überweidung, Überfischung und Vermüllung – aus ihrem Gleichgewicht gestoßen und zerstört werden. Und es sind die bio-geo-chemischen Einträge in Flüsse, allen voran Nitrat und Phosphor, die auf Böden, Gewässer und alle Lebensprozesse einwirken, die Nahrungsketten und so die Ökosysteme schwächen.

Die massiven ökologischen Effekte unserer Aktivitäten haben einen globalen Wandel ausgelöst, der als enorme, insbesondere zivilisatorische Herausforderung eine lebenserhaltende und -stärkende Kultivierung unserer gemeinsamen Zukunft einfordert. Der Klimawandel ist Teil dieser planetaren Umgestaltung zuungunsten des Homo sapiens und von Flora und Fauna. Aber die menschlichen Aktivitäten und ihre Wirkungen verändern auch unter geologischen Betrachtungen den Erdhaushalt klimaökologisch, stofflich, landschaftlich und geochemisch so dominant und prägen die landschaftliche Formgebung so einschneidend, dass sie sich langfristig in den Sedimentierungen der letzten Jahrhunderte nachweisen lassen. Der Atmosphärenchemiker und Nobelpreisträger Paul Crutzen benannte deshalb 2002 in seinem Aufsatz »Geology of Mankind« im Wissenschaftsmagazin »Nature« das erste Mal diesen Zusammenhang als einen eigenen geochronologischen Abschnitt: Anthropozän.

Überschreitung planetarer Belastungsgrenzen

Die Ursachen dieser Vernichtung der ökologischen Lebensgrundlagen gehen in der Regel auf wirtschaftliche Aktivitäten zurück, die von nationalen Interessen und unternehmerischen Gewinnerwartungen getrieben sind. Diese Interessen werden durch einen rechtlichen Rahmen geschützt und im Abgleich staatlicher, regionaler und multilateraler Übereinkünfte durchgesetzt. Diese Kräfte und ihre Lobbys sind immer wieder übermächtig.

In der Abwägung mit menschenbezogenen und wirtschaftlichen Interessen unterliegen die Interessen von Fauna, Flora und Biotopen regelmäßig vor Gericht. Dies ist der Ausdruck eines Denkens, in dem sich der Mensch als ein privilegiertes Lebewesen begreift, das außerhalb der Natur steht.

Dieses Denken hat eine gesellschaftliche Praxis hervorgerufen, die die planetaren Belastungsgrenzen überschreitet.

Tiere als Mitgeschöpfe

Gelingt es nicht, diese Entwicklung zu stoppen und umzukehren, drohen noch mehr irreversible und verheerende Folgen für Menschen, Fauna, Flora und alle Ökosysteme (z. B. Meere, Regenwälder). Wissenschaftler der Intergovernmental Science-Policy Platform on Biodiversity and Ecosystem Services (IPBES) haben darauf hingewiesen, dass die Naturzerstörung durch den Menschen und die Bedrohung der Artenvielfalt auch die Übertragung von Infektionskrankheiten auf den Menschen wahrscheinlicher machen. Der Ausbruch neuer Pandemien ist kein Zufall: Das Corona-Virus, Ebola, HIV, SARS und MERS sind alle vom Tier auf den Menschen übergesprungen. Wo es an Naturschutz und Artenschutz fehlt, steigt das Risiko für zukünftige Pandemien weltweit.

Es ist nun an uns, die Natur mit ihren Pflanzen und Tieren besser zu schützen. Dies gilt sowohl für wildlebende als auch landwirtschaftlich genutzte Arten. Insbesondere letztere bedürfen eines wesentlich verbesserten Schutzes. So werden Rinder, Schweine und Hühner vom Tierschutzrecht, das vor allem ein Tiernutzungsrecht ist, nicht vor Leiden, Schmerzen und Qualen geschützt. Ihre kreatürliche Würde wird bewusst missachtet.

Das Netzwerk für die Rechte der Natur hält es für richtig und erforderlich, dass unsere Gesellschaft dazu übergeht, Pflanzen und Tiere als Mitgeschöpfe wahrzunehmen und nicht als Objekte und untergeordnete Wesen. Dies macht früher oder später auch die Anerkennung von Grundrechten für Pflanzen und Tiere erforderlich, soweit diese auf sie anwendbar sind.

Ökologisierung des Rechts

Um diese Fehlentwicklungen und Exzesse der Unmenschlichkeit und des Unrechts an Tieren zu stoppen und umzukehren, brauchen wir eine Ökologisierung unseres Rechts und die Anerkennung des Rechtes der Natur auf Leben und Entwicklung.

Eine solche Weiterentwicklung unseres Rechts liegt auch im Interesse des Menschen. Wir können die Existenz des Menschen, seine Würde und seine Grundrechte auf Dauer besonders wirksam schützen, indem wir Rechte der Natur etablieren und durchsetzen. Die Rechte der Natur auf Leben und Entwicklungen müssen deshalb in jeglicher Gesetzgebung und in allen juristischen Abwägungsprozessen hoch gewichtet und effektiv durchgesetzt werden.

Die Natur als Rechtssubjekt anzuerkennen bedeutet, den Radius der Rechtsträgerschaft von menschlichen Personen und rechtsfähigen Gesellschaften (z. B. Aktiengesellschaften) auf Flora und Fauna, Gewässer, Landschaften und die Atmosphäre auszuweiten. Wir, das Netzwerk für die Rechte der Natur, schlagen vor, sie als nichtmenschliche Rechtssubjekte anzuerkennen und unser Rechtssystem zu einem ökologischen Rechtssystem weiterzuentwickeln.

Rechte der Natur – Voraussetzung für Freiheit

Unser westliches Freiheitsverständnis hat in der Vergangenheit die Autonomie des Menschen gegenüber der Gesellschaft und der Natur betont. Natur bleibt das Andere.

Inzwischen setzt sich aber immer mehr die Erkenntnis durch, dass Leben in all seinen Formen und ökologischen Zusammenhängen eine conditio sine qua non menschlicher Freiheit ist.

Wenn Naturausbeutung zur Naturzerstörung wird, verschwindet die Freiheit und ihre Ausübung führt zur Selbstvernichtung. Dieses Szenario ist heute weltweit und vor allem für arme, junge und noch nicht geborene Menschen sehr wahrscheinlich geworden.

Das hat auch das Bundesverfassungsgerichtsurteil vom 24.3. 2021, Az. 1 BvR 2656/18 erkannt. Es weist den Weg in eine Ökologiegebundenheit der Freiheitsrechte. Denn es anerkennt effektiven Klimaschutz als Voraussetzung zur Sicherung der Freiheitsrechte künftiger Generationen. So wie die Ausübung individueller Freiheitsrechte nur im Rahmen gleicher Rechte aller Menschen möglich ist, muss sie in Zukunft auch im Rahmen der Rechte der natürlichen Mitwelt vollzogen werden.

Die Anerkennung der Rechtssubjektivität der natürlichen Mitwelt ist somit Ausdruck eines Freiheitsbegriffes, der die objektiv bestehende ökologische Eingebundenheit des Menschen berücksichtigt. Rechtspraktisch bedeutet dies, dass es fortan kein Recht auf Naturausbeutung mehr geben kann, sondern »nur« ein Recht auf ökologisch nachhaltige Nutzung. Es geht darum, Natur als Grundbedingung unserer Existenz und Prosperität zu bewahren und ihre Rechte als Grundlage kollektiver und individueller Freiheitsrechte anzuerkennen.

Die Natur als Rechtssubjekt anzuerkennen ist möglich

Das Recht regelt die Beziehungen zwischen Personen und zwischen Personen und Dingen. Unser Recht ist nicht nur ein Normenwerk. Es ist auch ein zivilgesellschaftlicher Prozess, der von Legislative, Exekutive und Judikative kontinuierlich weiterentwickelt wird.

Bisher werden im deutschen und europäischen Recht keine subjektiven Eigenrechte der Natur anerkannt, die durch menschliche Stellvertreter vor Gericht eingeklagt werden können. Die Natur kann bislang besessen, benutzt, zerstört werden. Subjektive Rechte werden zurzeit neben Menschen u. a. auch juristischen Personen (siehe oben) (z. B. GmbH, Aktiengesellschaften, Genossenschaften) gewährt. Im Gegensatz zur Natur können diese ihre Rechte einklagen und ggf. durchsetzen.

Die Verbandsklagerechte im deutschen Tier- und Naturschutzrecht reichen nicht aus. Sie betreffen nur wenige Sonderfälle und gehen nicht weit genug, zumal sie der zu schützenden Natur keine subjektiven Rechte zugestehen und es außerdem keine Schutzpflichten gibt, die sich aus Schutzrechten ableiten lassen.

Für unser Rechtssystem ist die Anerkennung der Natur als Rechtssubjekt problemlos möglich. Man muss keine menschliche Person sein, um Trägerin oder Träger von Rechten zu werden. Die Hindernisse liegen auf der politischen Ebene oder sie beruhen auf Missverständnissen und Unkenntnis. Zivilisationsgeschichtlich haben wichtige ethische Diskurse zur Formulierung von Rechten geführt. Im Verlauf hat sich der Kreis der Rechtssubjekte ständig vergrößert (z. B. waren ursprünglich Sklaven und Frauen ausgeschlossen). Auch Kinder und Unmündige stehen nicht nur unter dem Schutz des Gesetzes, sie haben Rechte, die sich einklagen lassen. Inzwischen gibt es eine Vielzahl nichtmenschlicher Rechtssubjekte, z. B. Unternehmen und Organisationen.

Es gibt also keinen Grund, daran zu zweifeln, dass es rechtstechnisch möglich ist und Sinn ergibt, Rechte der Natur einzuführen und so die Rechtsposition der Natur zu stärken.

Die Diskussion um Eigenrechte der Natur, die nicht erst seit Christopher D. Stone's »Should Trees Have Standing« und der sog. Robbenklage geführt wird, hat in jüngster Vergangenheit Auftrieb bekommen. Immer öfter schließen sich weltweit Gerichte der Argumentation von Stone an: Wenn sogar Gesellschaften Rechte haben, muss dies auch für einzelne Naturobjekte wie etwa Flüsse gelten. Seit 2008 werden die Rechte der Natur in Ecuador auf Verfassungsebene garantiert. Die Gletscher Gangotri und Yamunotri in Indien sind seit 2017 genauso wie der Whanganui-Fluss in Neuseeland eigenständige Träger von subjektiven Rechten. Immer häufiger werden die Rechte der Natur auch in der Gesetzgebung und von Gerichten zur Anwendung gebracht.

Die meistgenannten Argumente gegen Rechte der Natur sind unberechtigt oder beruhen auf Missverständnissen.

Gegen »Rechte der Natur« wird häufig argumentiert, dass …

a) die Natur sich selbst nicht erklären und verteidigen könne, weil sie nicht sprechfähig sei oder

b) wir nicht wissen können, was die Natur will.

Zu a) ist zu sagen, dass dies auch für GmbHs oder Körperschaften öffentlichen Rechts (= juristische Personen) gilt. Auch sie erscheinen nicht vor Gericht. Ihre Interessen werden – genau wie jene von Kindern oder Menschen, die unmündig sind – von Vertretern oder Vertreterinnen auch vor Gericht geltend gemacht. Wir selbst brauchen in der Regel auch einen Rechtsanwalt oder eine Rechtsanwältin.

Zu b) ist hervorzuheben, dass die Ökosystemforschung und die Verhaltensforschung einschätzen können, was die artspezifischen Bedürfnisse von Tieren sind und unter welchen Bedingungen Tiere, Pflanzen und Ökosysteme sich erhalten und weiter entwickeln können.

Die Anerkennung der Rechte der Natur würde nicht dazu führen, dass jegliche Naturnutzung unmöglich wird. Die Gerichte nehmen immer eine Abwägung aller widerstreitenden Interessen vor.

Rechte der Natur: Schon lange eine weltweite Bewegung

Die Bewegung für Rechte der Natur ist weltweit und auf allen Ebenen aktiv. Und sie hat bereits viele Erfolge erzielt:

- International: Die Rechte der Natur sind immer wieder Beratungsgegenstand des UNO-Dialoges über die Harmony with

Nature Resolution und der Programme der Internationalen Naturschutzorganisation (IUCN).

- Europäisch: Das European Economic and Social Committee hat jüngst eine Studie veröffentlicht, die eine EU-Grundrechtscharta für die Rechte der Natur fordert und ausführlich begründet.

- National: Die Rechte der Natur sind bereits in einigen Rechtsordnungen festgeschrieben worden. In Ecuador sind sie Bestandteil der Verfassung, in Bolivien Gegenstand einzelgesetzlicher Regelungen. Und es gibt eine wachsende Zahl parlamentarischer Initiativen (u. a. in Schweden, in der Schweiz und in Frankreich). Flüsse und Landschaften wurden von Gerichten als Rechtspersönlichkeiten anerkannt, ebenso wie die Rechte von Tieren. Die Partei der Grünen in den Niederlanden hat die Forderung nach Eigenrechten der Natur in ihr Programm aufgenommen14. Und erst jüngst hat sich eine überparteiliche Koalition von Nationalräten der Schweiz für die Verankerung der Rechte der Natur in der Schweizer Bundesverfassung ausgesprochen.

- Lokal: Eine Vielzahl von Kommunen hat die Rechte der Natur in ihren Kommunalverfassungen festgeschrieben, vor allem in den USA. In Mexiko-Stadt wurden die Rechte der Natur in der Kommunalverfassung anerkannt.

- Zivilgesellschaftlich: Auch in der Zivilgesellschaft wächst die Bewegung für Rechte der Natur. Es gibt eine Vielzahl umweltjuristischer Vereinigungen, wie z. B. die Ecological Law and Governance Association, Global Alliance for Rights of Nature, Earth Law Alliance, Earth Justice, IUCN World

Commission on Environmental Law und juristische Fachleute, die den Kampf für die Rechte der Natur weltweit unterstützen. Auch zahlreiche indigene Völker setzen sich für Rechte der Natur und damit für den Schutz ihrer Lebensgrundlage (Wälder, Flüsse, Seen u. a.) ein.

Was ändert sich, wenn die Rechte der Natur anerkannt werden?

Das Naturschutzrecht würde sich entscheidend ändern; denn § 1 BNatschG wird bisher so ausgelegt, dass die Natur nicht rechtsfähig ist. Der Artenschutz ist in den Bestimmungen der §§ 39ff – Allgemeiner Artenschutz – bzw. §§ 44ff – Besonderer Artenschutz BNatschG geregelt.

Von welch grundlegender Bedeutung solch neues Denken ist, darauf hat auch die im Auftrag der »Beobachtungsstelle für nachhaltige Entwicklung« des Europäischen Wirtschafts- und Sozialausschusses erarbeitete Studie »Towards an EU Charter of the Fundamental Rights of Nature« aufmerksam gemacht. Unser heutiges Umweltrecht ist nicht in der Lage, die grundlegend neuen Beziehungen zwischen Menschen und Natur zu gestalten, die das Anthropozän erfordert. Es vermag nur punktuell zu reagieren.

Deshalb brauchen wir diesen Paradigmenwechsel: Ein Recht, das anerkennt, dass der Mensch Teil des Systems Natur ist und seine Existenz und sein Gedeihen auf die lebensförderlichen Beziehungen zwischen ihm und der Natur und all ihren Teilsystemen angewiesen ist.

In Ecuador ist zu beobachten, dass sich Umweltbewegungen und indigene Völker durch die Rechte der Natur ermächtigt sehen, diese nicht nur gerichtlich, sondern auch als Werkzeug im öffentlichen Diskurs zu nutzen. Ende letzten Jahres hat das ecuadorianische Verfassungsgericht mit seinen Urteilen zum Fall Los Cedros und zur Klage der der A'i Kofán-Gemeinschaft bewiesen, dass es einen Unterschied macht, ob die Rechte der Natur garantiert sind oder nicht. Den klagenden Bergbaukonzernen wurde – trotz der bereits erteilten Genehmigungen – jeder Eingriff in das ökologisch sensible Gebiet untersagt.

Weitere, wichtige Grundsatzverfahren sind anhängig. In Ecuador hat sich gezeigt, dass es Zeit braucht, bis dieser juristische Paradigmenwechsel von allen verstanden wird und sich in der Praxis der Rechtsprechung auf allen Ebenen durchsetzt.

Unsere Beziehung zur Natur

Die Anerkennung der Rechte der Natur ist mehr als ein ergänzter oder neuer Gesetzestext. Die Auseinandersetzung um die Rechte der Natur zwingt uns alle, unsere Beziehung zur Natur und die Wahrnehmung der Natur zu überdenken, sie neu zu verstehen und sie angemessen mit Leben zu erfüllen. Wir, das Netzwerk Rechte der Natur, erkennen an, dass wir Teil der Natur sind und die Lebensfähigkeit der Natur eine notwendige Voraussetzung für ein menschenwürdiges Leben ist.

Mit der Anerkennung der Rechte der Natur ist ein neues Denken verbunden, das in vielen indigenen Kulturen bereits vorhanden ist.

Teilnehmerinnen und Teilnehmer an dem Beratungsprozess seit 2020

- Dr. Christian Arleth (ehemals PETA)
- Christine Ax, M.A., Initiative Rechte der Natur im HAUS DER ZUKUNFT, Hamburg, Ökonomin, Philosophin, Nachhaltigkeitsexpertin und Autorin
- Hans Leo Bader, ein Vorstandsmitglied der Deutschen Umweltstiftung, Rechte der Natur – Das Volksbegehren! (Bayerische Verfassung)
- Dr. Ute Blohm-Hieber, Europäische Kommission, EU-Beamtin i.R., GD Energie (General-Direktion Energie)
- Prof. Dr. Klaus Bosselmann, New Zealand Centre for Environmental Law, Auckland; IUCN World Commission on Environmental Law (WCEL), Ecological Law and Governance Association (ELGA)
- Sibylle Centgraf, Bundesarbeitsgemeinschaft Ökologie von Bündnis 90/Die Grünen
- Elisabeth Hagopian, Germanistin, Anglistin (OStR i.R.)
- Dr. Stefan Knauss, Universität Erfurt
- Dr. Peter C. Mohr, Rechtsanwalt – Vorstandsmitglied im NABU Hamburg e.V.
- Dr. Hermann Ott, Hochschule für nachhaltige Entwicklung Eberswalde, Earth Client Berlin
- Emmanuel Schlichter, LL.M, Jurist, Rechtsreferendar in München
- J. Alexander Schmidt, Prof. em. Dr.-Ing., Universität Duisburg-Essen, Profilschwerpunkt Urbane Systeme
- Prof. Dr. Eberhard K. Seifert, Mitglied der Vereinigung Deutscher Wissenschaftler (VDW), seit 2019 im VDW-Beirat, Teilnehmer der VDW-Kooperation mit der Gregoriana/Rom zu »Laudato Si«, Präsident »Deutsche Gesellschaft für Warenwissenschaften und Technologie« (DGWT)

- Dr. Ralf P. Sonntag, Senior Advisor Oceans World Future Council
- Prof. em. Dr. Volker Stahlmann, Technische Hochschule Georg-Simon-Ohm Nürnberg
- Renate Kirchhof-Stahlmann, Stiftung Kulturbahnhof Ottensoos, Forum für Nachhaltige Entwicklung und Kunstmuseum
- Prof. Dr. Peter Vollbrecht, Philosophisches Forum Esslingen
- Alexandra Wandel, Vorstandsvorsitzende World Future Council
- Prof. (em.) Dr. habil. Hans-Ulrich Zabel, Martin-Luther-Universität Halle/Wittenberg, Wissenschaftlicher Beirat des Unternehmerverbandes »Leaders for Climate Action«.
- Dr. Georg Winter, Jurist, Unternehmer, Umweltpionier und Gründer der »Initiative für die Rechte der Natur«, HAUS DER ZUKUNFT Hamburg
- Prof. em. Dr. Jürgen Freimann, Prof. für Betriebswirtschaftslehre und nachhaltige Unternehmensführung, Universität Kassel

Wir bedanken uns für die wissenschaftliche Beratung durch:

- Jula Zenetti, LL.M, Helmholtz-Zentrum für Umweltforschung – UFZ, Leipzig
- Elena Ewering, Uni Bremen, FB Rechtswissenschaft: DFG Forschungsvorhaben »Natur als Rechtsperson« Prof. Fischer-Lescano
- Dr. Andreas Gutmann, Uni Bremen, FB Rechtswissenschaft: DFG Forschungsvorhaben »Natur als Rechtsperson« Prof. Fischer-Lescano
- Dr. phil. Andreas Weber, Universität der Künste Berlin

- Dr. rer. nat. Dipl.-Geograph J. Daniel Dahm, United Sustainability Group – Founder, Managing Director; World Future Council – Spokesperson Ecosystem Restoration, Senior Advisor; Scientists for Future – Advisory Council Member
- Lili Fuhr, Heinrich-Böll-Stiftung Berlin

Das »Netzwerk Rechte der Natur« ist überparteilich. Jedes Mitglied ist berechtigt, über seine jeweiligen Informationskanäle die Presseerklärung, die Reformvorschläge für das Grundgesetz, die Begründung zur Reform des Grundgesetzes und die Teilnehmerliste des Netzwerkes zu verbreiten.

Ausgewählte Literatur

Bücher und Aufsätze:

K. Bosselmann, *Im Namen der Natur: Der Weg zum ökologischen Rechtsstaat*, München 1992
K. Bosselmann, *Ökologische Grundrechte: Zum Verhältnis zwischen individueller Freiheit und Natur*, Baden-Baden 1998

J. Leimbacher, *Die Rechte der Natur*, Basel 1988

K.-M. Meyer-Abich, *Wege zum Frieden mit der Natur. Praktische Naturphilosophie für die Umweltpolitik*, München 1984
K.-M. Meyer-Abich, *Aufstand für die Natur. Von der Umwelt zur Mitwelt*, München 1990

K. Ott, R. Döring, *Theorie und Praxis starker Nachhaltigkeit*, Marburg 2011

M. Schröter, *Mensch, Erde, Recht: Grundfragen ökologischer Rechtstheorie*, Baden-Baden 1999

V. Stahlmann, *Eigenrecht der Natur – Gewinn für wen?*, Marburg 2015

C. D. Stone, *Should trees have standing? Toward legal rights for natural objects*, in: Southern California Law Review 45/1972, S. 450–487
C. D. Stone, *Umwelt vor Gericht. Die Eigenrechte der Natur*, München 1992 (deutsch)

G. Stutzin, *Die Natur der Rechte und die Rechte der Natur*, Rechtstheorie 11, 1980, 344–355

M. Tanasescu, *Understanding the Rights of Nature: A Critical Introduction*, Bielefeld 2022

Schriftenreihe Rechte der Natur-Biokratie, betriebswirtschaftliche Schriften über Rechte der Natur/Biokratie im HAUS DER ZUKUNFT Hamburg, Metropolis Verlag: https://www.metropolis-verlag.de/Reihen/Rechte-der-Natur-Biokratie/catalog.do

Die Rechte der Natur im deutschen Feuilleton: https://www.umweltimrecht.blog/die-rechte-der-natur-im-deutschen-feuilleton-eine-presseschau/

Zeitschrift für Umweltrecht 4/2018: https://beck-online.beck.de/?vpath=bibdata%2Fzeits%2FZUR%2F2018%2Fcont%2FZUR.2018.H04.NAMEINHALTSVERZEICHNIS.htm

Websites, Dokumente und Berichte:

www.rechte-der-natur.de

Dokumentation Deutscher Bundestag:
https://www.bundestag.de/resource/blob/876916/12655a8f9a2118dda5eb45075e1dbd50/WD-8-089-21-pdf-data.pdf

Die Erdcharta:
https://erdcharta.de/die-erd-charta/der-text/

Die Haager Grundsätze:
https://gibdernaturrecht.muc-mib.de/wp-content/uploads/2020/12/ETF-Haager-Grundsaetze-DE.pdf

Oslo Manifesto:
https://elgaworld.org/oslo-manifesto

Towards an EU Charter of Fundamental Rights of Nature:
https://www.eesc.europa.eu/en/our-work/publications-other-work/publications/towards-eu-charter-fundamental-rights-nature

DIE ÜBERTRAGUNG DES HAUS DER ZUKUNFT AUF DIE WINTER STIFTUNG FÜR RECHTE DER NATUR

8

Satzung der Winter Stiftung für Rechte der Natur

(Auszug aus der Satzung der Stiftung, Gründung 22.2.2022)

Präambel

Der Stifter Dr. Georg Winter setzt sich seit vielen Jahrzehnten für den Schutz der Umwelt ein. Er entwickelte und praktizierte ab 1972 das erste Integrierte System umweltorientierter Unternehmensführung (Winter-Modell) und sorgte für dessen nationale und internationale Verbreitung. Zu diesem Zweck initiierte er u. a. 1984 den Bundesdeutschen Arbeitskreis für Umweltbewusstes Management (B.A.U.M. e.V.) und 1991 das International Network for Environmental Management (INEM e.V.). Das Buch des Stifters über das Winter-Modell erschien in 12 Sprachen. Die Europäische Union förderte die Verbreitung des Winter-Modells. Seine Grundzüge fanden Eingang in die einschlägigen Normungs- und Zertifizierungssysteme der EU.

Der Stifter geht von der Erkenntnis aus, dass für ein an den Prinzipien der Nachhaltigkeit orientiertes umweltbewusstes Wirtschaften die Schaffung entsprechender rechtlicher Rahmenbedingungen unerlässlich ist. Gleiches gilt im Grunde für das Verhalten der Menschen schlechthin, das nur durch das Recht wirksam auf ökologisch verantwortungsvolles Handeln verpflichtet werden kann.

Deshalb hat sich der Stifter entschlossen, über seine bisherigen Bemühungen um ökologisches Wirtschaften hinaus eine Stiftung ins Leben zu rufen, deren Ziel es ist, auf die Schaffung der erforderlichen rechtlichen Rahmenbedingungen und deren verantwortungsvolle und rechtsgetreue Umsetzung im Interesse der Nachhaltigkeit Einfluss zu nehmen. Dabei geht er von der Überzeugung aus, dass die Rechtsordnungen nicht nur den Menschen, sondern auch der Natur, d. h. Pflanzen, Tieren und Biotopen, die zu ihrem Schutz erforderlichen Rechtspositionen einzuräumen haben und auch verfassungsrechtliche Vorkehrungen zu ihrer wirksamen Durchsetzung treffen müssen (Biokratie-Gedanke).

Der Stifter hat 1998 das HAUS DER ZUKUNFT gegründet und im Eingangsbereich die Geschichte des Winter-Modells dokumentiert. Das HAUS DER ZUKUNFT hat sich zu einem Pioniermodell und international anerkannten Kompetenzzentrum für nachhaltiges Wirtschaften entwickelt. Die Mieter im HAUS DER ZUKUNFT bilden eine Standortgemeinschaft, die sich in ihren jeweils unterschiedlichen Arbeitsbereichen dem Gedanken des Umweltschutzes und der Nachhaltigkeit in besonderer Weise verpflichtet fühlt und für umweltbewusstes Leben und Wirtschaften beispielgebend ist. Die Förderung der Stiftungszwecke soll dauerhaft aus den Mieterträgen des HAUS DER ZUKUNFT erfolgen. Es ist das ausdrückliche Bestreben des Stifters, das HAUS DER ZUKUNFT, aus dem die Erträge für die Stiftung erwirtschaftet werden sollen, weiterhin als eine Institution zu erhalten, die auf bürgerschaftliches Engagement im Hinblick auf die ökologische Nachhaltigkeit gerichtet ist.

§ 1 Name, Rechtsform, Sitz

(1) Die Stiftung führt den Namen
»Winter Stiftung für Rechte der Natur«.

(2) Sie ist eine rechtsfähige Stiftung des bürgerlichen Rechts.

(3) Die Stiftung hat ihren Sitz in der Freien und Hansestadt Hamburg.

§ 2 Zweck der Stiftung, Gemeinnützigkeit

(4) Die Stiftung verfolgt ausschließlich und unmittelbar gemeinnützige Zwecke im Sinne des Abschnitts »Steuerbegünstigte Zwecke« der Abgabenordnung.

Zweck der Stiftung ist die Förderung von Wissenschaft und Forschung, die Förderung des Umweltschutzes sowie des bürgerschaftlichen Engagements zugunsten gemeinnütziger und mildtätiger Zwecke im Sinne des Abschnitts »Steuerbegünstigte Zwecke« der Abgabenordnung. Zweck der Stiftung ist auch die Beschaffung und Weiterleitung von Mitteln für die Verwirklichung der vorgenannten steuerbegünstigten Zwecke durch andere steuerbegünstigte Körperschaften und juristische Personen des öffentlichen Rechts.

Der Satzungszweck kann verwirklicht werden insbesondere durch

- die finanzielle Förderung und gegebenenfalls Auszeichnung vornehmlich rechtswissenschaftlich geprägter Arbeiten und Vorhaben, die einen Fortschritt für den Umweltschutz – insbesondere den Pflanzen-, Tier-, Arten- und Biotopschutz – zum Gegenstand haben,

- die finanzielle Förderung wissenschaftlicher, insbesondere rechtswissenschaftlicher Veranstaltungen, deren Ziel die Fortentwicklung des Umweltschutzes und des Umweltrechts im Interesse der ökologischen Nachhaltigkeit ist,

- die Auszeichnung herausragender wissenschaftlicher Arbeiten auf den Gebieten des Umweltrechts durch die Vergabe von Stiftungspreisen,

- finanzielle Förderung der Veröffentlichung bzw. Verbreitung herausragender wissenschaftlicher Arbeiten auf den Gebieten des Umweltrechts, etwa durch Gewährung von Druckkostenzuschüssen oder durch die Förderung von Übersetzungen,

- finanzielle Förderung von Forschungsprojekten, die das Ziel verfolgen, auf den Gebieten des Umweltschutzes, insbesondere des Pflanzen-, Tier-, Arten- und Biotopschutzes, in rechtlicher oder tatsächlicher Hinsicht Verbesserungen zu erreichen,

- die Förderung einer umweltorientierten Rechtsentwicklung durch finanzielle Unterstützung oder nachträgliche Prämierung einschlägiger Vorschläge für Gesetzgebung, Normierung (zum Beispiel ISO 14001 Zertifizierung von Umweltmanagementsystemen), Verwaltungsrichtlinien sowie für Bildungsprogramme und Lehrpläne von Schulen und Universitäten,

- die Förderung einer umweltorientierten Rechtsentwicklung durch finanzielle Unterstützung oder nachträgliche Prämierung juristisch fundierter medialer Beiträge zu Brennpunkten der umweltpolitischen Entwicklung und ihrer Gestaltungsbedürftigkeit mit Mitteln des Rechts; dabei werden auch investigativer Einsatz und Zivilcourage berücksichtigt,

- finanzielle Förderung von steuerbegünstigten Körperschaften bei gerichtlichen Auseinandersetzungen um die Auslegung und Weiterentwicklung des geltenden Umweltschutzrechts,

- die Förderung der Zusammenarbeit mit in- und ausländischen Organisationen, Akteurinnen und Akteuren, soweit deren Zielsetzung mit derjenigen der Winter Stiftung für Rechte der Natur übereinstimmt,

- die Förderung der Kommunikation unter den Organisationen, Akteurinnen und Akteuren im HAUS DER ZUKUNFT und seiner Außendarstellung als eines Projektes bürgerschaftlichen Engagements für den Umweltschutz.

(5) Über die Projekte, die im Rahmen des Stiftungszwecks gefördert werden sollen, entscheidet jeweils der Vorstand.

(6) Zur Erfüllung des Stiftungszwecks darf die Stiftung ihre Mittel teilweise einer anderen, ebenfalls steuerbegünstigten Körperschaft oder einer juristischen Person des öffentlichen Rechts zur Verwendung zu steuerbegünstigten Zwecken zur Verfügung stellen. Ferner darf sie Mittel für die Verwirklichung der steuerbegünstigten Zwecke einer anderen Körperschaft oder für die Verwirklichung dieser Zwecke durch eine juristische Person des öffentlichen Rechts beschaffen, wobei die Beschaffung von Mitteln für eine unbeschränkt steuerpflichtige Körperschaft des privaten Rechts voraussetzt, dass diese selbst steuerbegünstigt ist.

(7) Die Stiftung ist selbstlos tätig; sie verfolgt nicht in erster Linie eigenwirtschaftliche Zwecke.

(8) Mittel der Stiftung dürfen nur für die satzungsmäßigen Zwecke verwendet werden. Die Aktivitäten und Förderungsleistungen der Stiftung sollen dokumentiert und in einem Archiv gesammelt werden. Das Archiv darf der Öffentlichkeit zugänglich gemacht werden.

(9) Es besteht kein Rechtsanspruch auf Stiftungsleistungen.

(10) Es darf keine Person durch Ausgaben, die dem Zweck der Stiftung fremd sind, oder durch unverhältnismäßig hohe Vergütungen begünstigt werden.

§ 3 Vermögen der Stiftung

(11) Die Stiftung ist mit einem Vermögen ausgestattet, welches im Stiftungsgeschäft näher bestimmt ist.

(12) Für die Erhaltung und Verwaltung des Stiftungsvermögens gelten folgende Grundsätze: Das Stiftungsvermögen in Form des HAUS DER ZUKUNFT soll erhalten bleiben und darf nicht umgeschichtet werden, es sei denn, der Bestand der Stiftung würde ohne eine Umschichtung des Stiftungsvermögens gefährdet. Der Vorstand der Stiftung ist nicht verpflichtet, Mieten zu maximieren. Er hat gleichwohl darauf zu achten, dass die erzielten Mieten ausreichen, um die Verwirklichung von Stiftungszwecken gem. § 2 nachhaltig zu ermöglichen.

(13) Die Stiftung erfüllt ihren Zweck aus den Erträgen des Stiftungsvermögens und aus Zuwendungen Dritter, soweit diese nicht zur Aufstockung des in Abs. 1 genannten Vermögens bestimmt sind (Zustiftungen). Die Stiftung ist berechtigt, Zustiftungen entgegenzunehmen.

(14) Rücklagen dürfen gebildet werden, soweit die Vorschriften des Steuerrechts dies für steuerbegünstigte Zwecke verfolgende Stiftungen zulassen. Der Vorstand kann freie Rücklagen dem Stiftungsvermögen zuführen.

§ 4 Organ der Stiftung

Organ der Stiftung ist der Vorstand.

Am 28.4.2022 traf sich der Vorstand zur konstituierenden Sitzung im HAUS DER ZUKUNFT in Hamburg. Der Vorstand besteht aus fünf ökologisch fachkundigen Juristen, die jeweils ihre hohe Kompetenz mehrfach bewiesen haben.

Für den 14.6.2022 lud Dr. Georg Winter die Akteurinnen und Akteure des HAUS DER ZUKUNFT zu einem herzlichen Treffen ein, bei dem er sie – und damit erstmals die Öffentlichkeit – über die erfolgte Gründung der gemeinnützigen »Winter Stiftung für Rechte der Natur« informierte. Die Teilnehmerinnen und Teilnehmer begrüßten besonders die Übertragung des HAUS DER ZUKUNFT auf die Stiftung, weil hierdurch die Weiternutzung des Gebäudes als Kompetenzzentrum für Wirtschaft und Umwelt langfristig gesichert wurde.

Akteurinnen und Akteure des HAUS DER ZUKUNFT begrüßen dessen Übertragung auf die neu geschaffene »Winter Stiftung für Rechte der Natur«

ANMERKUNGEN

Anmerkungen

Kapitel 4:
Vom Welterfolg des Integrierten Systems umweltorientierter Unternehmensführung (Winter-Modell)

Wie es zur Umweltinitiative im Hause Winter kam

1 Vgl. Schulaufsatz 19.9.1952, Familienarchiv Winter, Sign. FW 39.

2 Vgl. Kindheitserinnerungen 2005, Familienarchiv Winter.

3 Helmut Schmidt, Weggefährten, 3. Aufl. Berlin: Siedler Verlag 1998, S. 200.

4 Vgl. Georg Winter, Der Schüler mit dem Wegerich, Hamburg: KJM Buchverlag 2017, S. 105.

5 Georg Winter: Ein nationales Wiederaufbauwerk fände in Deutschland eine breite Unterstützung! In: Handelsblatt, 18./19.1.1985, S. 21.

Motivation und Umweltorientierung der Mitarbeiter

1 Vgl. Winter Schneemann 1979

2 Die Firmenzeitschrift »Winter Schneemann« 1976–1995 ist vollständig überliefert im Familienarchiv Winter. Neben den dort überlieferten Primärquellen bietet sie ausführliche und illustrierte Informationen zur Produktion, zu den Innovationen, der Unternehmenskultur und zur Unternehmerfamilie in den letzten zwanzig Jahren des Familienunternehmens. Den Zugriff auf die Artikel erleichtert ein jahresübergreifendes Inhaltsverzeichnis. Die Firmenzeitschrift wurde 2008 im pdf-Format digitalisiert.

Umweltausflüge und Umweltseminare für Auszubildende

1 Vgl. Winter Schneemann, 1984.

2 Vgl. Winter Schneemann, 1990.

Erfinderbörse Umweltschutz

1 Vgl. Winter-Familienarchiv.

Der erste baubiologische Industriebau – Winter-Werk in Norderstedt

1 Winter-Familienarchiv.

Das Interesse am Winter-Modell und die Gründung von B.A.U.M. e.V. und INEM e.V.

1 Georg Winter im Handelsblatt, 18./19.1.1985, S. 21.

Das Handbuch für Betriebsökologie

1 Vorwort, in: Georg Winter, Das umweltbewusste Unternehmen, 1. Aufl. München: C.H. Beck 1987.

2 Vgl. Vorwort, in: Georg Winter, Entreprise et Environnement, Une synergy nouvelle, Paris: McGrawHill 1989.

Das öffentliche Echo der Umweltaktivitäten

1 In: Der WINTER-Schneemann, H. 20/1985, S. 57.

Zur Aktualität umwelbewusster Unternehmensführung

1 Interview des InGreen Magazine mit Dr. Georg Winter auf der 24. Jahreskonferenz von KÖVET, Budapest, 15.11.2019 [deutsche Übersetzung].

Über die Autorin des Berichts, Dr. h.c. Angelika Marsch

1 Die Firmenzeitschrift »Der WINTER-Schneemann« ist unter anderem dokumentiert im Winter-Archiv und kann online abgerufen werden unter www.dr-georg-winter.de.

Kapitel 6: Das HAUS DER ZUKUNFT, Kompetenzzentrum für Wirtschaft und Umwelt

Gespräch zwischen Prof. Dr. Jan Hensmann und Dr. Georg Winter

1 Vgl. Georg Winter, Das umweltbewusste Unternehmen, 1. Aufl. München: C.H. Beck 1987.

2 Vgl. Georg Winter, Das umweltbewusste Unternehmen, 5. Aufl. München: C.H. Beck 1993, S. 17/18.

Kapitel 7: Das HAUS DER ZUKUNFT und Aktionen der »Initiative Rechte der Natur«

Kerngedanken der Initiative »Rechte der Natur/Biokratie«

1 Vgl. Eberhard Seidel / Eberhard K. Seifert: »Biokratie« – Weiterentwicklung politischer Willensbildung in: Seidel, Eberhard (Hg.): Georg Winter – Pionier der umweltbewussten Unternehmensführung (Festschrift zum 70. Geburtstag), S. 495.

Earth Trusteeship Forum, Friedenspalast, Den Haag, 10.12.2018

1 Aus einer Predigt (ca. 223 v.u.Z.) von Arahat Mahinda (Sohn des Kaisers Asoka von Indien), der den Buddhismus nach Sri Lanka gebracht haben soll, zum damaligen König Devanampiyatissa, aus dem Vortrag von Neshan Gunasekera an diesem Forum, zit. nach »Separate Opinion« von Richter Christopher Weeramantry zum Fall »Gabčíkovo-Nagymaros« (1997) vor dem Internationalen Gerichtshof; https://www.icj-cij.org/files/case-related/92/092-19970925-JUD-01-03-EN.pdf, 102.

2 In Erinnerung an die beiden befreundeten Vorkämpfer für einen Frieden mit der Natur: Klaus Michael Meyer-Abich, Hamburg († 19. April 2018) und Peter Saladin, Bern († 25. Mai 1997), die vieles von dem bereits angedacht und vorgeschlagen haben, wofür wir heute noch kämpfen. Vgl. z. B. Klaus Michael Meyer-Abich, Wege zum Frieden mit der Natur. Praktische Naturphilosophie für die Umweltpolitik, 1988; Peter Saladin, Verantwortung als Staatsprinzip, 1984. Vgl. auch http://www.haus-der-zukunft-hamburg.de/die_projekte/archiv/2018/20180618_Nachruf_Dr_Klaus_Meyer.php; https://www.ceeol.com/search/article-detail?id=354856.

3 https://www.vredespaleis.nl/.

4 http://www.earthtrusteeship.world/the-hague-principles-for-a-universal-declaration-on-human-responsibilities-and-earth-trusteeship/.

5 https://de.wikipedia.org/wiki/Internationaler_Gerichtshof; https://www.icj-cij.org.

6 https://de.wikipedia.org/wiki/St%C3%A4ndiger_Schiedshof; https://pca-cpa.org.

7 https://de.wikipedia.org/wiki/Haager_Akademie_f%C3%BCr_V%C3%B6lkerrecht; https://www.hagueacademy.nl.

8 https://www.ohchr.org/en/udhr/pages/Language.aspx?LangID=ger.

9 https://de.wikipedia.org/wiki/Tragik_der_Allmende.

10 https://erdcharta.de/die-erd-charta/der-text-der-erd-charta/praeambel/; https://earthcharter.org/read-the-earth-charter/preamble/.

11 Prof. Dr. Klaus Bosselmann »is Professor of Environmental Law and Founding Director of the New Zealand Centre for Environmental Law at the University of Auckland; Chair of the IUCN World Commission on Environmental Law Ethics Specialist Group, Chair of the Ecological Law and Governance Association, Co-Chair of the Global Ecological Integrity Group«, https://www.earthtrusteeship.world/#initiative.

12 Vgl. Grundsatz 1 (siehe Kasten auf S. 322).

13 Bei Peter Saladin, Verantwortung als Staatsprinzip, findet sich eine Gleichrangigkeit von Verantwortung und Freiheit, 82 ff., wobei Saladin die grundrechtliche Freiheit gerade nicht als eine monadische verstand, sondern als eine »Freiheit zum Nächsten«, als »verantwortete Freiheit«, 203 f.
Bereits in der Allgemeinen Erklärung der Menschenrechte findet sich auch ein Hinweis auf die Verantwortung als Basis jeder Gemeinschaft (Art. 29, Abs. 1): »Jeder hat *Pflichten* gegenüber der Gemeinschaft, in der allein die freie und volle Entfaltung seiner Persönlichkeit möglich ist«; Hervorhebung hinzugefügt.

14 Vgl. auch dazu etwa Peter Saladin, Verantwortung als Staatsprinzip, passim.

15 Zur Vorreiterrolle von Georg Winter in der »umweltorientierten Unternehmensführung« vgl. https://www.haus-der-zukunft-hamburg.de/initiator.html. Vgl. auch: Georg Winter – Pionier der umweltbewussten Unternehmungsführung: Festschrift für Georg Winter zum 70. Geburtstag, 2011.

16 Erinnert sei an das schon fast zum Klassiker gewordene Bonmot von Godofredo Stutzin, einem der Väter der Idee von Rechten der Natur: Der »Natur den ›Status‹ eines Rechtssubjekts zuzugestehen, heißt, ihr bedeutend verstärkten Schutz angedeihen zu lassen: wer keine Rechte hat, wird verachtet; wer Rechte hat, wird geachtet«; Die Natur der Rechte und die Rechte der Natur, Rechtstheorie 11, 1980, 344 ff.

17 https://de.wikipedia.org/wiki/Eyal_Benvenisti.

18 Vgl. Karl Marx, Zur Judenfrage:
»Worin besteht die liberté?
Article 6 (sc. Déclaration des droits de l'homme et du citoyen, 1793). ›La liberté est le pouvoir qui appartient à l'homme de faire tout ce qui ne nuit pas aux droits d'autrui‹, oder nach der Deklaration der Menschenrechte von 1791: ›La liberté consiste à pouvoir faire tout ce qui ne nuit pas à autrui.‹
(Übers.: Artikel 6. ›Freiheit ist das Recht des Menschen, alles tun zu dürfen, was den Rechten eines anderen nicht schadet‹, oder nach der Deklaration der Menschenrechte von 1791 ›Die Freiheit besteht darin, alles tun zu dürfen, was keinem anderen schadet.‹)
Die Freiheit ist also das Recht, alles zu tun und zu treiben, was keinem andern schadet. Die Grenze, in welcher sich jeder dem andern unschädlich bewegen kann, ist durch das Gesetz bestimmt, wie die Grenze zweier Felder durch den Zaunpfahl bestimmt ist. Es handelt sich um die Freiheit des Menschen als isolierter auf sich zurückgezogener Monade«; http://www.mlwerke.de/me/me01/me01_347.htm.

19 http://globaltrust.tau.ac.il; https://cordis.europa.eu/project/rcn/107248/factsheet/en.

20 https://korpora.zim.uni-duisburg-essen.de/Kant/aa08/273.html.

21 Das sah wohl auch schon Immanuel Kant so, wenn er in § 13 der »Rechtslehre« seiner »Metaphysik der Sitten« ausführte: »Alle Menschen sind ursprünglich (d. i. vor allem rechtlichen Act der Willkür) im rechtmäßigen Besitz des Bodens, d. i. sie haben ein Recht, da zu sein, wohin sie die Natur, oder der Zufall (ohne ihren Willen) gesetzt hat. Dieser Besitz (*possessio*), der vom Sitz (*sedes*) als einem willkürlichen, mithin erworbenen, dauernden Besitz unterschieden ist, ist ein gemeinsamer Besitz wegen der Einheit aller Plätze auf der Erdfläche als Kugelfläche: weil, wenn sie eine unendliche Ebene wäre, die Menschen sich darauf so zerstreuen könnten, daß sie in gar keine Gemeinschaft mit einander kämen, diese also nicht eine nothwendige Folge von ihrem Dasein auf Erden wäre. – Der Besitz aller Menschen auf Erden, der vor allem rechtlichen Act derselben vorhergeht (von der Natur selbst constituirt ist), ist ein ursprünglicher Gesammtbesitz (*communio possessionis originaria*), dessen Begriff nicht empirisch und von Zeitbedingungen abhängig ist, wie etwa der gedichtete, aber nie erweisliche eines uranfänglichen Gesammtbesitzes (*communio primaeva*), sondern ein praktischer Vernunftbegriff, der *a priori* das Princip enthält, nach welchem allein die Menschen den Platz auf Erden nach Rechtsgesetzen gebrauchen können«; https://korpora.zim.uni-duisburg-essen.de/Kant/aa06/262.html.

22 Emer de Vattel, The Law of Nations, Buch I, Kap. XVIII, § 203 »Of the Establishment of a Nation in a Country«, http://files.libertyfund.org/files/2246/Vattel_1519_LFeBk.pdf, 213.

23 Leider verstarb Polly Higgins nur wenige Monate später, am 21. April 2019, unerwartet im Alter von nur 50 Jahren. Die Welt ist ärmer ohne sie; vgl. den Nachruf von Klaus Bosselmann: https://www.earthtrusteeship.world/colofon/.

24 https://pollyhiggins.com/.

25 https://www.stopecocide.earth/; https://www.missionlifeforce.org/.

26 Unter »Ecocide/Ökozid« ist zu verstehen: »loss or damage to, or destruction of ecosystem(s) of a given territory(ies), such that peaceful enjoyment by the inhabitants has been or will be severely diminished«.

27 https://www.theconsciouslawyer.co.uk/mission-life-force/; vgl. auch https://eradicatingecocide.com/.

28 Vgl. https://static1.squarespace.com/static/59117c721e5b6ca37f10fcfe/t/5b8fc9d71ae6cfb38493f581/1536149975486/EPTF+doc+%5Bv5.9.18checked%5D-watermark-3.pdf.

29 https://www.worldfuturecouncil.org/de/p/neshan-gunasekera/.

30 Statut des Internationalen Gerichtshofs vom 26. Juni 1945; https://www.admin.ch/opc/de/classified-compilation/19450070/index.html.
Markus Kotzur, 400 Jahre »Mare Liberum« (Hugo Grotius) – Die Bedeutung von Klassikertexten im Völkerrecht, 11 (https://publishup.uni-potsdam.de/opus4-ubp/frontdoor/deliver/index/docId/3472/file/pssrp02.pdf), hält zu Art. 38, Abs. 1, Bst. d fest:
»Art. 38, Abs. 1, lit. d weist den Texten und Lehrmeinungen der Klassiker eine hohe Autorität bei der Rechtsfindung zu, die ihrerseits der Rechtfertigung bedarf und sich nur funktionsspezifisch herleiten lässt. Vor unkritischer Autoritätsgläubigkeit sei entschieden gewarnt. Ein erster Aspekt ist die ›Überzeitlichkeit‹ der Klassikertexte. Sie sind gewissermaßen bekannt und bewährt. Sie sind schon bei ihrer Entstehung vom vielberufenen jeweiligen Zeitgeist geprägt und Ausdruck des gesellschaftlichen Bewusstseins ihrer Zeit, ihrer Epoche. Doch ihr Wert liegt gerade darin, dass sie Theorien und Ideen entwerfen, die sich vom konkreten historisch-situativen Kontext lösen lassen und längerfristig wirken, die Generationenperspektive miteinbeziehen. Diese Texte bauen die Brücke von der Theoriegeschichte des Völkerrechts hin zur aktuellen Theorie-Diskussion. Sie steuern Erfahrungen für die Völkerrechtspraxis in der Gegenwart bei und vermitteln Traditionen, derer auch manche aktuelle Entscheidung zu ihrer Rechtfertigung bedarf. ›Klassiker‹ und das ›Klassische‹ können Denkanstöße für innovative Reformprozesse geben.«

31 https://www.worldfuturecouncil.org/de/ratsmitglieder-2/.

32 https://www.worldfuturecouncil.org/world-future-council-presents-report-common-future-parliament-world-religions/.

33 Aus einer Predigt von Arahat Mahinda (Sohn des Kaisers Asoka), der den Buddhismus nach Sri Lanka gebracht haben soll, zum damaligen König Devanampiyatissa (ca. 223 v. u. Z.), zit. nach »Separate Opinion« von Richter Christopher Weeramantry im Fall »Gabčíkovo-Nagymaros« (1997) vor dem Internationalen Gerichtshof, 102; https://www.icj-cij.org/files/case-related/92/092-19970925-JUD-01-03-EN.pdf .

34 https://www.castledebates.org.uk/387-debbie-tripley.html.

35 Vgl. etwa die Studie vom Januar 2019: Christina M. Kennedy et al., Managing the middle: A shift in conservation priorities based on the global human modification gradient; https://onlinelibrary.wiley.com/doi/full/10.1111/gcb.14549?utm_source=newsletter&utm_medium=email&utm_campaign=sendto_newslettertest&stream=top&. Die Corona-Pandemie 2020/2021 bestätigt diese Einschätzung auf die traurigste Art und Weise.

36 https://de.wikipedia.org/wiki/UN-Treuhandrat; https://en.wikipedia.org/wiki/United_Nations_Trusteeship_Council.

37 https://www.britannica.com/topic/Commission-on-Global-Governance.

38 https://www.gdrc.org/u-gov/global-neighbourhood/chap7.htm. Vgl. dazu auch die Nachweise bei Klaus Bosselmann, Earth Governance, Trusteeship of the Global Commons, 2015, 134.

39 https://de.wikipedia.org/wiki/Trust_(Recht)#cite_note-5. Vgl. aber auch Klaus Bosselmann, Earth Governance, Trusteeship of the Global Commons, 2015, Ziff. 4.3. »What is a trust?«, 135f., wobei auch Bosselmann, 145, festhält: »The nuance in the law of trusts is immense«.

40 Klaus Bosselmann, Earth Governance, Trusteeship of the Global Commons, 2015, 136.

41 Klaus Bosselmann, Earth Governance, Trusteeship of the Global Commons, 2015, 138. Man beachte allerdings: »There are different types of trusts«, a.a.O., 139. Im Rahmen dieser kurzen Skizze kann darauf nicht eingegangen werden.

42 https://www.admin.ch/opc/de/classified-compilation/20051844/index.html; kurz »Haager Trustübereinkommen, HTÜ«.

43 Wie dies bereits anfangs der 1980er Jahre Peter Saladin in seinem Werk »Verantwortung als Staatsprinzip« überzeugend darlegte.
Im Denken Emmanuel Lévinas' zeigt sich, dass diese unter Umständen beängstigende Last der Verantwortung für den Anderen, ihre mehr als nur positive Seite hat: »Diese Last ist eine höchste Gnade des Einzigen. Ich, nicht-auswechselbar, ich bin einzig in dem Maße, in dem ich verantwortlich bin. Ich kann mich allen substituieren, aber niemand kann sich mir substituieren. Das ist meine nicht entfremdbare Identität als Subjekt«; Ethik und Unendliches, 1996, 78f. Ähnlich auch Jacques Derrida, Remarks on Deconstruction and Pragmatism, in: Deconstruction and Pragmatism, hrsg. v. Mouffe Chantal, 1997, 86: »I would say, for Lévinas and for myself, that if you give up the infinitude of responsibility, there is no responsibility.«

44 Klaus Bosselmann, Earth Governance, Trusteeship of the Global Commons, 2015, 117.

45 Klaus Bosselmann, Earth Governance, Trusteeship of the Global Commons, 2015, X.

46 Klaus Bosselmann, Earth Governance, Trusteeship of the Global Commons, 2015, 116.

47 Klaus Bosselmann, Global Governance in the Anthropocene, in: Dominick A. DellaSala, and Michael I. Goldstein (Hrsg.), The Encyclopedia of the Anthropocene, Band 4, 265–269, 2018.

48 Klaus Bosselmann, Global Governance in the Anthropocene, 365.

49 Vgl. dazu auch Leimbacher Jörg/Perler Thomas, Die Bedeutung des Eigentumsbegriffs für die Ressourcennutzung, in: Kissling-Näf Ingrid/Varone Frédéric (Hrsg.), Institutionen für eine nachhaltige Ressourcennutzung, Innovative Steuerungsansätze am Beispiel der Ressourcen Luft und Boden, 2000, 73–92.

50 Klaus Bosselmann, Global Governance in the Anthropocene, 365.

51 »This is an expression of trusteeship functions for the state«, wie Klaus Bosselmann festhält in The Next Step: Earth trusteeship, Seventh Interactive Dialogue of the United Nations General Assembly on Harmony with Nature, UN Headquarters New York, 21 April 2017, 3.

52 Klaus Bosselmann, Global Governance in the Anthropocene, 367.

53 Klaus Bosselmann, Global Governance in the Anthropocene, 368.
54 Klaus Bosselmann, Global Governance in the Anthropocene, 368.

Impressum

MIX
Papier aus verantwortungsvollen Quellen
FSC® C043106
FSC www.fsc.org

ISBN 978-3-529-05028-2

Gesamtherstellung: Wachholtz Verlag
Satz: Akademischer Verlagsservice Gunnar Musan

Printed in Germany

Besuchen Sie uns im Internet:
www.wachholtz-verlag.de